HUBERT SCHLEICHERT

Der Begriff des Bewußtseins

Eine Bedeutungsanalyse

VITTORIO KLOSTERMANN · FRANKFURT AM MAIN

Gewidmet
der Erinnerung an den langen Sommer 1991
in Konstanz am Bodensee.
Sapienti sat.

Die Deutsche Bibliothek – CIP-Einheitsaufnahme

Schleichert, Hubert: Der Begriff des Bewusstseins : eine Bedeutungsanalyse / Hubert Schleichert. - Frankfurt am Main : Klostermann, 1992
ISBN 3-465-02551-2

© Vittorio Klostermann GmbH, Frankfurt am Main 1992
Alle Rechte vorbehalten, insbesondere die des Nachdrucks und der Übersetzung.
Ohne Genehmigung des Verlages ist es auch nicht gestattet, dieses Werk oder
Teile in einem photomechanischen oder sonstigen Reproduktionsverfahren
oder unter Verwendung elektronischer Systeme zu verarbeiten,
zu vervielfältigen und zu verbreiten.
Satz: Peter & Partner, Höchberg bei Würzburg
Druck: Weihert-Druck GmbH, Darmstadt
Printed in Germany

Vorbemerkung

In diesem Buch werden Sätze von Philosophen über den Begriff des Bewußtseins analysiert. Die herangezogenen Autoren dienen daher in erster Linie als Paradigmen, als idealtypische Fälle. Daß ich sie hier aufgenommen habe, bedeutet nicht notwendig, daß ihre Argumente klarer oder zwingender wären als die vieler anderer Autoren. Die Flut der Publikationen zur Philosophie des Geistes ist unüberschaubar, die Auswahl der zitierten Autoren impliziert daher keine Bewertung oder Abwertung. Dies gilt insbesondere für den kaum bekannten Fritz Mauthner (1849–1923), dessen Beiträge zur Sprachkritik und zur Philosophie des Geistes um einiges bedeutsamer sind, als es die abschätzige Erwähnung nahelegt, die Wittgenstein Mauthner im „Tractatus" (Satz 4.0031) widmet. Trotzdem dienen auch Mauthners Ausführungen hier nur als Beispiel – als reizvolles Beispiel, weil er zu pointierten Formulierungen neigt.

Die Grundidee dieses Buches habe ich zuerst 1989 in sehr komprimierter Form an einer sicherlich wenig bekannten Stelle[1] publiziert, ohne aber ausführlich genug für meine These argumentieren zu können. Ich hoffe, nunmehr eine gut lesbare und hinreichend durch Argumente gestützte Darstellung vorzulegen.

Schließlich möchte ich an dieser Stelle allen danken, die mich bei der Arbeit an diesem Buch unterstützt haben. Christl Rabe half mir, während meiner ausgedehnten Literaturrecherchen Ordnung in meinen Notizen zu halten; Franziska Allweyer unterstützte mich beim Lesen der Korrekturen; wertvolle, sachkundige Hinweise verdanke ich Martin Carrier (Konstanz)[2] und Martin Schneider (Münster)[3].

Konstanz, Dezember 1991   H.S.

[1] Schleichert (1989)
[2] Vgl. Carrier und Mittelstrass (1989)
[3] Vgl. Schneider (1985, 1991)

Inhaltsverzeichnis

Einleitung: Die Fragestellung 9

R. Descartes, oder der Geist in der Maschine 18

G.W. Leibniz, oder der Geist neben der Maschine 40

Haben Maschinen Geist? 65

Zur Methode unserer Begriffsbestimmung 86

Bewußtes ist mitteilbar 96

Die Identitätsthese: Bewußtsein = Sprache 108

Über die Unräumlichkeit des Geistigen 137

Von der Intentionalität 149

Exkurs über sinnlose Sätze 169

Bewußtsein als reflexiver Prozeß 178

Exkurs über Banalität und Absurdität 196

Resümee 206

Literaturverzeichnis 216

Einleitung: die Fragestellung

Die vorliegende Untersuchung ist der Klärung des Begriffes „Bewußtsein" gewidmet. Ihr Thema ist bescheiden: was *bedeutet* dieser Begriff eigentlich?

Der Begriff „Bewußtsein" spielt in der Diskussion des sogenannten Körper-Geist-Problems (früher „Leib-Seele-Problem" genannt) eine wichtige Rolle. Einige allgemeine Bemerkungen zu diesem Problem erscheinen daher angebracht. Worin besteht das Problem? Es besteht etwa in folgendem: Ich erlebe die Welt, empfinde dabei mancherlei, denke, vergesse, sehe, höre, rieche, habe Schmerzen, bin deprimiert usf. Die Forscher sagen mir, daß dies alles in irgendeiner Weise „sehr eng" mit meinem Gehirn „zusammenhängt". Wenn meine Gehirntätigkeit beeinträchtigt ist, z.B. durch Verletzung, oder Verkalkung, oder durch Drogen, dann ist mein Sehen, Hören, Denken, etc. beeinträchtigt oder für immer zu Ende. Was die Forscher mir sagen, ist nicht anzuzweifeln, es ist so sicher wie nur irgendeine Naturtatsache. Aber *ich* bemerke davon nichts. *Ich* spüre mein Gehirn nicht, auch nicht wenn es verletzt ist, auch nicht wenn ein Chirurg darin herumarbeitet. Ich bemerke allerdings, daß meine Gedanken verändert oder gestört sind, und das wiederum bemerkt der Gehirnforscher nicht, solange er nur mein Gehirn studiert. Der Arzt sagt mir, daß mein Gehirn verkalkt ist, aber ich spüre keinen Kalk – nur bin ich in letzter Zeit so vergeßlich geworden. So sehr ich auch dagegen ankämpfe, es nützt nichts, mir fallen die einfachsten Dinge nicht mehr ein; daraufhin verschreibt mir der Arzt ein Medikament, das ich schlucke und von da an nicht mehr spüre. Allerdings fallen mir bald darauf viele Dinge wieder besser ein, mein Gedächtnis funktioniert wieder ein bißchen besser.

Wie ist das zu verstehen? Wie ist *was* zu verstehen?

Nun, wie ist „der Zusammenhang von körperlichem und geistigem Geschehen" zu verstehen? – so lautet die traditionelle Fragestellung.

Sicher liegt hier ein großes Problem. Aber bereits die Formulierung des Problems ist nicht leicht. Es tauchen Wörter auf, deren Bedeutung alles andere als klar ist: Geist, Seele, Psyche, Denken, Wahrnehmen, Bewußtsein... Jedes dieser Wörter bereitet Schwierigkeiten, wenn man es zu definieren oder sonstwie zu erläutern versucht – man überlege bloß, wie man diese Wörter einem Kind begreiflich machen könnte!

Man muß auch daran erinnern, daß die Frage nach der Beziehung von Körper und Geist einen tiefen weltanschaulichen Hintergrund besitzt. Hat der Mensch eine Sonderstellung im Kosmos? Ist er die eine große Ausnahme im Weltgeschehen, die wirkliche Krone der Schöpfung? Oder bildet er sich derlei bloß ein und nimmt sich wichtiger als er in Wirklichkeit ist?

Die christliche Theologie predigt seit jeher, daß der Mensch aus einem vergänglichen Körper und einer unvergänglichen Seele bestehe. Die Seele existiert demzufolge nach dem Tod des Körpers weiter; sie kann daher auch keinen Selbstmord begehen. Diese Unsterblichkeit ist bekanntlich ein Glaubensartikel, für den wissenschaftlich nicht das Geringste spricht. Aber im Abendland wurde sie sehr lange als absolut sicher akzeptiert. Dies hat die Diskussion über das Verhältnis von Körper und Geist, „Leib und Seele", wie man zu sagen pflegte, erheblich beeinflußt.

Hier liegen die Wurzeln für ein Weltbild, das seit langem als „Dualismus" bezeichnet wird und seine klassische Formulierung durch Descartes erfahren hat. Danach zerfällt die Wirklichkeit in zwei sehr verschiedene Bereiche: 1. Die Materie mit den für sie gültigen Naturgesetzen, und 2. den Geist, der nur beim Menschen anzutreffen ist und dem Menschen eine Sonderstellung im Kosmos garantiert. Zwischen den beiden Bereichen gibt es indessen Wechselbeziehungen; und in der Sprache des Alltags wechseln wir ohne zu zögern zwischen einer auf den Körper bezogenen Ausdrucksweise und einer auf den Geist bezogenen hin und her. Man sagt etwa: *Er zittert vor Angst. Er ist wegen eines Magenleidens so schlecht gelaunt. Er verhält sich so merkwürdig, weil er an einem Gehirntumor leidet.*

Betrachtet man solche Sprechweisen genauer, so bemerkt man

in ihnen eine Kluft: unvermittelt wechselt der Bezugsbereich vom Erleben zur Medizin oder umgekehrt. Diesem Bereichswechsel entspricht das Faktum, daß „Körper und Geist aufeinander einwirken oder zumindest einzuwirken scheinen", wie man traditionell sagt.

Die Tatsache als solche ist seit langem bekannt. Jemand mag die klügsten Gedanken über die Einmaligkeit des Menschen im Kosmos haben – ein einziger Schlag auf seinen Kopf bringt diese Gedanken gegebenenfalls zum endgültigen Erlöschen. Auch einige Gläser Wein verändern den Geist empfindlich. Umgekehrt bewirkt eine Beleidigung, mithin etwas rein Psychisches (in der Natur gibt es keine Beleidigungen) das körperliche Geschehen deutlich: der Puls wird rascher, das Gesicht rötet sich etc. Inzwischen weiß man über solche Zusammenhänge sehr viel genauer und detaillierter Bescheid. Man weiß, daß bestimmte Stellen des Gehirns für ganz bestimmte Leistungen wesentlich sind. Schädigungen dieser Stellen führen zu bestimmten Ausfällen. Ob man allerdings im klassischen Sinne sagen kann, daß an den betreffenden Stellen bestimmte Leistungen „lokalisiert" sind, ist zweifelhaft; völlig abwegig ist die Redeweise von der Lokalisierung aber sicherlich nicht, denn die Läsion bestimmter Gehirnareale führt oft zu genau umschreibbaren Ausfällen. Allerdings bewirkt nicht jede Läsion scharf umrissene Ausfälle.

Die Frage, was eigentlich eine Philosophie des Geistigen, von der heute so viel die Rede ist, genau leisten soll, läßt sich ehrlicherweise nicht mit einem Satz beantworten. Immerhin ist es seit jeher Sache der Philosophie gewesen, *Begriffe zu klären*; die vorliegende Abhandlung ist einem solchen Unternehmen gewidmet. Sie wird sich etwa mit Fragen folgender Art befassen: Wie läßt sich bewußtes Geschehen gegenüber nicht-bewußtem abgrenzen? Könnten auch andere Wesen als der Mensch, etwa Tiere oder Maschinen, Bewußtsein haben? Diese Fragen werden hier aber nicht *beantwortet*, sondern es wird ihre *Bedeutung* analysiert.

Was heißt Begriffsklärung? Im einfachsten Fall wäre es eine Definition, im allgemeinen Fall eine Angabe der tatsächlichen Verwendung eines Begriffes. Dies ist von einer wissenschaftlichen

Erklärung wohl zu unterscheiden. Man kann klarstellen, was das Wort „Inflation" bedeutet, ohne deshalb schon zu erklären, wie eine Inflation zustandekommt oder zu bekämpfen ist. Ähnlich werde ich mit dem Begriff „Bewußtsein" verfahren. Ich werde seine Bedeutung zu klären versuchen, nicht aber eine – noch eine – Theorie der Entstehung des Bewußtseins geben.[1]

Für die Klärung der Bedeutung des Begriffs „Bewußtsein" ist kein spezielles Wissen aus dem Gebiet der Neurologie oder Kybernetik erforderlich, und von Fortschritten auf diesen Gebieten ist keine *begriffliche* Klärung zu erwarten. Tatsächlich zählen die Neurologen immer noch zu den eifrigsten Abnehmern philosophischer Theorien, und dies sicher nicht deshalb, weil sie sich davon die Lösung empirischer Probleme versprechen.

In dem reichhaltigen Vokabular, das uns zur Bezeichnung der sogenannten inneren (geistigen, mentalen, psychischen) Zustände zur Verfügung steht (Erleben, Fühlen, Denken, Wollen, Beabsichtigen, Bemerken, Wahrnehmen, Erkennen, Aufmerken, Erinnern, Vergessen, Vorstellen...) nimmt der Begriff „Bewußtsein" eine herausragende Stellung ein. Was aber bedeutet dieser Begriff eigentlich?

Eine Untersuchung über die *Bedeutung* eines Begriffes kann und darf keine empirischen Thesen aufstellen. Aber bevor man sachhaltige Thesen überhaupt formulieren kann, muß man sich über die Bedeutung der dabei verwendeten Ausdrücke Klarheit

---

[1] Manche Autoren bestreiten, daß zwischen bloßen Begriffsfestsetzungen (Definitionen) und sachhaltigen Aussagen eine klare Grenze gezogen werden könne. Ich möchte diese Ansicht hier nicht abstrakt-allgemein diskutieren; in den Auseinandersetzungen über das Körper-Geist-Problem scheint mir jedenfalls viel Verwirrung darauf zurückzugehen, daß die Autoren keine Klarheit über den „logischen Status" ihrer Sätze schaffen, wofür ich später Fritz Mauthner als Beispiel anführen werde. Unbeschadet der generellen Thesen der gegenwärtigen Wissenschaftstheorie (die sich am Modell der hochentwickelten Physik orientieren und auf das Körper-Geist-Problem nicht unbesehen übertragbar sind), liegt meiner Untersuchung das Bemühen zugrunde, in dem hier zu untersuchenden Bereich möglichst deutlich zwischen definierenden und sachhaltigen Sätzen zu unterscheiden. Denn wenn dies nichteinmal *innerhalb* ein- und derselben Theorie möglich wäre, welche Erfolgsaussichten hätte dann noch ein Bemühen um die Klärung der Grundbegriffe?

verschaffen. Man muß wissen, *worüber* man Hypothesen aufstellen möchte. In dem Grenzbereich zwischen Philosophie, Psychologie, Neurologie und womöglich noch Kybernetik, in dem der Begriff „Bewußtsein" ständig benützt wird, ist das alles andere als selbstverständlich. In der Wissenschaftstheorie wird seit langem betont, daß man Begriffserklärungen nicht unabhängig vom Kontext der Theorien vornehmen könne, in denen die betreffenden Begriffe benützt werden. Dies ist auch das von mir benützte Vorgehen. Da es bezüglich des Körper-Geist-Problems notorisch *konkurrierende* Theorien gibt, werde ich als Ausgangspunkt für die kontextuelle Bedeutungsanalyse nur solche Sätze heranziehen, die den konkurrierenden Theorien *gemeinsam* sind. Die so gewonnene Explikation des Bewußtseinsbegriffes könnte ihrerseits späterhin vielleicht einen gewissen Einfluß auf die künftigen Formulierungen von Theorien über das Körper-Geist-Problem ausüben.

Beginnen wir mit der Tatsache, daß heute kaum jemand den *Tieren* Empfinden, Fühlen und Erinnern abspricht, während man sehr zögert, wenn es um ein mögliches tierisches *Bewußtsein* geht. Daß ein Tier Schmerzen empfindet, wird allgemein zugestanden; aber ob es sich der Schmerzen auch *bewußt* sei, ist eine kontroverse Frage. Auch von Kindern ist nicht klar, ob oder inwieweit sie sich dessen *bewußt* sind, was sie erleben; je jünger ein Kind ist, desto eher wird man am Vorhandensein von Bewußtsein zweifeln. Aber ist überhaupt klar, *was* hier in Frage steht?

Der Umstand, daß der Begriff „Bewußtsein" zu anderen Ausdrücken der mentalistischen Terminologie sowohl negiert als auch nicht-negiert hinzutreten kann, läßt auf eine Sonderstellung dieses Begriffes schließen. Es wird von einem bewußten und von einem unbewußten psychischen Geschehen geredet; mitunter wird auch darüber gestritten, ob ein bestimmter Prozeß, z.B. in der Wahrnehmung, bewußt oder nicht-bewußt verlaufe. Der Mensch ist nämlich nicht bloß ein intelligentes Lebewesen – Tiere sind sicherlich auch intelligent –, sondern darüber hinaus eines, das sich seiner Erlebnisse, Wünsche, Kenntnisse etc. bewußt ist oder bewußt sein kann. Es gilt sogar – um gleich das andere Ende der langen Skala einschlägiger Argumente vorzustellen – als die bemerkenswerteste, als die eigentlich philosophische Leistung des menschlichen Geistes, Dinge *ins Bewußtsein* zu heben, die vordem zwar auch schon vorhanden und wirksam waren, die aber nicht bemerkt wurden, nicht zur Kenntnis gelangten, nicht auffielen, oder wie sonst die Umschreibungen lauten mögen, mit denen man fehlendes Bewußtsein ausdrückt.

So steht das Bewußtsein auf einer freilich selten klar dargestellten Stufenleiter der mentalen Phänomene ganz oben. Es ist diejenige Eigenart, Fähigkeit oder Leistung des (erwachsenen, gesunden) Menschen, durch die er aus allen anderen Lebewesen dieser Erde herausragt oder herauszuragen meint.

Es ist oft gefragt worden, wie Bewußtsein zustandekomme. Im Rahmen des traditionellen Körper-Geist-Problems wird daraus z.B. die Frage nach dem Zusammenhang oder der wechselseitigen Beeinflussung von Körper bzw. Gehirn und Bewußtsein. Eine solche Fragestellung setzt aber voraus, daß man bereits weiß, was Bewußtsein ist, d.h. worüber man sprechen will. Das bedeutet nicht, daß man ein erschöpfendes Wissen über das Wesen des Bewußtseins besitzen muß; aber man muß doch über Kriterien dafür verfügen, wann man von Bewußtsein reden will und wann nicht. Man muß charakteristische Eigenschaften von Bewußtsein angeben können, anhand deren es sozusagen identifiziert werden kann. Denn wenn man dazu nicht in der Lage ist, dann versteht man nicht, wovon man redet.

Um zu wissen, wie Wasser auf Feuer wirkt und umgekehrt, braucht man kein erschöpfendes Wissen über das Wesen des Wassers zu besitzen. Aber man muß Wasser von Nicht-Wasser unterscheiden können, man muß also Wasser als solches identifizieren können.

Daß hier nicht ein Problem an den Haaren herbeigezogen wird (eher soll eines beseitigt werden), erkennt man, wenn man an den vorhin erwähnten Streit über das Bewußtsein von Tieren denkt. Ein derartiger Streit ist nur sinnvoll, wenn man schon zuvor weiß (im gerade geschilderten Sinne von „wissen"), was Bewußtsein ist, wenn man also Klarheit darüber hat, unter welchen Umständen man den Begriff „Bewußtsein" anzuwenden gedenkt und unter welchen nicht.[2]

Wenn es gelingt, die Frage „Was ist Bewußtsein?" im eben geschilderten Sinne, d.h. als Frage „Was bedeutet das Wort ‚Bewußtsein'?", zu beantworten, d.h. Bedingungen (Charakteristika) für die Zuschreibung oder Nicht-Zuschreibung der Ausdrücke „Bewußtsein" und „bewußt" anzugeben, so werden damit echte Sachprobleme natürlich nicht gelöst. Weder das traditionelle Körper-Geist-Problem noch z.B. die Frage nach der Existenz eines tierischen Bewußtseins werden allein durch eine Bedeutungsanalyse des Ausdruckes „Bewußtsein" beantwortet. Diese und ähnliche Probleme sind jedoch erst *verständlich*, wenn zuvor die Bedeutung der relevanten Begriffe geklärt ist. Erst durch eine solche Klärung ist feststellbar, ob und welche Sachprobleme eigentlich zu lösen wären.

Allerdings hat das Wort „Bewußtsein" im Alltag keine ganz eindeutige Bedeutung bzw. Verwendungsweise, so daß unser Vorhaben nicht eine reine Begriffsanalyse, sondern auch eine Rekonstruktion sein muß. Zunächst gibt es den sogenannten intransitiven Gebrauch von „Bewußtsein": Jemand kann das Bewußtsein verlieren oder wiedererlangen; hat er es wiedererlangt, so ist er „bei Bewußtsein". Eine solche Redeweise kann man auch auf Tiere anwenden – auch ein Hund kann in Ohnmacht fallen,

---

[2] Als Beispiel mag das Buch von Kenny (1972) dienen, in dem S. 142 f. ausführlich das Vorhandensein oder Fehlen von Bewußtsein – auch bei Tieren – diskutiert wird, ohne daß ein Versuch unternommen wird, die Bedeutung von „Bewußtsein" zu klären. Oder es heißt z.B. bei Smart (1963) Kap. 6: „Wenn man diese Ergebnisse akzeptiert, dann ist es möglich ein Artefakt zu konstruieren, das Bewußtsein besitzen würde". Dabei bleibt völlig unklar, was „Bewußtsein" bedeuten soll. Eine gewisse Ausnahme in der zahlreichen Literatur bildet das Buch von Sayre (1969), in dem tatsächlich gesagt wird, was „Bewußtsein" bedeuten solle und wie das Vorhandensein von Bewußtsein durch öffentliche Kriterien zu entscheiden sei. Sayre schreibt S. 145: „to be conscious is to produce patterned responses to sensory stimulations". Diese Definition ist zwar einigermaßen klar, hat aber kaum etwas mit dem bereits etablierten Gebrauch von „bewußt" zu tun. Man ist aber *nicht frei* in der Rekonstruktion von Begriffen, die seit Jahrhunderten in Gebrauch sind.

d.h. das Bewußtsein verlieren etc. Dieser intransitive Gebrauch interessiert uns im Folgenden nicht.

Im „transitiven" Gebrauch verlangt „Bewußtsein" dagegen immer ein Objekt, dessen man sich bewußt ist. Bewußtsein ist *Bewußtsein von etwas*, ist Bewußtsein einer Sache, deren man sich eben bewußt ist.

Was bedeutet ein Ausdruck „X"? Im allgemeinen ist es nicht abwegig, darauf zu antworten: Der Ausdruck „X" bedeutet den Gegenstand X. Der Ausdruck „Kohl" bedeutet den Kohl, und der Ausdruck „Strauß" bedeutet den Strauß. Im gleichen Sinne wäre es möglich zu sagen, der Ausdruck „Bewußtsein" bedeute das Bewußtsein. Der Unterschied zwischen den beiden Fällen liegt aber auf der Hand. Die Bedeutungen der Ausdrücke „Kohl" und „Strauß" lassen sich erklären, indem man auf Gemüse bzw. Tiere hinzeigt, den Kohl zubereitet und ißt bzw. dem Vogel Federn ausreißt usf. Bewußtsein dagegen, d.h. die Bedeutung des Ausdrucks „Bewußtsein", kann man nicht kochen und essen, und es lassen sich ihm keine Federn ausreißen. Der Fall liegt hier, wie stets bei Ausdrücken aus dem mentalistischen Vokabular, erheblich undurchsichtiger.

Daß ein Gegenstand, auf den man den Finger legen kann, nicht aufzufinden ist, kommt bei Bedeutungsanalysen häufig vor und ist zunächst nicht weiter erschütternd. Man versucht dann, die Bedeutung eines Ausdruckes zu begreifen, indem man nach seiner üblichen *Verwendung* fragt, und gerade so werden wir auch vorzugehen haben.

Wo könnte oder sollte nun der Gebrauch der Wörter „Bewußtsein" und „bewußt" erforscht und festgestellt werden? Ersichtlich handelt es sich nicht um die alltäglichsten Wörter, sondern um solche, die in erster Linie in theoretischen Erörterungen benützt werden. Deshalb erscheint es am zweckmäßigsten, den gesuchten Gebrauch dort zu studieren, wo das Körper-Geist-Problem seinen Ursprung hat, wo die mentalistische Terminologie, wenn nicht erfunden, so doch am ausgiebigsten benützt wurde, und wo sich mit dieser Terminologie die höchsten Ansprüche verbinden, nämlich in der neuzeitlichen Philosophie. Nicht den (ohnehin kaum faßbaren) Alltagsgebrauch wollen wir untersuchen, sondern dessen Überhöhung und Systematisierung (manchmal übrigens auch dessen eigentlichen Ursprung) in der Philosophie.

Das, wonach wir suchen, wird in den philosophischen Texten höchst selten explizit formuliert – die klassischen Texte der neuzeitlichen Philosophie haben in der Regel die Form von Sacherörterungen, nicht von Begriffsanalysen. Es lassen sich aber aus den Sacherörterungen, d.h. aus den Traktaten über das Körper-Geist-Problem oder verwandten Abhandlungen Hinweise auf den Gebrauch der Ausdrücke „Bewußtsein" und „bewußt" entnehmen und systematisch zusammenstellen.

Man begegnet bei einem solchen Unternehmen zwangsläufig den traditionellen Positionen des Cartesischen Dualismus, des Leibniz'schen Parallelismus und des materialistischen Monismus, ohne daß man jedoch direkt zu ihnen Stellung beziehen müßte. Ob z.B. der Dualismus von Körper und Geist richtig oder falsch ist, braucht uns zumindest bis auf weiteres nicht zu bekümmern; es interessiert uns aber sehr, was der Dualismus eigentlich *bedeutet*. Dasselbe gilt für Parallelismus und Materialismus.

Daß man bei unserem Unternehmen die miteinander konkurrierenden philosophischen Theorien sozusagen in ein- und denselben terminologischen Topf werfen darf, ist leicht zu begründen. Sie alle haben immerhin eine *gemeinsame* Fragestellung, sie alle meinen sicherlich, im Prinzip über *dieselben* Dinge zu reden. Schließlich benützen sie alle auch *dieselbe* Terminologie, sie alle fragen z.B., wie das Zustandekommen von Bewußtsein zu erklären sei.

Neuere Autoren haben zwar mit viel Phantasie neue Wörter für die mentalen Phänomene erfunden, doch waren damit keine neuen Einsichten oder Klarstellungen verbunden. Deshalb kann man sich bei dem Unternehmen, die Bedeutung von „Bewußtsein" und „bewußt" zu klären, guten Gewissens auf die Autoren jener Epoche der Neuzeit konzentrieren, in der die auch heute noch benützte Terminologie für mentale Phänomene ausgearbeitet wurde.

R. Descartes, oder der Geist in der Maschine

Die Grundposition

Trägt man alles zusammen, was der 1650 verstorbene Descartes über das Geistige (von ihm zunächst „anima", Seele, genannt, später aber vorzugsweise „mens", Geist) geschrieben hat, so kommt man vielleicht auf fünfzehn Druckseiten, kaum auf mehr. Sein einziges Werk, das zusammenhängend Fragen des Psychischen behandelt, „Les passions de l'âme" (1649), widmet sich zum überwiegenden Teil Fragen der Psychologie im engeren Sinne. Nur im einleitenden Teil dieses Werkes werden die grundsätzlichen Probleme behandelt. Trotzdem führen alle Diskussionen des Körper-Geist-Problems auf Descartes zurück, und dies mit Recht.

In seinem Denken kristallisieren sich Ideen, die zweifellos schon lange Zeit die Denker Europas bewegt haben; Descartes aber hat diese Ideen konsequent und schonungslos zu Ende gedacht. Mit wenigen, einfachen Sätzen legt er eine der möglichen Positionen ein-für-allemal fest, den seither nach ihm benannten Dualismus. Spätere Generationen konnten dem Cartesischen Dualismus im Grunde nichts mehr hinzufügen; sie stellten ihn höchstens wortreicher und um einiges undeutlicher dar als Descartes selbst.

Der Cartesische Dualismus ist die Lehre, daß die Gesamtwirklichkeit in zwei völlig verschiedene Bereiche zerfällt, nämlich den der Materie und den des Geistigen. Die Materie, „res extensa", ist durch ihre räumliche Ausdehnung charakterisiert, während der Geist, „res cogitans", immateriell ist und den Gesetzen der Körperwelt, d.h. der Physik nicht unterworfen ist. Seine charakteristische Eigenschaft ist „cogitare", was bei Descartes „alle Operationen der Seele" schlechthin (nicht bloß das Denken im engeren Sinne) bedeutet.

In der uns bekannten Welt ist – so meint Descartes – der *Mensch* das einzige Wesen, welches nicht bloß aus Materie besteht bzw. nicht vollständig durch naturwissenschaftliche Gesetze beschreibbar ist, sondern das auch Geist besitzt und denkt. Zwischen dem Geist und dem materiellen Körper des Menschen finden während des gesamten Lebens Wechselwirkungen aller Art statt.

Wir wollen diese Lehre etwas genauer betrachten. Woher nimmt man die Berechtigung, so streng zwischen Körper und Geist zu unterscheiden? Descartes antwortet darauf mit ziemlich abstrakten Überlegungen. Jedes körperliche Ding kann man sich als teilbar denken, meist auch tatsächlich zerteilen. Es ist räumlich ausgedehnt und hat darum Teile. Auch von meinem eigenen Körper kann man Teile wegtrennen, der in meinem Körper wohnende Geist wird dadurch nicht ebenfalls zerteilt. Dies ist der große Unterschied zwischen Körper und Geist: der Geist ist durchaus unteilbar, er ist ein einheitliches Ganzes, das nicht in Teile zerlegt werden kann. Das allein schon

würde hinreichen, mich zu lehren, daß der Geist vom Körper gänzlich verschieden ist...[1]

Das methodische Prinzip Descartes' besteht darin, jeden Vorgang, den wir in uns erfahren, vollständig dem Körper zuzuschreiben, sofern dieser Vorgang auch in einem leblosen Körper stattfinden kann, Vorgänge aber, die in keiner Weise einem Körper zukommen können, der Seele.[2] Vorgänge außerhalb unseres Körpers werden dabei zur Gänze der Körperwelt zugeteilt.

Die Körperlosigkeit der Seele (Descartes verwendet „Seele" und „Geist" synonym) folgert Descartes aus einer Besinnung auf das eigene Erleben: Ich kann mir etwa einbilden, ich hätte keinen Körper und es gäbe keine Welt – aber ich kann mir nicht einbilden, daß ich selbst nicht bin. Aus meinem Bewußtsein, mit dem ich an der Wahrheit der üblichen Meinungen (z.B. daß die Welt existiert) zweifle, folgt logisch, daß ich bin: cogito ergo sum. Es folgt aber nicht, daß ich ein Körper bin, sondern nur, daß ich ein Denkender, speziell ein Zweifelnder bin.[3]

[1] Med 6 Nr. 19
[2] Pass 3
[3] Meth 4,2

Für die Körperwelt nimmt Descartes bereits an, daß sie vollständig durch die Naturgesetze determiniert sei. Er gehört zu den frühesten Verfechtern (und Propagandisten) der mechanischen Erklärbarkeit des gesamten (körperlichen) Weltgeschehens. So rechnete er auch alle biologischen Vorgänge, z.B. Stoffwechsel, Wachstum, Fortpflanzung, Bewegung, Reflexe etc. zu den mechanischen Phänomenen. Der Terminus „mechanisch" spiegelt dabei zwar Descartes' noch recht beschränkte naturwissenschaftliche Kenntnisse, doch ist dies belanglos. Man braucht das Cartesische „mechanisch" nur durch das moderne Wort „naturwissenschaftlich" zu ersetzen, um unser gegenwärtiges wissenschaftliches Weltbild zu erhalten.

Gut drei Jahrhunderte vor der technischen Realisierung des Computers bringt Descartes in diesen Zusammenhängen bereits die Begriffe „Maschine" und „Automat" ins Spiel. Er meint damit nicht einfach die konkreten mechanischen Maschinen seines Zeitalters, sondern etwas viel Allgemeineres. Maschinen müssen nicht unbedingt von Menschen tatsächlich realisierte Gebilde sein, sie kommen vielmehr auch in der Natur vor, als Produkte der Schöpfung. Tiere und Pflanzen sind solche natürlichen Maschinen. Die Komplexität dieser Maschinen ist so groß, daß der Mensch derartiges wohl nicht wirklich nachzubauen vermag. Aber sie bilden dem naturwissenschaftlich geschulten Denken keine prinzipiell unlösbaren Rätsel. Die Naturgesetze genügen, um alle diese Gebilde restlos zu verstehen.

Eine Maschine, so kann man rückblickend rekonstruieren, bedeutet seit Descartes ein Gebilde, dessen Zustände und Zustandsänderungen vollständig und ohne Rest durch Naturgesetze zu erfassen, zu erklären und vorherzusagen sind. „Vollständig" heißt dabei: ohne Eingriffe oder Zuhilfenahme geheimnisvoller außerphysikalischer Kräfte oder Wesen.

Alle Lebewesen, insbesondere auch die höheren Tiere und weitgehend auch der Mensch sind für Descartes Automaten, Maschinen, Mechanismen. Modern gesagt, es sind Gebilde, die restlos durch die Biologie zu erklären sind; wobei die Biologie restlos durch die Biochemie und letztere restlos durch die Physik zu erklären sind. Das ist auch heute eher ein Programm, aber ein teilweise realisiertes. Es besteht kein Zweifel, daß es zur Gänze realisierbar ist. Descartes antizipiert um 1640 einen Erkenntnisstand, der heute noch nicht erreicht ist, der sich aber am Horizont schon deutlich abzuzeichnen beginnt. Wenn er sagt, Tiere seien Automaten, so ist daran nur die Terminologie antiquiert.

Von lebenden Wesen als Automaten oder Maschinen zu sprechen, mag schockierend wirken. Aber Descartes gibt zu bedenken, daß bereits wir Menschen höchst erstaunliche Maschinen herzustellen imstande sind; der Körper des Menschen ist aber eine von Gott gebaute Maschine, die daher noch viel wunderbarer funktioniert[4] – aber eben doch eine Maschine. Die Seele ist kein Lebensprinzip, das für das Funktionieren des Körpers wesentlich ist, beim Tod verläßt sie ihn nur, aber der Tod ist nicht eine Folge des Auswanderns der Seele, sondern umgekehrt. Ein toter Körper ist wie eine defekte Uhr, es ist etwas darin zerbrochen, deshalb hört die Bewegung auf.[5] Ferner sind zahlreiche Bewegungsabläufe am Menschen rein mechanisch zu erklären, sie laufen ab, gerade wie die Bewegung einer Uhr durch die Federkraft bewirkt wird. Gemeint sind alle Bewegungen, die ohne Zutun unseres Willens geschehen (Atmen, Essen, „und alle uns mit den Tieren gemeinsamen Verrichtungen"[6]). Auch der Fluchtreflex ist so zu erklären[7].

Mit einer einzigen Ausnahme besteht für Descartes das gesamte Universum nur aus Maschinen, es bildet auch als ganzes nichts weiter als eine große Maschine. Die eine Ausnahme im Universum aber ist der Mensch, denn er (und nur er) besitzt Geist, besitzt Bewußtsein, hat eine Seele. Der *Körper* des Menschen allerdings, und insbesondere auch das menschliche Gehirn, bildet mit allen Teilen und Funktionen nichts weiter als eine Maschine – geradeso wie bei allen anderen Lebewesen. Zum Unterschied von den anderen Geschöpfen dieser Welt ist aber mit der Maschine des menschlichen Körpers ein Gebilde aus einer anderen

[4] Meth 5,9
[5] Pass 5–6
[6] ebd. 16
[7] ebd. 38

Seinssphäre verbunden, eben der Geist – jedenfalls solange die körperliche Maschine ordnungsgemäß funktioniert. Erst durch diesen Umstand wird der Mensch etwas anderes als ein bloßer Automat.

Gemäß einer Grundannahme des Cartesischen Dualismus bestehen nun zwischen der „Maschine Gehirn" des einzelnen Menschen und seinem Geist vielfache Wechselwirkungen in beiden Richtungen. Der Geist kann in das körperliche, maschinelle, Geschehen eingreifen, ebenso wie er durch letzteres beeinflußt werden kann.

Dualismus und Wechselwirkung

Es ist wichtig, sich vor einer Diskussion über die Cartesische Lehre allgemeiner zu vergegenwärtigen, was Dualismus und Wechselwirkung eigentlich bedeuten. Hier ist zuallererst zu bedenken, daß eine dualistische Theorie zwei Seinsbereiche annehmen muß, welche *unabhängig* voneinander existieren können, wenn sie auch gelegentlich in Wechselbeziehung zueinander treten. Zur Veranschaulichung diene ein Beispiel aus der Physik; dieses Beispiel ist lediglich als Illustration gedacht und der kundige Leser möge verzeihen, daß auf die physikalische Problematik nicht sorgfältiger eingegangen wird.

In der Physik spielt der Dualismus von Mechanik und Elektrodynamik eine wichtige Rolle. Das sind zwei Teilbereiche der physikalischen Phänomene, die unter bestimmten Bedingungen unabhängig voneinander erfaßt und erklärt werden können, häufig aber auch in Wechselbeziehungen treten. Um deutlich zu machen, unter welchen – empirisch feststellbaren! – Umständen man von einer Wechselwirkung zu reden pflegt, betrachten wir folgenden einfachen Fall:

Eine Eisenkugel rolle auf einer glattpolierten ebenen Glasplatte, nachdem sie angestoßen wurde, geradlinig-gleichförmig in der ihr durch den Stoß vorgegebenen Richtung. Plötzlich weiche die Kugel von ihrer geradlinigen Bewegung ab und schlage eine gekrümmte Bahn ein. Mechanische Ursachen (Massenanziehung, Unebenheiten der Glasplatte, ein Luftzug von der Seite etc.) seien nicht feststellbar, so daß die Bewegungsänderung der Kugel mit den Gesetzen der Mechanik nicht erklärt werden kann. In einem solchen Fall ist es sinnvoll, nach einem anderen, außermechanischen Seinsbereich zu forschen, der auf die Bewegung der Kugel einwirkt. In unserem Beispiel könnte z.B. ein Magnetfeld die eingreifende Ursache sein.

Es ist erfreulich, wenn man *beide* Bereiche getrennt voneinander studieren und erkennen kann, wie im obigen Beispiel. Grundsätzlich ist das aber schon eine ziemlich starke Forderung; auch wenn man nichts über Magnetfelder wüßte, dürfte man nach einer außermechanischen Ursache suchen, sobald ein mechanisch nicht erklärbares Phänomen beobachtet wird. „Beobachtet" allerdings heißt: mit den Mitteln und Begriffen der Mechanik beobachtbar, im Beispiel also durch eine Ausmessung der Bewegungsbahn der Kugel. Bezogen auf das Körper-Geist-Problem ergibt sich daraus folgendes: Dann und nur dann, wenn im körperlichen Geschehen mit naturwissenschaftlichen Methoden Phänomene *beobachtet* werden, welche nicht mit naturwissenschaftlichen Mitteln *erklärbar* sind, ist die Annahme eines Eingriffes aus einer anderen Seinssphäre sinnvoll. Denn niemand käme z.B. auf die Idee, das physikalisch restlos verständliche Funktionieren eines Verbrennungsmotors dadurch zu erklären, daß er die physikalische Erklärung um die Annahme von außerphysikalischen Einflüssen oder Wechselwirkungen bereicherte – wozu auch?

Normalerweise wird man eine Wechselwirkung (wenn überhaupt, dann) in beiden Richtungen vermuten, und das ist beim Körper-Geist-Dualismus auch der Fall. Der Geist, so sagt man, wirkt auf den Körper, und der Körper auf den Geist. Doch sollte man darauf achten, daß die Annahme einer Wechselwirkung die nachweisbare Existenz von ohne Wechselwirkung unerklärbaren Phänomenen voraussetzt. Insbesondere braucht man eine Einwirkung des Körpers auf den Geist nur dann anzunehmen, wenn es ein geistiges Geschehen gibt, das mit der Begrifflichkeit des

Geistigen allein nicht zu erklären ist. Sinneswahrnehmung und Gedächtnis, so wie Descartes sie rekonstruiert, könnten solche Fälle sein.

Um noch ein weiteres Beispiel aus der Maschinenwelt zu geben, denke man an eine Turmuhr, die zweifellos ein rein mechanisch zu erklärendes Gebilde ist. Wenn plötzlich die Zeiger der Uhr ihre Stellung verändern, ohne daß dies durch die Mechanik der Uhr zu begreifen wäre, dann wäre man vielleicht berechtigt, jedenfalls aber motiviert, nach einer außerhalb der Uhrmechanik liegenden eingreifenden Ursache zu suchen.

Daß ein solcher Eingriff mechanisch nicht zu erklären ist, folgt *logisch* aus dem Begriff des Eingriffes bzw. der dualistischen Wechselwirkung. Daß eine Wechselwirkung zwischen zwei Bereichen A, B mit den Mitteln von A alleine (oder nur mit jenen von B) nicht erklärbar ist, ist also kein Argument. Wechselwirkungen sind *grundsätzlich* unerklärbar, wenn man der Erklärung nur einen der beiden Bereiche zugrunde legt. Deshalb sind alle die vielen Einwände gegen Descartes verfehlt, welche ihm bloß die (naturwissenschaftliche) Unerklärbarkeit einer Körper-Geist-Wechselwirkung vorhalten.

Damit haben wir folgende Voraussetzungen dafür festgestellt, daß es sinnvoll ist, von einer Wechselwirkung zu sprechen:

1. Es gibt zwei Bereiche, die auch unabhängig voneinander existieren.

2. In (wenigstens) einem dieser Bereiche treten Phänomene auf, die mit den Mitteln dieses Bereichs beobachtbar (was für den körperlichen Bereich auch heißt: lokalisierbar in Raum und Zeit), aber nicht erklärbar sind.

Überträgt man dies auf das Körper-Geist-Problem, so erhält man folgende Bedingungen für eine dualistische Theorie:

1. Der Körper muß unabhängig vom Geist existieren können; und auch der Geist muß unabhängig vom Körper existieren können.

2. Es gibt naturwissenschaftlich feststellbares, in Raum und Zeit lokalisierbares Gehirngeschehen, das naturwissenschaftlich mit Sicherheit nicht zu erklären ist.

Es erscheint mehr als zweifelhaft, ob irgendjemand unter den gegenwärtigen Verfechtern eines Dualismus diese Voraussetzungen uneingeschränkt zu akzeptieren bereit ist. Für Descartes dagegen sind sie selbstverständlich. Daß es auch beim Menschen körperliches Geschehen gibt, das rein mechanisch, ohne Eingriff des Geistes abläuft, muß nicht näher ausgeführt werden. Alles derartige Geschehen erfolgt

in gleicher Weise, wie die Bewegung einer Uhr allein aus der Kraft ihrer Feder und der Gestaltung ihres Räderwerks erzeugt wird.[8]

Auch die Möglichkeit einer vom Körper losgelösten Existenz des Geistes steht für Descartes außer Zweifel, was allein schon daraus folgt, daß er Geist = Seele setzt und ihm die Unsterblichkeit der Seele feststeht. Außerdem hat der Geist nach Descartes' Meinung sogar während des irdischen Lebens Gelegenheit zu völlig eigenständigen, körperfreien Tätigkeiten. Eigentlich besteht der Beitrag des Körpers zu den geistigen Tätigkeiten ohnehin hauptsächlich in Störungen letzterer. Insbesondere stören den reinen Geist die Sinneseindrücke, so daß er um so reiner denken können wird, je weiter er sich von den körperlichen Störungen entfernt.

Ich habe auch oft deutlich gezeigt, der Geist könne unabhängig vom Gehirn arbeiten, denn für die reine Einsicht kann das Gehirn tatsächlich gar nicht von Nutzen sein, sondern nur für die Einbildung und das Empfinden.[9]

Descartes bezeichnet nach alter Tradition den Geist auch als eine (denkende, nicht-ausgedehnte) Substanz; nach der Tradition gehört zum Wesen einer Substanz ihre Unzerstörbarkeit. Da aber der Leib des Menschen sicherlich zerstörbar ist, sein Geist aber unzerstört bleiben muß, so folgt auch daraus die Möglichkeit einer vom Körper losgelösten Existenz des Geistes.

    Gelegentlich schreibt Descartes von Liebe, Haß, Begehren, Freude und Traurigkeit, daß sich diese Affekte alle

---

[8] Pass 16
[9] Med, Erwiderungen auf die 5. Einwände, dt. Übers. S. 330; AT 7, S. 358

auf den Körper beziehen und der Seele nur insoweit gegeben werden, als sie mit diesem verbunden ist.[10]

Das ist ein weiterer Hinweis darauf, daß er die Existenz einer nicht mit dem Körper verbundenen Seele für möglich hält. Im körperfreien Zustand würde die Seele (der Geist, das Bewußtsein) nicht durch die Störungen aus der Körperwelt irritiert, denn es bestünde dann keine Möglichkeit einer Wechselwirkung mit der Körperwelt.

Somit ist die eine der beiden erwähnten Voraussetzungen des Dualismus bei Descartes tatsächlich erfüllt: die beiden Bereiche Körper und Geist existieren unabhängig voneinander. Es ist nur folgerichtig, wenn der Geist, nachdem er unabhängig vom Körper existieren kann, auch Geistesinhalte („Ideen") sein eigen nennt, die nichts mit Sinneswahrnehmung oder überhaupt mit Körperlichkeit zu tun haben. Tatsächlich lehrt Descartes die Existenz von angeborenen Ideen, über die der Geist vor aller körperbedingten Erfahrung verfügt, z.B. die Idee Gottes. Man darf solche angeborenen Ideen auf keinen Fall etwa als genetisch bedingte Vorstrukturierung des *Gehirns* deuten; vielmehr soll ihnen im Gehirn gerade nichts entsprechen, sie sind körperunabhängig im strengen Sinne. Auf Einwände von P. Gassendi entgegnete Descartes unter anderem:

Du fragst, welche Ideen mein Geist von Gott oder von sich selbst hätte, falls er nach seiner Einpflanzung in den Körper dort ständig mit geschlossenen Augen und ohne Gebrauch der Sinnesorgane verweilt hätte?

Ich zweifle nicht, daß der Geist (vorausgesetzt sein Denken erfährt vom Körper keine Hilfe und keine Störung) dieselben Ideen von Gott und sich selbst hätte, die er jetzt auch hat, mit dem einzigen Unterschied, daß sie viel reiner und klarer wären.[11]

---

[10] Pass 137
[11] Med, Erwiderungen auf die 5. Einwände, dt. Übers. S. 344, AT 7, S. 375. In einem Brief aus dem Jahr 1638 schreibt Descartes ausdrücklich daß „die Seele ohne den Körper denken kann, ungeachtet dessen, daß sie, wenn sie mit ihm verbunden ist, in ihren Funktionen durch eine schlechte Verfassung der Organe beeinträchtigt sein kann." (AT 2, S. 38)

Auch der moderne Dualist Z. Vendler nimmt angeborene Ideen an, aber so weit wie Descartes geht er doch nicht. Bei Descartes werden die angeborenen Ideen von Gott in der Seele hervorgebracht. Vendler, dem die Cartesische Position vermutlich doch zu konsequent weitergesponnen erscheint, holt stattdessen die Evolution zur Hilfe:

> For if ideas are neurologically based, as I believe they are, then there is no reason to suppose that the process of evolution somehow failed to operate on this most important base for human life.[12]

Damit wird aber eine fundamentale Voraussetzung des Dualismus über Bord geworfen, nämlich daß der Geist mit seinen Inhalten (den „Ideen") auch körperunabhängig existieren kann, und nicht bloß „neurologically based", was immer letzteres auch bedeuten mag.

Das klassische Beispiel für reines Geistesgeschehen sind Willenshandlungen. Es scheint, daß das Verhalten von Tieren in Wahlsituationen determiniert und somit vorhersagbar ist, während der Mensch sich immer auch anders entscheiden kann, dieses auch weiß und davon Gebrauch macht. Seine Willensentscheidungen sind daher nicht vorhersagbar. Im Cartesischen Modell fällt der reine Geist, der üblicherweise als nicht kausal determiniert, sondern frei betrachtet wird, nach Belieben seine Entscheidungen, die dann via Wechselwirkung vom Körper ausgeführt werden:

> Alle Tätigkeit der Seele besteht aber darin, daß allein dadurch, daß sie irgendetwas will, sie bewirkt, daß die kleine Hirndrüse, mit der sie eng verbunden ist, sich in der Art bewegt, wie erforderlich ist, um die Wirkung hervorzurufen, die diesem Willen entspricht.[13]

Aber es ist bekannt, wie problematisch das Freiheitsargument ist. Es ist sicherlich nicht die *Erfahrung*, welche uns nahelegt, jedesmal eine Lücke im gewöhnlichen, determinierten Körpersche-

---

[12] Vendler (1972) S. 218
[13] Pass 41 (Was es dabei mit der „kleinen Hirndrüse" auf sich hat, wird noch zu erläutern sein.)

hen anzunehmen, wenn ein Mensch etwas will. Die Empirie zeigt uns eher einen vorhersagbaren, determinierten Menschen.

Die Sonderstellung der Sprache. Veraloquenz

Glücklicherweise findet sich in den Schriften Descartes' noch ein anderes, sehr viel interessanteres Beispiel einer Lücke im körperlichen Kausalgeschehen. Damit ist auch die zweite der oben angeführten Bedingungen für die Annahme eines Dualismus erfüllt. Der Fall ist auch deshalb so faszinierend, weil dabei wiederum auf Tiere und andere Automaten Bezug genommen wird. Hören wir Descartes selbst:

> Gäbe es Maschinen, die unseren Leibern ähnelten und unsere Handlungen insoweit nachahmten, wie dies für Maschinen wahrscheinlich möglich ist, so hätten wir immer zwei ganz sichere Mittel zu der Erkenntnis, daß sie deswegen keineswegs wahre Menschen sind. Erstens können sie nämlich niemals Worte oder andere Zeichen dadurch gebrauchen, daß sie sie zusammenstellen, wie wir es tun, um anderen unsere Gedanken bekanntzumachen. Denn man kann sich zwar vorstellen, daß eine Maschine so konstruiert ist, daß sie Worte und manche Worte sogar bei Gelegenheit körperlicher Einwirkungen hervorbringt, die gewisse Veränderungen in ihren Organen hervorrufen, wie zum Beispiel, daß sie, berührt man sie an irgendeiner Stelle, gerade nach dem fragt, was man ihr antworten will, daß sie, berührt man sie an einer anderen Stelle, schreit, man täte ihr weh und ähnliches; aber man kann sich nicht vorstellen, daß sie die Worte auf verschiedene Weisen zusammenordnet, um auf die Bedeutung alles dessen, was in ihrer Gegenwart laut werden mag, zu antworten, wie es der stumpfsinnigste Mensch kann [...]
>
> Es ist ganz auffällig, daß es keinen so stumpfsinnigen und dummen Menschen gibt, nicht einmal einen Verrückten ausgenommen, der nicht fähig wäre, verschiedene Worte zusammenzuordnen und daraus eine Rede aufzubauen, mit der er seine Gedanken verständlich macht; und daß es im Gegenteil kein anderes Tier gibt, so vollkommen und glücklich veranlagt es sein mag, das ähnliches leistet. Dies liegt nicht daran, daß den Tieren Organe dazu fehlten; denn man kann beobachten, daß Spechte und Papageien ebenso wie wir Worte hervorbringen können und daß sie dennoch nicht reden, d.h. zu erkennen geben können, daß sie denken, was sie sagen, wie wir. Von Geburt taubstumme Menschen

dagegen müssen die Organe, die andere zum Reden gebrauchen, ebenso oder mehr noch entbehren als die Tiere und erfinden doch für gewöhnlich selbst Zeichen, mit denen sie sich Leuten ihrer gewohnten Umgebung, die Zeit haben, ihre Sprache zu lernen, verständlich machen. Dies zeigt nicht bloß, daß Tiere weniger Verstand haben als Menschen, sondern vielmehr, daß sie gar keinen haben. Denn es ist offenkundig, daß man nur sehr wenig Verstand braucht, um reden zu können.[14]

Sicherlich lassen sich Automaten herstellen, die in einem sehr eingeschränkten Sinne sprechen können. Sie können z.B. „Schmerzenslaute" von sich geben, wenn man auf sie einschlägt, oder vielleicht bestimmte spezielle Fragen beantworten. Aber man darf Sprache nicht mit solchen simplen Äußerungen verwechseln, wie sie von Maschinen oder Tieren produziert werden können. Schon die Sprachfähigkeit eines ganz stumpfsinnigen Menschen ist in ihrer Universalität mechanisch nicht zu erklären und nicht nachzukonstruieren. Descartes gibt für diese Behauptung allerdings keinerlei Argument, geschweige denn einen Beweis, er sagt nur, man könne sich das nicht „vorstellen".

Allerdings können Tiere Freude, Angst, Hunger und ähnliches durch Körperbewegungen oder Laute zeigen. Aber niemals, so betont Descartes, könnten sie wirklich sprechen, d.h. durch Zeichen etwas ausdrücken und mitteilen, das man als Geistiges, als Denken ansehen könnte. Auch noch die dümmsten Menschen, selbst die Taubstummen, können Zeichen gebrauchen, wie es Tiere niemals vermögen.[15] Auch dürfe man nicht sagen, daß Tiere vielleicht untereinander sprechen und wir es bloß nicht verstehen. Hunde und andere Tiere drücken uns gegenüber ja auch ihre Passionen aus; hätten sie Gedanken, so könnten sie diese auch ausdrücken.[16]

Noch bündiger lautet eine andere Stelle aus einem der Briefe Descartes'; in diesem Brief geht es um die berühmt-berüchtigte Cartesische Behauptung, daß Tieren jegliches Denken fehle, „Denken" dabei wieder in dem allumfassenden Sinne genommen,

---

[14] Meth 5, 10–11
[15] Brief vom 15. Febr. 1649; AT 5, S. 278
[16] Brief vom 23. Nov. 1646; AT 4, S. 575

den dieses Wort bei Descartes hat. Die These über die Tiere soll uns als solche hier nicht beschäftigen, sondern nur das bei dieser Gelegenheit von Descartes vorgebrachte Argument. Tiere besitzen, so schreibt er, niemals wirkliche Sprachfähigkeit, d.h. die Fähigkeit zum Gebrauch eines flexiblen, universalen Zeichensystems, *„vera loquela"*, Sprache im vollen Sinne des Wortes. Und aus diesem Grunde dürfen wir sicher sein, daß Tiere überhaupt nicht denken. Sprache nämlich, und dies ist der entscheidende Satz, ist das einzige sichere Anzeichen dafür, daß in einem Körper Denken stattfindet:

Die Sprache ist nämlich das einzige sichere Anzeichen eines im Körper ablaufenden Denkens.[17]

Ich werde im Folgenden den Ausdruck „Veraloquenz" benützen, um eine vollständige, flexible, universale Sprache (wie der *Mensch* sie besitzt) zu bezeichnen, und sie von eingeschränkten, nicht universalen Sprachen (wie sie z.B. von Computern verwendet und verarbeitet werden können) deutlich abzugrenzen. Für Descartes war Veraloquenz das einzige sichere Kriterium dafür, daß ein anderes Wesen als ich selbst eine Seele (= Geist = Bewußtsein) besitzt und nicht nur ein Automat ist. Nur der Mensch beherrscht eine Sprache, auch noch der stupideste Mensch kann sprechen; kein Tier aber, auch nicht das klügste, ist dazu auch nur annähernd befähigt.

Es muß nachdrücklich darauf hingewiesen werden, daß Descartes (wie auch seine Anhänger) niemals einen Beweis für seine These versucht hat, wonach Tiere und insbesondere Maschinen grundsätzlich niemals über vera loquela, wirkliche Sprachbeherrschung, verfügen können werden. Man kann ihm das nicht allzusehr verdenken, denn die Automaten seiner Epoche legten den

---

[17] Brief vom 15. Febr. 1649, AT 5, S. 278: „...tamen hactenus fuerit observatum, ullum brutum animal eo perfectionis devenisse, ut vera loquela uteretur, hoc est, ut aliquid vel voce vel nutibus indicaret, quod ad solam cogitationem, non autem ad impetum naturalem, posset referri. Haec enim loquela unicum est cogitationis in corpore latentis signum certum, atque ipsa utuntur omnes homines, etiam quam maxime stupidi et mente capti, et lingua vocisque organis destituti, non autem ullum brutum."

Gedanken an sprechende Maschinen nicht gerade nahe, dazu waren sie viel zu primitiv. Ob dasselbe auch noch von den Computern unseres Zeitalters gesagt werden kann, dürfte nicht so leicht zu beantworten sein. Ein konkreter Anlaß, die maschinelle Realisierbarkeit von Veraloquenz ernsthaft ins Auge zu fassen, besteht allerdings auch heute nicht.

Andererseits hätten zu Descartes' Zeiten analoge antimechanistische Argumente für den Bereich der biologischen Phänomene vorgebracht werden können, und doch zögerte Descartes niemals, hier von Maschinen zu sprechen. Als Philosoph wußte er sehr wohl, daß man in prinzipiellen Fragen von konkreten technischen Problemen abstrahieren muß. Folglich dürften ihn auch keine technischen, sondern grundsätzliche Überlegungen von der naturwissenschaftlichen Unerklärbarkeit der Sprache überzeugt haben.[18]

Ist aber die Sprache wirklich ein derart fundamentaler Faktor, daß man einen so großen, prinzipiellen Unterschied zwischen dem Innenleben von Mensch und Tier zu machen veranlaßt wird? Ist ohne die Sprache, über die Tiere ja tatsächlich nicht verfügen, wirklich jegliches Erleben, Fühlen etc. mit Sicherheit abzustreiten? Wir wollen diese Frage im Moment nur soweit erörtern, wie es für die Hauptfrage „Was ist Bewußtsein?" erforderlich ist.

Wie soll man den Unterschied zwischen Mensch und Tier theoretisch erfassen, z.B. wenn sich Mensch und Tier in derselben Situation befinden und dasselbe Objekt sehen? Diese Frage stellte bereits Thomas Hobbes in seinen Einwänden gegen Descartes' Meditationen. Hobbes bezweifelte die Cartesische Lehre, daß Tiere grundsätzlich keinerlei inneres Geschehen besäßen, keinerlei Gedanken im Sinne von Descartes. Er wandte sich also an Descartes und fragte, ob nicht ein Hund, der einen Mann laufen sieht, denselben Gedanken haben könne wie ein Mensch, der

---

[18] Gunderson (1971) hat vermutet, Descartes wäre durch einen sprechenden Automaten nicht von seinem Dualismus abzubringen gewesen. Er hätte vielmehr angenommen, daß Gott einem solchen Automaten auch eine Seele (einen Geist) verliehen habe, weil eine sprechende Maschine ohne Geist einfach nicht vorstellbar sei.

ebenfalls den laufenden Mann sieht. Und Hobbes fügte ergänzend hinzu, daß zwar sicherlich nur der Mensch, nicht aber der Hund, diesen Gedanken auch noch bejahen, d.h. sprachlich als bejahendes Urteil formulieren könne. Doch trage eine solche Bejahung zum Inhalt des Gedankens an den laufenden Mann wohl nichts bei.

Descartes fertigte diesen Einwand von Hobbes äußerst kurz ab. Selbstverständlich, so entgegnet Descartes, mache es einen Unterschied, ob man einen Mann bloß laufen sehe oder ob man bei sich selbst das Urteil fälle, daß ein Mann laufe. Mehr aber sei dazu nicht zu sagen:

> (Hobbes' Einwand): Behaupten und Verneinen sind ohne Stimme (vox) und ohne Bezeichnungen (appellatio) nicht möglich, so daß Tiere nicht behaupten oder verneinen können, auch nicht in Gedanken, und damit auch nicht urteilen. Und trotzdem könnte in Tier und Mensch ein ähnlicher Gedanke vorhanden sein. Denn wenn wir behaupten, daß ein Mann laufe, so haben wir keinen anderen Gedanken als ihn ein Hund haben wird, wenn er seinen Herrn laufen sieht. Behauptung oder Verneinung fügen nämlich dem schlichten Gedanken nichts hinzu, außer allenfalls den Gedanken, daß die Bezeichnungen, aus denen die Behauptung besteht, für den Behauptenden Bezeichnungen gerade jener Sachen sind.
>
> (Descartes' Erwiderung): Es ist selbstverständlich etwas anderes, einen Mann laufen zu sehen als bei sich selbst zu behaupten, man sehe ihn laufen, was ohne Stimme (sine voce) möglich ist. Ich sehe nichts, was hier noch einer Antwort bedürfte.[19]

Descartes hat insofern Recht, als man zunächst nur den Unterschied konstatieren kann, der zwischen Mensch und Tier besteht: der Mensch kann sprechen, das Tier nicht. Aber da er – abweichend vom allgemeinen Sprachgebrauch – auch das Wort „Denken" nur sprachbefähigten Wesen zubilligt und – ebenfalls abweichend vom üblichen Gebrauch – unter Denken *sämtliche* innere Vorgänge versteht, kann er Hobbes' Frage nicht mehr begreifen.

---

[19] Med, Erwiderungen auf die 3. Einwände AT 7, S. 182-183; dt. Übers. S. 165-166; diese (hier nicht benützte) Übersetzung schreibt höchst irreführend für „cogitatio": „Bewußtsein"

Zweifellos hat Hobbes einen wesentlichen Unterschied aufgezeigt, der jedermann geläufig ist. Ob man einen Menschen nur laufen sieht, oder ob man dies auch noch sprachlich formuliert, *macht* einen Unterschied, wobei es nicht darauf ankommt, ob die sprachliche Formulierung auch laut ausgesprochen wird. Dem Tier trauen wir nicht zu, daß es zu einer sprachlichen Formulierung dessen, was es sieht, hört etc., fähig ist. Vom Menschen wissen wir, daß er diese Fähigkeit besitzt, sie aber keineswegs in jedem Falle ausübt.

An dieser Stelle erlaube ich mir erstmals eine schüchterne Vermutung. Gibt es in unserer heutigen Sprache nicht einen wohletablierten Begriff, mit dem der Unterschied zwischen dem bloßen Sehen (des laufenden Mannes z.B.) und der Verbalisierung dessen, was man sieht, kurz und bündig ausgedrückt werden kann, und zwar den Ausdruck „sich etwas *bewußt* machen"? Drücken wir den von Hobbes angesprochenen Unterschied zwischen Mensch und Tier nicht durch Formeln aus wie z.B. „Der Hund und der Mensch mögen dasselbe sehen, aber nur der Mensch kann sich dessen, was er sieht, auch *bewußt* werden", oder durch „Der Hund und der Mensch mögen dasselbe sehen, aber nur der Mensch *weiß* auch, was er sieht, der Hund *weiß es nicht*"?

Die Frage nach der Möglichkeit einer sprechenden Maschine mag spekulativ erscheinen, hat aber eine etwas konkretere Variante. Tiere können keine vera loquela erlernen; dies dürfte nach allen diesbezüglichen Experimenten sicher sein. Man wird aber wohl fragen dürfen, *warum* dies so sei. *Was fehlt* den Tieren zum Erlernen einer Sprache?

An dieser Stelle mag ein anderer französischer Philosoph erwähnt werden, La Mettrie, der Verfasser des vielerwähnten, selten gelesenen Büchleins „L'homme machine" (1748). Hauptthema dieses Buches ist die körperliche Bedingtheit des gesamten geistigen Geschehens, wofür La Mettrie zahlreiche empirische Hinweise aus dem medizinischen Bereich beibringt. Sein Kernsatz lautet:

Da alle Fähigkeiten der Seele dermaßen von der entsprechenden Organisation des Gehirns und des gesamten Körpers abhängen, daß sie offensichtlich nichts anderes sind als diese Organisation selbst, handelt es sich um eine aufgeklärte Maschine. [20]

Das Problem der Sprache kommt bei La Mettrie nur am Rande vor. Aber er ist überzeugt davon, daß man zumindest dem Affen eine Sprache beibringen könnte, wenn man nur genügend didaktischen Aufwand treiben und hinreichende Geduld aufbringen wollte:

Sollte es grundsätzlich unmöglich sein, dieses Tier eine Sprache zu lehren? Ich glaube das nicht [...]
Die Ähnlichkeit des Körperbaus und der Bewegungen des Affen [mit jenen des Menschen] ist so groß, daß ich kaum daran zweifle, daß es – wenn man dieses Tier nur vollkommen abrichtet – schließlich gelingt, es das Sprechen und schließlich die Beherrschung einer Sprache zu lehren. Es wäre dann weder ein Wilder noch ein Behinderter: es wäre ein vollkommener Mensch, ein normaler Bürger, der ebensoviel das Zeug bzw. die Muskeln hätte wie wir selbst, um zu denken und Nutzen aus seiner Erziehung zu ziehen.[21]

La Mettrie ist zweifellos konsequent: Menschen und Tiere sind Maschinen; Menschen können sprechen, d.h. sprechende Maschinen sind möglich; warum also sollten nicht auch Tiere sprechen können? Die Antwort auf diese Frage ist ein Prüfstein für alle Körper-Geist-Theorien. Vom Cartesisch-dualistischen Standpunkt aus kann es natürlich nur eine Antwort darauf geben: beim Menschen findet im Gehirn ein Eingriff aus einer anderen Seinssphäre in das maschinelle Gehirngeschehen statt, und *deswegen* kann er sprechen und Sprache verstehen. In tierische Gehirne pflegt dagegen kein Geist einzugreifen, aus welchen Gründen auch immer. Es ist das Fehlen *dieser* Komponente, weswegen Tiere nicht sprechen können.

Dagegen ist ein Verweis auf die Unterschiedlichkeit der Anatomie der *Gehirne* von Mensch und Tier dem konsequenten Cartesianer nicht erlaubt bzw. müßte als materialistisches Argument angesehen werden. Ein wirklich vom Körper unabhängiger Geist sollte wohl auch ein Affengehirn so weit beeinflussen kön-

---

[20] La Mettrie S. 94/95; wörtlich heißt es „une machine bien éclairée"
[21] ebd. S. 46/47 und 52/53

nen, daß dessen Besitzer ein passendes Zeichensystem erlernen kann.

Die Lokalisierung der Wechselwirkung

Doch kehren wir zum Menschen zurück. Der von Hobbes geschilderte Fall einer Sinneswahrnehmung, aufgrund deren ein sprachliches Urteil („Hier läuft ein Mann!") gefällt, d.h. ein Satz ausgesprochen wird, kann uns als Prototyp von Wechselwirkung dienen. Der Sinnesapparat (Auge, Nervus Opticus, Gehirnareale etc.) gehört eindeutig zur Körperwelt und somit zum Bereich der Naturwissenschaft. Das Fällen eines Urteils, d.h. das Formulieren eines Satzes, ist dagegen laut Cartesischer Voraussetzung ein rein geistiger Akt, mithin naturwissenschaftlich absolut unerklärlich. Erst das Aussprechen des Satzes gehört wieder in den Bereich der Maschine Körper.

Nachdem laut Voraussetzung das Gehirngeschehen allein nicht ausreicht, um den *gesamten* Ereignisablauf vom Eintreffen der optischen Reize im Auge bis zum abschließenden Aussprechen des Urteils zu erklären, muß ebendieses Gehirngeschehen an mindestens einer Raum-Zeit-Stelle durch den Geist, d.h. durch den anderen zur Erklärung nötigen Faktor, beeinflußt werden. Descartes hat sich, was seiner Fähigkeit zum *prinzipiellen* Denken alle Ehre macht, auf eine einzige Stelle im Gehirn beschränkt. Als Ort der Wechselwirkung zwischen Gehirn und Geist nimmt er die Zirbeldrüse (glandula pinealis) an.

Die Zirbeldrüse hat Descartes gewählt, weil dieses Organ seiner Ansicht nach besonders günstig in der Mitte des Gehirns liegt und so von allen Teilen des letzteren in Bewegung versetzt werden kann[22]. Hier erfolgt der Übergang von der Bewegung zum Denken und umgekehrt:

Diese kleine Drüse kann durch die Lebensgeister in so vielen verschiedenen Weisen bewegt werden, wie es eben der Verschiedenheit der wahr-

---

[22] Pass 31–32

nehmbaren Objekte entspricht. Aber sie kann auch von der Seele auf verschiedenste Art bewegt werden. Die Seele wiederum ist ihrerseits so beschaffen, daß sie ebensoviele verschiedene Eindrücke empfängt, d.h. ebensoviele verschiedene Wahrnehmungen hat, wie in jener Drüse verschiedene Bewegungen auftreten.[23]

Das Verhalten des Menschen wird bei allen Fällen von Wechselwirkung somit aus zwei sehr verschiedenen Bereichen zusammengesetzt: Das (mechanische) Nervengeschehen nimmt äußere Reize auf, bearbeitet sie (mechanisch) und leitet sie zur Zirbeldrüse. Hier nimmt die Seele die Nervenimpulse zur Kenntnis, beurteilt sie aufgrund ihrer Denkkraft und fällt schließlich ein Urteil. Dies ist der geistige Teil des Geschehens. Schließlich bewegt die Seele je nach dem Inhalt ihres Urteils die Zirbeldrüse, diese erregt Nerven und letztere innervieren Zunge, Kehlkopf etc., wodurch die äußere sprachliche Handlung, das Aussprechen eines Urteils zustandekommt.

Was aber geschieht in der Maschine Gehirn (d.h. an den relevanten Stellen, mit den relevanten Daten und den relevanten Prozessen im Gehirn), während der Geist dabei ist, sein Urteil zu erarbeiten? Es gibt nur zwei Möglichkeiten:

a) Entweder das Automatengeschehen läuft weiter, während der Geist urteilt – dann haben wir aber den sprechenden Automaten vor uns, der auch ohne Geist funktioniert. Wozu noch eine Wechselwirkung annehmen?

b) Oder aber es besteht tatsächlich eine Lücke im Automatengeschehen. Nur in diesem Falle ist eine Wechselwirkung, ein Eingreifen des Geistes unerläßlich. Während der Geist arbeitet, steht der Automat still und wartet auf den Eingriff des Geistes. Die *Dauer* dieser Lücke müßte im Prinzip feststellbar sein, auch der Geist braucht schließlich Zeit. Als Ergebnis des Eingriffes beginnt dann ein neues Automatengeschehen, dessen Anfangszustand nicht kausal mit dem Zustand bei Beginn der Lücke zusammenhängt. Stellt man sich den Automaten etwa als Räderwerk

---

[23] ebd. 34; die „Lebensgeister" (esprits animaux) sind ein von Descartes hypothetisch postuliertes, *rein körperliches* Wirkungsprinzip, das man heute etwa durch „Nervenimpulse" erklären würde.

vor, dann müßte dieses Räderwerk während der Lücke stillstehen (jetzt arbeitet der Geist), und am Ende der Lücke wie von Geisterhand bewegt verändert werden. Die Räder verdrehen sich jetzt, ohne daß dafür ein mechanischer Grund ersichtlich wäre: Der Geist hat zu Ende gedacht und überträgt das Resultat in die Maschine. Danach geht es wieder nach Automatenart weiter.

Von der naturwissenschaftlichen Seite betrachtet, gibt die Cartesische Lehre ein sehr klares Modell für die Einbettung eines (mechanisch) unerklärbaren Geschehens in ein (mechanisch) erklärbares. Das Erklärbare wird vom Unerklärbaren unterbrochen und ergänzt. Das Erklärbare ist stets ein raum-zeitliches Geschehen, daher ist eine raum-zeitliche Stelle für seine Unterbrechung anzugeben. Die Zirbeldrüse ist also keine peinliche, primitive Entgleisung Descartes', sondern markiert die Lücke in der Mechanik. An wievielen Stellen im Gehirn und wie häufig solche Lücken auftreten, ist unwichtig. Deshalb genügt für die theoretische Diskussion die eine Zirbeldrüse vollauf.

Die Sachhaltigkeit des Cartesischen Dualismus

Im Cartesischen Modell hat das Unerklärbare, d.h. der Geist, eine Funktion. Ein Automat mit Geist arbeitet anders als einer ohne Geist, auch wenn sie ganz dieselbe mechanische Konstruktion haben. Das Unerklärbare ermöglicht Leistungen, die innerhalb des bloßen Automatismus nicht möglich sind. Ein Auto, in dem ein Fahrer sitzt und es steuert, kann Dinge, die ein anderes Auto derselben Marke, aber ohne Fahrer, nicht kann. Bei Descartes ist die typische Zusatzleistung, die mechanisch unerklärbar bleibt, das Denken in sprachlicher Form oder kurz die Sprache, vera loquela.

Welche Konsequenz hätte es für ein derartiges Modell, wenn die typische Zusatzleistung eines Tages mechanisch erklärbar werden sollte? Man braucht deshalb sicherlich nicht unbedingt den Bereich des Unerklärbaren aufzugeben, nur wird dann aus dem nützlichen Geist in der Maschine ein nutzloses Gespenst, das sich nirgendwo ehrlich zeigt. Man könnte also einen Geist, der etwas *leistet*, das sich in der äußeren Welt zeigt, einen „Cartesischen Geist" nennen, ansonsten aber von Gespenstern reden.

Hier ist der Punkt, von dem aus die Cartesische Theorie eventuell aufzurollen ist. Daß es einen solchen Punkt gibt, ist nicht eine Schwäche der Theorie, sondern eine Folge ihrer Klarheit, die sie vor vielen späteren Philosophien auszeichnet. Innerhalb des Erklärbaren, sagt Descartes, gibt es keine Erklärung für die Sprache, denn es kann keinen sprechenden Automaten geben. Gelänge aber die Konstruktion eines sprechenden Automaten, dann bestünde unter dem Blickpunkt der Mechanik kein Bedarf mehr an Cartesischen Geistern. Es ist freilich noch lange nicht ausgemacht, ob es einen sprechenden Automaten geben kann. Aber die Fundierung einer Theorie über Körper und Geist bloß auf der Vermutung oder dem Glauben an die Unmöglichkeit der naturwissenschaftlichen Erklärung von Veraloquenz, ist immer etwas Vorläufiges und vielleicht schon morgen unhaltbar.

Die Notwendigkeit für die Einführung der res cogitans ergibt sich daraus, daß gewisse Phänomene der res extensa innerhalb des üblichen mechanischen Erklärungsverfahrens nicht zu erklären sind. Ein objektiver Beobachter, ein Cartesischer Gehirnmechaniker, kann das objektiv feststellen und lokalisieren. Es sind dazu keine Hypothesen über das Seelenleben erforderlich. Der Cartesische Geist ist eine mechanisch motivierte Hypothese, doch muß aus eben diesem Grunde stets mit dem Wegfallen dieser Motivation gerechnet werden.

Allgemein können wir dem Cartesischen System eine auch gegenwärtig anwendbare Moral entnehmen. Man sollte jeder Theorie über den Geist die Frage stellen, ob ihr Geist eine Funktion hat oder nicht. Genauer gesagt, ob ein Automat *mit* diesem Geist mehr leistet als einer *ohne* ihn. Dieses Mehr wäre gerade die spezifische Funktion des Geistes. Nimmt man eine solche Funktion an, so muß man auch eine Wirkungsstelle im Gehirn annehmen, ein Pendant zur Zirbeldrüse.

Im Augenblick scheuen die meisten Philosophen diese Konsequenz. Stattdessen meinen viele von ihnen, daß alles im Gehirn restlos mechanisch erklärbar sei – trotzdem aber mache es einen gewaltigen Unterschied, ob ein Mechanismus Geist hat oder nicht. Man kann nur nicht angeben, worin der Unterschied besteht. Ein Gehirnmechaniker wird jedenfalls keinen Unterschied festellen können. Der Stammvater dieser Alternative zum Cartesischen Dualismus ist G.W. Leibniz.

G. W. Leibniz, oder der Geist neben der Maschine

Die parallelistische Grundposition

Man hat den Cartesischen Dualismus oft als Vorstufe zum Materialismus empfunden. In der Tat, wäre nicht jene seltsame Lücke im kausalen Gehirngeschehen, jene Zirbeldrüsen-Wechselwirkung, jener Geistereingriff in die Maschine Gehirn, dann wäre das Cartesische Weltbild ein vollständig mechanistisches und man hätte keinen Anlaß, zusätzlich zum sichtbaren, körperlichen Geschehen noch ein unsichtbares, unräumliches Geistesgeschehen anzunehmen. Auch empfand man die durch die Zirbeldrüse markierte Lückenhaftigkeit des kausalen Geschehens stets als unbefriedigend. Deshalb ist allen interessanten Körper-Geist-Theorien, die nach Descartes noch entstanden sind, seien sie nun materialistisch oder antimaterialistisch, eines gemeinsam: sie lassen sich nicht mehr auf Lücken im materiellen Kausalgeschehen ein, sie operieren nicht mit außerphysikalischen Einflüssen auf physikalisches Geschehen. Insofern sind sie allesamt Maschinentheorien des Gehirngeschehens. Doch vermeiden die allermeisten Autoren die ungeliebten Wörter „Maschine", „Mechanik", „Automat" etc. mit großer Sorgfalt. Zu Beginn der auf Descartes folgenden Diskussion allerdings gab man sich noch nicht so schamhaft, was insbesondere für den Leibniz-Wolff'schen Parallelismus gilt.

Neben dem Cartesischen Dualismus gibt es nur noch eine weitere dualistische Theorie, die bis heute eine gewisse Wirksamkeit besitzt[1], den auf Leibniz (1646–1716) zurückgehenden „Parallelis-

---

[1] Ebensowenig, wie es heute noch konsequente Cartesische Dualisten gibt, sind heute noch konsequente Parallelisten zu finden. Die heute üblichen, immer neuen Körper-Geist-Theorien sind in aller Regel Mixturen aus den zwei erwähnten Positionen, denen noch ein Schuß Materialismus hinzugefügt wird. Immer dann, wenn eines dieser Ingredienzien zu häßlichen Konsequenzen zu führen droht, vergißt man es und wendet sich einem anderen zu. Doch dies nur nebenbei.

mus". Auch nach dieser Auffassung existieren in der Welt zwei voneinander absolut verschiedene Seinsbereiche, der körperliche und der geistige. Doch soll zwischen beiden Bereichen keine wie auch immer geartete Wechselwirkung stattfinden, physische und psychische Geschehnisreihen sollen kausal nichts miteinander zu tun haben.

Durch den Wegfall der Wechselwirkung wird die Problematik der Cartesischen Zirbeldrüse mit einem Schlage beseitigt, doch ist dafür, wie sich bald zeigen wird, ein sehr hoher Preis zu zahlen. Unbestreitbar enthält die alltäglichste Erfahrung eine riesige Fülle von Wechselbeziehungen zwischen Körper (Nervensystem) und Geist. Nach parallelistischer Deutung stellen sich die Phänomene aber nur so dar, *als ob* eine Wechselwirkung zwischen physischem und psychischem Geschehen stattfände. Körperliche und geistige Vorgänge entsprechen einander zwar, doch handelt es sich in Wirklichkeit um zwei parallele, voneinander unterschiedene und getrennte Abläufe, die nicht aufeinander einwirken. Die Parallelität beruht nicht auf gegenseitigen Wirkungsbeziehungen, sondern ist einfach ein Grundgesetz der Natur. Leibniz, der noch ganz in der traditionellen Theologie befangen ist, spricht hier allerdings nicht von Naturgesetzen, sondern von einer Parallelität, die vom Schöpfer der Welt von vornherein so eingerichtet wurde.

Die Grundthese des Parallelismus ist, daß körperliches und geistiges Geschehen absolut gleichzeitig und synchron ablaufen, was dann so aussieht, *als ob* eine ununterbrochene Wechselwirkung zwischen beiden Geschehnisreihen stattfände – aber eben nur „als ob" und nicht wirklich.[2]

---

[2] Ich deute nur an, daß dabei ein sekundäres Problem auftaucht: nach allen Theorien über Kausalität ließe sich eine *als-ob*-Wechselwirkung von einer *wirklichen* gar nicht unterscheiden. Dies hat dazu geführt, daß Leibnizens konsequenteste Nachfolger, die Okkasionalisten, am Ende ihrer ebenso konsequenten wie abstrusen Gedankenentwicklung ganz nahe bei den modernsten Auffassungen von Kausalität endeten. (Vgl. Röd, S. 112 f.)
Was bedeutet die Behauptung, zwei Ereignisse A, B stünden in einer Kausalrelation zueinander? Nach den klassischen Analysen des Kausalbegriffs bedeutet es einfach, daß A und B *regelmäßig* miteinander verknüpft sind, d.h. daß A und B stets gleichzeitig oder in einer bestimmten zeitlichen Reihenfolge nach-

Nach diesem System wirken die Körper so, als ob es (was eigentlich unmöglich ist) gar keine Seelen gäbe; und die Seelen wirken, als ob es gar keinen Körper gäbe; und alle beide tun so, als ob eines das andere beeinflußte.[3]

Es gibt nach parallelistischer Ansicht im Körpergeschehen nichts mit physikalischen Mitteln Unerklärbares, es gibt keine Eingriffe aus einem anderen Seinsbereich, es gibt keine Lücken im Kausalgeschehen, wie es insbesondere im Gehirn abläuft. Alle Lebewesen, auch der Mensch, sind restlos als Maschinen erfaßbar (beschreibbar). Vergleicht man solcherart den Menschen mit einem Uhrwerk, so ist es eines, an dem niemand von außen die Zeiger verstellt. Über Descartes hinaus, der der Maschine Gehirn ebenfalls sehr hohe Leistungen zutraute, nimmt der Parallelismus an, daß auch bei allen höheren Geistesleistungen, bei bewußten Vorgängen und insbesondere beim Sprechen keinerlei Eingriffe von außen in das Gehirngeschehen erfolgen.

Ähnlich wie beim Cartesischen Dualismus existiert auch für den Parallelismus keine zusammenhängende, vollständige Darstellung, sondern nur eine Vielzahl kürzerer Textstücke Leibnizens. Ich werde anhand dieser Textstücke eine systematische, nicht aber eine historisch vollständige und absolut getreue Darstellung des Parallelismus versuchen.[4] Die historischen Bezüge sind nicht zuletzt wegen Leibnizens Vorliebe für Theologie für den Leser von heute ohnehin nicht besonders interessant.

Das System des Parallelismus besteht, wenn man es auf strenge Form bringt, aus folgenden Behauptungen oder Axiomen:

L1: *Prinzip der Nicht-Wechselwirkung oder Akausalität.* Zwischen dem physischen Bereich und dem psychischen findet keine

---

einander auftreten. Genau dies behauptet aber der Parallelismus von den beiden Ereignisreihen des Nervengeschehens und des Psychischen. Man könnte also mit gutem Recht fragen, *was* eigentlich negiert wird, wenn Leibniz das Bestehen einer Wirkungsbeziehung (Kausalrelation) zwischen Körper und Geist verneint, am Parallelismus aber festhält. Indessen wird es für unsere Überlegungen nicht nötig sein, dieses dunkle Problem in allen Verästelungen abzuhandeln.

[3] Monad § 81
[4] vgl. Schneider (1985) und die umfassende Darstellung von Kulstad (1991)

Wechselwirkung statt. Zwischen beiden Bereichen besteht keine Wirkungsbeziehung oder Kausalrelation (sondern nur eine Als-ob-Wechselwirkung gemäß L2).

L2: *Prinzip des Parallelismus oder der prästabilierten Harmonie.* Zwischen dem körperlichen und dem geistigen Bereich besteht strenge Parallelität, die von Anbeginn der Welt vorherbestimmt ist. Jedem Zustand im einen Bereich korrespondiert ein Zustand im jeweils anderen Bereich. Dadurch entsteht der Anschein einer Wechselwirkung; in Wirklichkeit erklärt sich die Parallelität aber durch einen göttlichen Schöpfungsakt, in dem beide Bereiche zwar unabhängig voneinander, jedoch nach demselben Konstruktionsprinzip geschaffen wurden.

L3: *Doppeltes Kausalprinzip.* Nichts geschieht ohne vorhergehende Ursache. Im Körperbereich gelten die Gesetze der Physik ohne jede Ausnahme. Nichts geschieht zufällig, nichts sprunghaft, alles geschieht nach Maßgabe der jeweils vorhergegangenen Zustände der Körperwelt. Im geistigen Bereich gilt ein entsprechendes Analogon. Auch hier geschieht nichts zufällig oder sprunghaft, auch die geistigen Zustände folgen aufeinander nach Regeln.

Axiom L1 wird sehr einprägsam durch Leibnizens Schlagwort von der „Fensterlosigkeit" der Monaden[5] illustriert.

Die Monaden haben keine Fenster, durch die etwas in sie hinein- oder aus ihnen heraustreten kann.[6]

Das bedeutet, daß der Geist nicht von außen beeinflußt werden und seinerseits auch keine Wirkungen nach außen (auf den Körper) ausüben kann.

Aus dem Gesagten ergibt sich, daß die Veränderungen der Monaden aus einem *inneren Prinzip* erfolgen, da eine äußere Ursache keinen Einfluß auf ihr Inneres haben kann.[7]

Umgekehrt hat sozusagen auch der Körper kein Fenster für den

---

[5] Für unsere Zwecke genügt es, „Monade" als gleichbedeutend mit „Geist" oder „Seele" zu betrachten.
[6] Monad § 7
[7] ebd. § 11

zugehörigen Geist, wenn Axiom L1 in Geltung ist. Der Körper ist auch in seinen intelligentesten Verhaltensweisen ein Automat.

Auf solche Weise folgen alle Bewegungen des Leibes aus der Art der Zusammensetzung, das ist, aus seinem Wesen, und durch seine Kraft, das ist, durch seine Natur, aus den Bewegungen anderer Körper, die Veränderungen in den Gliedmaßen der Sinnen verursachen, folglich geschieht alles im Leibe natürlich, auf eine solche Art und Weise, wie es in Körpern sein soll, und wird die Natur weder von der Seele […], noch von Gott […] in ihrem richtigen Laufe gestöret[8],

wie es Christian Wolff (1679–1754), der Leibnizens Parallelismus noch einmal konsequent vertrat, so schön formulierte. Es wird sich später noch zeigen, daß damit mehr als eine bloße Selbstverständlichkeit ausgedrückt wird.

Wolff bringt auch den Zusammenhang von Axiom L1 mit Axiom L2 auf eine Lehrbuchformel, wenn er schreibt:

So sieht man leicht, daß die Seele das ihre für sich tut, und der Körper gleichfalls seine Veränderungen für sich hat, ohne daß entweder die Seele in den Leib und der Leib in die Seele würcket […] nur stimmen die Empfindungen und Begierden der Seele mit den Veränderungen und Bewegungen des Leibes überein. Und solchergestalt verfallen wir auf die Erklärung, welche Herr von Leibniz von der Gemeinschaft des Leibes mit der Seele gegeben, und die vorherbestimmte Harmonie oder Übereinstimmung genennet.[9]

Wolff ergänzt, es könne keine Harmonie zwischen Leib und Seele bestehen,

wo nicht noch ein verständiges Wesen ist, welches sie zusammengebracht,

was er sofort umdreht zu der Behauptung

Und folget demnach daraus unwidersprechlich, daß ein Urheber der Welt und der Natur, das ist, ein GOTT ist.[10]

Das Axiom L3 bedarf keiner weiteren Erläuterung, soweit es sich

---

[8] Wolff § 779
[9] ebd. § 765
[10] ebd. § 768

auf die durchgängige Kausalität im körperlichen Bereich bezieht. Wie streng das dazu postulierte Analogon für den geistigen Bereich gemeint war, ergibt sich aber aus dem Umstand, daß Leibniz selbst wiederholt von der Seele als einem unkörperlichen, *immateriellen oder spirituellen Automaten* spricht.[11] In demselben Sinne schreibt Wolff:

> Es ist demnach zu merken, daß die Veränderungen in der Welt alle in einer unverrückten Ordnung aufeinander erfolgen, und weil gleichfalls in der Seele der vorhergehende Zustand den Grund von dem folgenden in sich enthalten muß, die Empfindungen in der Seele gleichfalls in einer unverrückten Ordnung aufeinander erfolgen.[12]

Was den Parallelismus so attraktiv erscheinen läßt, ist seine uneingeschränkte Sympathie für die naturwissenschaftliche Praxis (samt zugehöriger Ideologie) in Sachen Neurologie und Neuro-Psychologie. Von einer Lücke im Kausalgeschehen ist keine Rede mehr; anders als der Cartesische Gehirnmechaniker braucht der an Leibniz orientierte Neurologe niemals damit zu rechnen, plötzlich auf ein grundsätzlich unerklärbares Gehirngeschehen zu stoßen. Kein Geist greift in die Gehirnvorgänge ein, keine Zirbeldrüse bewegt sich wie von Geisterhänden angestoßen.

Wer z.B. erforschen will, was zwischen dem Eintreffen optischer Reize auf der Netzhaut und dem abschließenden lauten Aussprechen des Urteils „Hier läuft ein Mann" alles geschieht, der weiß, wo er zu forschen hat: im Gehirn (in der *Maschine* Gehirn, um es deutlicher zu sagen) *und sonst nirgends*. Es gibt keinen Zeitpunkt, in dem in dieser Maschine maschinell unerklärbare Dinge geschehen, und der Forscher darf sich auch nicht darauf ausreden, sobald er nicht weiter weiß.

Der Neuro-Psychologe kann nach parallelistischer Theorie z.B. ohne Skrupel von Gehirnzentren sprechen oder behaupten, daß bestimmte Substanzen bestimmte Informationen übertragen oder bestimmte Empfindungen auslösen. Die gesamte Ausdrucksweise der Neuro-Psychologie, die sich ja unter dem Druck einer vielfäl-

---

[11] z.B. Monad § 18, vgl. § 77
[12] Wolff § 767

tigen Forschungspraxis (und keineswegs mutwillig) herausgebildet hat, ist in einem parallelistischen Weltbild akzeptabel.

Die parallelistische Theorie rechtfertigt die übliche Ausdrucksweise sogar noch dort, wo nachdenkliche Neuro-Psychologen vielleicht Bedenken empfinden. Wer ein wenig philosophiert, wird sich gelegentlich unbehaglich fühlen, wenn er Formulierungen benützen muß wie z.B. „An der und der Stelle ist die und die Fähigkeit im Gehirn lokalisiert" oder „Diese Substanz löst Angst aus" usf. Aber nach der parallelistischen Theorie ist das völlig in Ordnung. Sie lehrt, daß man auch die scheinbar bedenklichsten Formulierungen, wie sie ein Neuro-Psychologe während seiner praktischen Arbeit benützt, immer entflechten und in zwei parallele Ausdrücke aufspalten kann, deren jeder auch theoretisch völlig sauber ist, einen psychologischen und einen physiologischen.

Darüberhinaus enthält der Parallelismus die beruhigende Konsequenz, daß der praktizierende Neuro-Psychologe sich über den Zusammenhang zwischen den beiden parallelen Ausdrucksformen bzw. Geschehnisreihen nicht den Kopf zu zerbrechen braucht: Diese Aufgabe hat Leibniz bereits erledigt, indem er den Parallelismus zu einem Grundfaktum der Welt deklarierte. Der Parallelismus könnte vielleicht sogar plausibel machen, warum ausgerechnet dem Gehirngeschehen und nicht z.B. jenem im Dickdarm ein geistiges Geschehen parallel läuft. Nur das Gehirngeschehen, so könnte man vermuten, besitzt jene Vielfältigkeit, Wandelbarkeit und Komplexität, die ein dem geistigen Geschehen paralleles körperliches Geschehen besitzen muß.

Das Uhrengleichnis und seine Unbrauchbarkeit

Es fällt schwer, ein überzeugendes Modell für parallelistische Verhältnisse zu erfinden. Seit jeher wird hier das Bild von den zwei Uhren angeführt, die zur selben Zeit die Stunden schlagen und doch in keiner Wirkungsrelation zueinander stehen. Nach diesem Bild, das im 17. und 18. Jahrhundert gerne benützt wurde, hat man sich das Verhältnis von Körper und Geist so vorzustellen, wie das Verhältnis zweier gleichartiger, gleichgehender Uhren. Die beiden Uhren schlagen zur selben Zeit die Stunden, ihre Zeiger zeigen immer dieselbe Stellung. Trotzdem stehen die zwei Uhren in keinem Wirkungsverhältnis zueinander, es besteht zwischen ihnen keine Kausalrelation. Sie entsprechen einander, weil sie nach denselben Konstruktionsprinzipien hergestellt wurden.

Man könnte auch zwei Exemplare derselben Morgenzeitung anführen: sie haben denselben Inhalt und dieselbe äußere Gestalt und wirken doch nicht aufeinander ein. Auch erbgleiche Zwillinge könnte man anführen: sie haben dasselbe Aussehen und zeigen weitgehend dieselben Verhaltensweisen, trotzdem brauchen zwischen ihnen keinerlei Wirkungsbeziehungen zu bestehen. Alle Gleichnisse dieser Art (Uhren, Zeitungen, Zwillinge) beruhen darauf, daß zwei Objekte auf dieselbe Art hergestellt bzw. entstanden sind.

Alle diese Modelle illustrieren zwar die kausale Unabhängigkeit zweier Gegenstandsbereiche, leisten aber nicht das, was eine parallelistische Theorie verlangt. Zerstört man die eine Uhr, so geht die andere weiter, keineswegs geht sie automatisch ebenfalls zugrunde. Hält man ein Streichholz an das eine Zeitungsexemplar, so geht das zweite keineswegs in Flammen auf etc. Die fraglichen Dinge (Uhren, Zeitungen) sind zwar tatsächlich kausal unabhängig voneinander, aber von Parallelität kann nicht die Rede sein.

Um Parallelität im echten Sinne, d.h. ohne Wirkungsrelation, zu veranschaulichen, muß man viel stärkere Annahmen voraussetzen als nur den gleichen Ursprung zweier Dinge. Die zweite Uhr muß von Anfang an alles vorherwissen, was der ersten Uhr von außen zustoßen wird. Wirft ein Lausbub einen Stein gegen die erste Uhr, so muß auch an der zweiten Uhr das Uhrglas zerbrechen, doch darf das nicht durch den Stein des Lausbuben kausal verursacht sein (sonst müßte man von Wechselwirkung sprechen). Es muß also der zweiten Uhr bei ihrer Herstellung einprogrammiert sein, wann ein Lausbub einen Stein gegen die erste Uhr werfen wird und wie letztere auf den Steinwurf reagieren wird. Die zweite Uhr muß aber nicht bloß den Steinwurf vorherwissen, sondern überhaupt alles, was je an der ersten geschehen mag. Jedes Staubkorn, das ins Getriebe der ersten geraten wird, muß in der zweiten Uhr schon bei deren Konstruktion vorprogrammiert werden.

Das setzt einen allwissenden Konstrukteur voraus; ohne einen solchen wäre der Parallelismus nicht aufrecht zu erhalten. An dieser Stelle werden vermutlich die heutigen Vertreter des Parallelismus zurückschrecken. Anders Leibniz, der als Metaphysiker zu solchen Konsequenzen sofort bereit war. Jede Seele (Leibniz nennt sie später meist „Monade") spiegelt nach Leibnizens Meinung das gesamte Universum wider, weil sie von Anbeginn entsprechend strukturiert wurde. Ein überlegener Geist, sagt Leibniz gelegentlich, der in der Seele zu lesen vermöchte, könnte in ihr zu gleicher Zeit das gesamte vergangene, gegenwärtige und zukünftige Weltgeschehen abgebildet sehen, wenngleich in höchst unterschiedlicher Klarheit. Die Seele selbst freilich kann in sich selbst immer nur das lesen, was *deutlich* in ihr vorgestellt ist.

Sie kann alle ihre Falten nicht auf einmal entfalten, denn diese reichen bis ins Unendliche.[13]

Seltsame Konsequenzen des Parallelismus

Nehmen wir ein anschauliches Beispiel. Eine geistige Erkrankung, etwa ein schizophrener Anfall oder eine Depression, lasse sich durch irgendein Medikament deutlich positiv beeinflussen, vielleicht sogar heilen. In parallelistischer Deutung muß man nun sagen, daß dem gehirnphysiologischen Übergang vom Zustand vor Einnahme des Medikaments in den nachfolgenden, gesünderen Zustand der psychische Übergang vom psychisch kranken zum psychisch gesünderen Zustand entspricht oder korrespondiert.

„Entspricht" ist ein schönes, aber nicht sehr informatives Wort. Aber dem praktizierenden Psychiater erspart es das weitere Philosophieren und läßt ihm freie Hand bei der Erprobung neuer

---

[13] Monad § 61

medikamentöser Therapien. Auch kann er präzise danach forschen, auf welchem Wege das Medikament wirksam wird, wo und wie im Gehirn die Wirksamkeit ansetzt, d.h. ab wann die psychische Besserung erfolgt. Vielleicht stellt er fest, daß dies mit dem Eintreffen des vom Blut beförderten Medikaments an einer ganz bestimmten Stelle im Gehirn erfolgt etc. Das einzige, was der Parallelismus vom Praktiker verlangt, ist, daß dieser sich des Wortes „Beeinflussung" oder gar „Wirkung" enthalte. Sollte der Psychiater aber in der Hitze des Gefechtes davon sprechen, daß das Medikament die psychische Störung günstig *beeinflusse*, so nimmt der parallelistische Philosoph das wohlwollend als façon de parler hin, die sich in korrektere Ausdrucksformen, z.B. mittels des Wortes „entsprechen" übersetzen läßt.

Dementsprechend schreibt bereits Christian Wolff zusammenfassend:

Artzeney würcket nur im Leibe, nicht in der Seele, kommet gleichwohl der Seele zustatten.[14]

Die einschlägigen Sätze des so zusammengefaßten Textes lauten:

Derowegen da man den außerordentlichen Zustand der Nerven und des Gehirnes durch Artzeneyen bessern, oder wieder in seinen vorigen Stand bringen kann, wie uns die Erfahrung lehrt; so muß alsdenn auch nach geschehener Verbesserung wegen beständiger Harmonie der Seele mit dem Leibe die Seele gleichfalls aus ihrer Unordnung wieder in den Stand ordentlicher Empfindungen gesetzt werden: es mag nun diese Harmonie unterhalten werden, auf was für eine Art und Weise sie immermehr will. Deswegen kann man weder schließen, daß die Seele ein aus Materie zusammengesetes Wesen habe, noch auch, daß sie mit Artzeneyen kann curiret werden.[15] [...]

Es ist wahr [...], daß die Besserung nicht erfolgen würde, wenn sie [die Artzeney] wegbliebe. [...] Derowegen hat es das Ansehen, als wenn doch durch den Gebrauch der Artzeney auch in der Seele eine Änderung geschehen müßte. [...]

Allein es ist zu merken, daß die Begebenheiten in der Welt ihre Gewißheit haben. Und demnach kann es in dieser Welt nicht geschehen, daß ein Mensch den Gebrauch der Artzeney unterließe, der sie ein-

[14] Wolff § 816
[15] ebd.

nimmt, oder wie die Gottesgelehrten reden [...], es hat seine determinierte Wahrheit, daß der Mensch die Artzeney einnehmen und den Gebrauch derselben nicht unterlassen wird. Da nun die Seele diese Welt und nicht eine andere, auch darinnen ihren Leib und keinen anderen vorstellet; so muß sie auch die Empfindungen haben, welche mit dem verbesserten Zustande der Nerven und des Gehirns nach genommener Artzeney übereinkommen.[16]

Wolff behauptet also, daß erstens das gesamte Körpergeschehen determiniert sei, insbesondere die Herstellung und Verabreichung des Medikaments sowie seine physiologische Wirkung. Er muß aber zweitens behaupten, daß die psychischen Vorgänge ebenfalls streng determiniert seien; insbesondere muß die nach Einnahme des Medikaments plötzlich eintretende psychische Veränderung in der Seele kausal vorbestimmt sein, sie muß streng aus dem vorhergehenden seelischen Zustand folgen – mit dem *Medikament* soll die *seelische* Veränderung ja nichts zu tun haben.

Die Seele *muß* deshalb tatsächlich die ganze Welt in sich enthalten („vorstellen"), weil die ganze Welt auf den Körper einwirken kann. Dabei sollen ihr aber die Sinnesorgane nicht zu Hilfe kommen, die Seele tut nur so, als ob sie hinschaue, sie weiß in Wirklichkeit alles ohne hinzusehen. Das ist wahrlich keine bescheidene metaphysische Konstruktion.

Die gewaltige, jede Erfahrung überschreitende, parallelistische Konstruktion, erschien in ihren maßlosen Behauptungen von vornherein suspekt. Da sie auf *jedes* körperliche bzw. geistige Geschehen (übrigens bei Mensch und Tier) anwendbar sein soll, war es möglich, diese Metaphysik bis zu höchst banalen oder auch abstrusen Beispielen zu spezifizieren. Auf diese Art wird der Inhalt der parallelistischen These erst richtig deutlich; es ist ein Verfahren der Kritik, das zuerst von Pierre Bayle (1647–1706) benützt wurde, und es ist nicht ohne Reiz, einen Augenblick bei dem literarischen Disput zwischen Leibniz und Bayle zu verweilen.[17]

---

[16] ebd. § 817
[17] Dieser Disput beginnt in Bayles „Dictionnaire" unter dem Stichwort „Rorarius". Ich zitiere nach Bd. 4 der deutschen Ausgabe von Gottsched, wo auch Leibnizens Erwiderungen enthalten sind.

Bayle spricht von einem Singvogel, zu dessen Wesen das Singen bestimmter Gesänge gehört. Das ist ein gutes Beispiel für eine von Anfang an vorprogrammierte Verhaltensweise, weil der Vogelgesang (so will ich der Einfachheit wegen annehmen) bereits durch den genetischen Code festgelegt ist und nicht von außen beeinflußt wird.

Wir wollen uns zur Lust ein von Gott erschaffenes und zum beständigen Singen bestimmtes Tier einbilden. Es wird beständig singen, dieses ist unzweifelhaft: allein, wenn ihm Gott eine gewisse Tabulatur bestimmt, so muß er ihm notwendigerweise entweder dieselbe vor die Augen legen, oder ins Gedächtnis eindrucken; oder eine Einrichtung der Muskeln geben, welche nach den Gesetzen der Mechanik macht, daß ein solcher Ton allezeit einem andern, just nach der Ordnung der Tabulatur, folgt. Ohne dieses kann man nicht begreifen, daß dieses Tier jemals vermögend wäre, sich der ganzen Folge von Noten gemäß zu bezeigen, welche Gott bemerket hat.[18]

Genauso wie der Vogelgesang müßte in Leibnizens System alles, was überhaupt jemals im körperlichen wie auch im psychischen Bereich geschieht, vorprogrammiert sein. Eine Wechselwirkung der Seele mit der Welt findet nicht statt. Leibniz bestätigt dies und macht das Bild sogar noch drastischer, indem er statt eines Vogels einen menschlichen Sänger betrachtet, der nach einem Notenblatt singt, ohne daß doch – so postuliert es der Parallelismus – das Notenblatt die geringste Wirkung auf das Singen ausüben könnte:

Es ist genug, daß man sich einen Kirchen- oder Operistensänger vorstelle, der eine Besoldung bekömmt, damit er zu gewissen Stunden seinen Dienst mit Singen abwarte. In der Kirchen, oder in der Opera trifft er ein musikalisches Buch an; worinnen die Stärke der Musik, oder der Tabulatur, welche er absingen soll, auf die Tage und Stunden bemerket sind. Der Sänger singt aus dem aufgeschlagenen Buche. Seine Augen bleiben auf dasselbe geheftet; seine Sprache und seine Kehle richten sich nach den Augen: allein, seine Seele singt, so zu reden, aus dem Gedächtnisse; oder durch etwas, welches dem Gedächtnisse gleichgültig[19] ist.

Denn weil das musikalische Buch, die Augen und die Ohren, keinen

---

[18] ebd. S. 93
[19] d.h. gleichwertig

Einfluß in die Seele haben können: so muß sie für sich selbst, ohne Verdruß, ohne Bemühung und ohne besonderes Nachsuchen dasjenige finden, welches von ihrem Gehirne und ihren Gliedmaßen, durch Hülfe des Buches, angetroffen wird. Dieses geschieht, weil die ganze Tabulatur dieses Buches, oder der Bücher, nach welchen man sich bei dem Singen hinter einander richten soll, in seine Seele, gleich von dem Anfange ihrer Existenz, [...] eingepräget ist.[20]

Um die Sache auf die Spitze zu treiben darf man sogar annehmen, daß die Seele das Notenblatt einschließlich aller Druckfehler und Unleserlichkeiten durch Schmutzflecken etc. antizipiert. Es tritt freilich die Frage auf, wozu der Komponist die Melodie überhaupt zu Papier bringen und der Drucker sie drucken mußte, wo doch alles bereits in der Seele des Sängers enthalten war. Leibniz zieht sich mit einem Hinweis auf das Unbewußte aus der Affäre. Zwar verfüge die Seele von Anfang an über die Melodie, aber zunächst nur dunkel und unbewußt. Erst im Augenblick des Auftauchens der Noten vor den Augen des Sängers erinnere sich dessen Seele an die Melodie.

Der Parallelismus führt also zu der Annahme, daß der Mensch von dem, was „in seiner Seele vorhanden ist" so gut wie überhaupt keine Ahnung besitzt. Die Seele wird für den Menschen, dessen Seele sie doch ist, zu einem Buch mit weit mehr als bloß sieben Siegeln, nämlich in demselben Ausmaß, wie uns die Welt und die Zukunft verschlossen und noch unbekannt sind. Es ist klar, daß diese Leibnizsche Behauptung grenzenlos weit über alles hinausgeht, was jemals ein Psychoanalytiker postuliert hat.

Gelegentlich wirken Leibnizens Argumente reichlich grotesk, wie etwa im folgenden Fall. Bayle fingiert eine Episode aus dem Leben Julius Caesars und urgiert sodann die dazugehörige parallelistische Erklärung dieser Episode. Caesar, so nimmt Bayle an, trank eines Tages vergnügt an irgendeinem Getränk, als ihn plötzlich ein Insekt stach. Sofort war Caesars gute Laune verflogen, statt Heiterkeit empfand der große Politiker einen stechenden Schmerz. Ist dies nicht schlechthin ein Beispiel von Körper-Geist-Wechselwirkung?

---

[20] ebd. S. 93, Anm. (ee)

Die besondere Pikanterie des Falles liegt darin, daß der Insektenstich eine abrupte, von außen an den Körper herantretende Einwirkung darstellt, der im Körpergeschehen Caesars (d.h. in seinem Leib) nichts vorhergeht. In der Seele aber darf der Schmerz keineswegs abrupt (ursachelos) einsetzen. Woher kommt der Schmerz also, d.h. welche seelischen Prozesse gehen ihm voraus? Der Schmerz, als seelisches Phänomen, muß nach parallelistischer Ansicht vorausgehende seelische Ursachen haben – er muß sich im geistigen Geschehen Caesars bereits vorbereitet haben, noch bevor das böse Insekt Caesars Haut durchstach. Diese geistige Vorbereitung kann auch nicht durch die Wahrnehmung des Geräusches verursacht werden, das von dem sich nähernden Insekt ausgeht. Der Schmerz muß seelisch auch vorbereitet sein, wenn das Insekt geräuschlos anfliegt. Also erklärt Leibniz:

> Man muß sich also nicht wundern, wenn ein Mensch, wenn er einige Confituren ißt, und zugleich einen Insektenstich fühlt, unmittelbar aus der Lust in den Schmerz, oder in die Unlust, auch wider seinen Willen gerät. Denn das Insekt wirkte schon in seinem Leib, da es sich ihm näherte, ehe es ihn stach: und die Vorstellung hiervon setzte schon, wiewohl unvermerkt, seine Seele in Bewegung. [...] Wie es, zum Exempel, geschieht, wenn das Tier, welches stechen will, ohne Geräusche sich zu uns nähert; oder wenn, im Fall es z.E. eine Wespe wäre, wir bei zerstreuten Gedanken auf ihr Summen, da sie uns nahe kommt, nicht Achtung geben. [...]
> Es sind verworrene Ahndungen, oder besser zu reden, unmerkliche Dispositionen der Seele, welche in den Körpern die Dispositionen zum Stiche vorstelleten.[21]

Wieder muß also höchst massiv mit Theorien bzw. Hypothesen operiert werden, um den Parallelismus aufrecht zu erhalten – und das alles bereits wegen eines lächerlichen Insektenstiches!

Abänderungen des Leibnizschen Axiomensystems

Will man die Tragweite eines theoretischen Systems überlicken, so ist es oft lehrreich, sich dadurch ein Alternativsystem zu erzeugen,

---

[21] ebd. S. 92, Anm. (aa)

daß man ein bestimmtes, besonders wichtiges Axiom des ursprünglichen Systems negiert, die anderen Axiome aber beibehält. In unserem Falle ist es am interessantesten, das Parallelitätsaxiom L2 zu negieren, gleichzeitig aber am Prinzip der Nicht-Wechselwirkung (Axiom L1) und am Kausalprinzip (L3) festzuhalten. Man gelangt damit zu zwei Extremfällen, die wir im folgenden betrachten wollen.

a.) *Geister ohne Körper.* Das Axiom L1 besagt die kausale Unabhängigkeit des Physischen und des Psychischen voneinander. Das bedeutet, daß Eingriffe in den einen Bereich keine Wirkungen auf den anderen Bereich haben. Solange aber das Prinzip der prästabilierten Harmonie (Axiom L2) gilt, wird sich diese gegenseitige Wirkungslosigkeit der zwei Bereiche nach außen nicht zeigen, denn alles Geschehen verläuft so, als ob es eine ständige Körper-Geist-Wechselwirkung gäbe.

Das Bild ändert sich aber, sobald man L2 negiert. Als einfaches Modell für diesen Fall kann man das Uhrengleichnis betrachten; wir haben von diesem Gleichnis früher schon gesehen, daß es kein korrektes Modell für die Leibnizsche Theorie bildet. Es ist vielmehr ein Modell für kausale Unabhängigkeit zweier Bereiche (zweier Uhren etc.) bei gleichzeitiger Negation der Prästabilierten Harmonie. Von zwei gleichgehenden Uhren kann man eine wegnehmen oder zerstören, ohne daß dadurch der Gang der zweiten verändert würde. Wenn Körpergeschehen und geistiges Geschehen überhaupt nicht in Kausalrelation zueinander stehen, zugleich aber das Parallelitätspostulat L2 aufgegeben wird, dann müßte jede der beiden Ereignisreihen auch ohne die andere weiterlaufen können wie bisher. Derartiges hat Leibniz tatsächlich auch gelegentlich zugestanden:

> Die Seele würde, wenn auch sonst nichts in der Welt wäre, als Gott und sie[22], alles empfinden, was sie jetzt empfindet.[23]

Tatsächlich müßte es unter den gegebenen Voraussetzungen völlig unbemerkbar bleiben, wenn einem Menschen sein Leib weggenommen würde. Denn geistige Vorgänge können bei fehlender

---

[22] d.h. wenn Axiom L2 nicht mehr gilt
[23] Bayle S. 86

Wechselwirkung in keiner Weise von der Existenz eines Leibes abhängen.

Der skeptische Bayle hat es sich nicht nehmen lassen, den Fall sogleich zu trivialisieren. Er fingiert ein Universum, das Schritt um Schritt so entleert wird, daß zuletzt nur noch ein einziger Hund darin übrig bleibt, aber ohne Futter, ohne Hundeherrn etc. Schließlich wird dem armen Hund auch noch sein Leib weggenommen – abgesehen von Gott existiert im Universum nur noch eine einzige Hundeseele ohne Hundeleib.

Müßte man nach Leibniz unter den getroffenen Voraussetzungen nicht schließen, daß in dieser Hundeseele keine Veränderungen stattfanden, während sich doch das Universum radikal veränderte? Müßte nicht diese Hundeseele z.B. weiterhin gemäß ihren eigenen Gesetzen Hunger empfinden? Sicherlich, nach der trivialen Ansicht des Alltagsmenschen hat ein Hund Hunger, wenn sein Magen leer ist; aber nach Leibniz besteht zwischen der Leere des (körperlichen) Magens und dem (seelischen) Gefühl des Hungers kein Kausalzusammenhang, folglich wird (bei Nicht-Geltung von L2) die Entfernung des Magens das Hungergefühl nicht beeinträchtigen.

Bayle, der das für ziemlich merkwürdig hält, schreibt daher:

Es sind gewisse schwierige Dinge in des Herrn von Leibniz Lehre, ob sie gleich den Umfang und die Stärke seines Geistes zeigen. Er will z.E. daß die Seele eines Hundes unabhängig von den Körpern wirke: daß alles in ihr aus eigenem Grunde, vermöge einer völligen Willkür in Ansehung ihrer selbst, und gleichwohl mit einer vollkommenen Übereinstimmung mit den äußerlichen Dingen entstehe. [...] Hieraus folgt, daß sie den Hunger und den Durst zu dieser oder jener Stunde empfinden würde, wenn auch gleich kein einziger Körper in der Welt wäre; wenn auch nichts als Gott und sie da wäre. [...]
Ich begreife wohl, warum ein Hund unmittelbar vom Vergnügen zum Schmerz kommt, wenn man ihm, da er ziemlich verhungert ist, und Brodt frißt, plötzlich einen Schlag mit dem Stock gibt: allein daß seine Seele auf eine solche Art gemacht sein soll, daß er in der Minute, da er geschlagen worden, *Schmerzen empfände, wenn man ihn auch nicht schlüge*, und wenn er ungestört sein Brodt fortfräße, dies ist mir zu hoch, das kann ich nicht begreifen.[24]

---

[24] ebd. S. 85, Hervorhebung von mir

Darauf Leibniz:

> Ich antworte, daß ich, indem ich gesaget: die Seele würde, wenn auch sonst nichts in der Welt wäre, als Gott und sie, alles empfinden, was sie jetzt empfindet; mich nur einer Erdichtung bedienet, und etwas vorausgesetzt habe, welches natürlicher Weise niemals geschehen kann: und dieses habe ich getan, um zu beweisen, daß die Empfindungen der Seele nur eine Folge dessen sind, was bereits in ihr verborgen liegt [...]
>
> Denn da die Natur der Seele gleich anfangs so gemacht worden, daß sie fähig ist, sich nach und nach die Veränderungen vorzustellen, die in der Materie vorgehen, so kann der Fall, den man voraussetzt, sich der Ordnung der Dinge nach nicht ereignen.[25]

Diese Antwort besagt, daß Bayles Konstruktion in sich folgerichtig ist, d.h. eine Welt ohne Wechselwirkung und zugleich ohne Parallelität tatsächlich die von Bayle beschriebenen Eigentümlichkeiten besitzen würde.

b) *Körper ohne Geist.* Wenn man unter Beibehaltung von L1 das Parallelitätsprinzip L2 negiert, so ergibt sich als zweite Möglichkeit der Fall eines Körpergeschehens ohne korrespondierendes geistiges Geschehen. Diese Variante einer Negation von L2 liegt ohnehin nahe, denn es gibt zahllose körperliche Vorgänge, zu denen kein normaler Mensch korrespondierende geistige Prozesse annehmen wird. Welche geistigen Prozesse sollten auch einem Vulkanausbruch auf einer einsamen Südseeinsel oder dem Wachsen meiner Fingernägel entsprechen?

Man muß hier aber vorsichtig sein. Leibniz kennt nämlich in seiner Theorie beliebig kleine, unauffällige, nicht bewußte psychische Vorgänge. Die Tatsache, daß ich nichts davon bemerke, wie meine Fingernägel wachsen, beweist im Leibniz-System noch nicht, daß diesem Wachstumsprozeß nicht doch ein psychisches Geschehen korrespondiert. Damit hat Leibniz allerdings die Bedeutung des Wortes „psychisch" erheblich verändert, doch mag dies auf sich beruhen. Deshalb wähle ich einen etwas veränderten Zugang zur Frage nach körperlichen Vorgängen ohne parallele geistige, wozu ich zunächst vom ursprünglichen System des Parallelismus ausgehe.

---

[25] ebd. S. 86

Maschinen, die „alles können", sind möglich

In der Leibniz-Welt des Parallelismus sind intakte menschliche Gehirne ohne zugehörige psychische Prozesse nicht möglich, ein Umstand, auf den auch die angewandte Neurologie fest vertraut. Nun werden aber menschliche Körper samt ihren Gehirnen tagtäglich in großer Stückzahl produziert, ein Vorgang, zu dem keine Gottheit, sondern nur ein Geschlechtsakt erforderlich ist. Wird demnach durch den biologischen Zeugungsakt samt seinen Folgeprozessen ein psychischer Prozeß hervorgerufen?[26] Und ließe sich ein solches Produzieren (Herstellen) von geistigen Prozessen nicht auch künstlich, d.h. mit technischen Mitteln, erreichen, insbesondere durch den Bau von großen Computern?

Als vordergründige Antwort käme der Hinweis in Frage, daß die natürliche biologische Zeugung etc. etwas sehr anderes sei als eine künstliche, geplante Herstellung eines Gehirns oder Gehirnanalogons. Auch könnte man sich damit beruhigen, daß derartige Kunststücke ohnehin nicht durchführbar seien, man also darüber nicht weiter nachzusinnen brauche. Aber Leibniz hat sich mit derart billigen Argumenten nicht zufrieden gegeben. Da er den Körper des Menschen (genau wie den der anderen Lebewesen) für eine Maschine hält, d.h. für ein mit den Mitteln der Naturwissenschaft restlos zu verstehendes Gebilde, so gibt es für ihn auch keinen Grund zu der Annahme, ein derartiges Gebilde könne nicht auch vom Menschen *konstruiert* werden.

Leibniz hält sich auch nicht mit der Frage nach der Herstellung eines Gehirns auf, sondern befaßt sich direkt mit der Möglichkeit

---

[26] Da ich im Augenblick eine andere Fährte verfolge, kann ich auf eine nähere Diskussion des von Leibniz so energisch bestrittenen Kausalverhältnisses zwischen Gehirn und Psychischem verzichten. Üblicherweise würde man den Umstand, daß immer, wenn ein intaktes Gehirn vorliegt, auch Psychisches auftritt, als *Kausalverhältnis* deuten. Es genügt uns aber hier, mit Leibniz zu sagen, daß der Herstellung eines Gehirns die Ausbildung eines psychischen Geschehens „korrespondiere" bzw. „parallellaufe".
Bösmeinende Leser werden freilich einwenden, daß man dann auch sagen dürfe, dem Schlucken von Zyankali *korrespondiere* ein Sterbevorgang...

von menschenähnlichen Automaten, d.h. von Automaten, die zu möglichst komplexen, intelligenten Leistungen imstande sind. Diese Frage wurde auch von seinen Zeitgenossen ohne weiteres als eine prinzipielle, und nicht als eine technologische verstanden.

Aus vielerlei praktischen Gründen, die sich auch heute noch leicht erahnen lassen, spielte seinerzeit die Frage eine bedeutende Rolle, ob es grundsätzlich denkbar sei, einen Automaten zu konstruieren, der alle Funktionen eines menschlichen Hausdieners zur vollen Zufriedenheit seines Besitzers ausführt. Leibniz hat diese Frage ohne Zögern bejaht. Nach parallelistischer Ansicht ist der Körper des gewöhnlichen Hausdieners ohnehin eine solche Maschine.

Der ewig zweifelnde Bayle weist an dieser Stelle aber darauf hin, daß man mit einem *menschlichen* Hausdiener immerhin *sprechen* könne. Wieder einmal dient die Sprache als entscheidendes Kriterium. Bayle schreibt:

Allein, wenn die Bedienten Maschinen wären, und dieses oder jenes allemal richtig täten, was ihr Herr beföhle, so müßte eine wesentliche Wirkung des Herrn in sie da sein: er würde Worte aussprechen; er würde Zeichen machen, welche die Werkzeuge der Bedienten wirklich erschütterten.[27]

Leibniz antwortet darauf mit einem Modell, das die Wechselwirkung sogar im rein körperlichen Bereich überflüssig zu machen scheint. Er fingiert einen künstlichen Diener, der nur so erscheint, *als ob* er die Befehle seines Herrn durch das Medium der Schallwellen etc. aufnehme. In Wirklichkeit weiß dieser Automat schon im voraus, was man von ihm wollen wird:

Es gibt aber auch so wohl abgerichtete Diener, welche nicht nötig haben, daß man ihnen ein Zeichen gäbe; sintemal sie demselben zuvorkommen können. Die Schlaguhren und die Wecker sind dergleichen Bediente. Sie erwarten von uns ebensowenig gewisse Zeichen; daß sie uns solche vielmehr selbst geben. Der künstliche Diener, welcher es, wie wir oben erinnert, einem wahrhaften Lakaien nachtut, hat nicht nötig, daß er von uns aufgezogen, oder zubereitet werde: wie es eine Uhr, oder ein an

---

[27] Bayle S. 91

derselben befindlicher Wecker bedarf. Der Künstler würde dergleichen für uns schon veranstaltet haben. Ein solcher Diener ist unser Leib.[28]

Aber das ist nur eine Ausflucht. Einen Automaten, der *alles* vorherweiß, kann bestenfalls ein Gott konstruieren. Dagegen lassen sich gewöhnliche Automaten, d.h. solche, die in (körperlicher!) Wechselwirkung mit ihrer Umwelt stehen, durchaus vom Menschen herstellen. (Und gegen eine körperliche Kausalrelation zwischen Automaten und Umwelt hat auch Leibniz nichts einzuwenden.) Die fundamentale Frage ist dabei, wieviel an Leistung (Intelligenz, oder meinetwegen „Intelligenz") man von einem solchen Automaten zu erwarten hat. Für Leibniz stand außer Frage, daß es für die Leistungsfähigkeit eines Automaten *keine Grenze* gibt. Selbstverständlich sind daher für ihn auch veraloquente Automaten denkbar – der sprechende Automat ist im System des Parallelismus möglich. Der Mensch als Körperwesen *ist* ohnehin ein solcher Automat.

Der Geist entschwindet aus dem veraloquenten Automaten

An dieser Stelle befallen den Parallelisten verständlicherweise aber doch Skrupel. Hätte man nicht mit der Konstruktion eines veraloquenten Automaten zugleich auch *geistige* Prozesse geschaffen? Derartiges würde aber erstens fatal an Wechselwirkung erinnern, um nicht zu sagen an Materialismus, außerdem sträubten sich wohl auch Leibnizens theologische Haare dagegen.

Es gilt also, ein unterscheidendes Merkmal zwischen einem Menschen und einem veraloquenten Automaten, der genau dasselbe sagt wie dieser Mensch, aufzufinden. Als Retter in der philosophischen Not dient hier der Begriff „Verstehen", der als undefinierter Grundbegriff benützt wird. So findet sich bei Leibniz folgende Notiz (man beachte übrigens, *wie* veraloquent der hierbei fingierte Automat ist!):

[28] ebd.

Es würde, wenn unmöglicherweise die Geister aufgehoben würden und dieselben Naturgesetze aufrechterhalten blieben, dasselbe geschehen, als ob es Geister gäbe, und auch Bücher würden geschrieben und gelesen werden von menschlichen Maschinen, die nichts verstehen. Aber [...] man muß wissen, daß dies unmöglich ist.[29]

Halten wir also fest: Nur in einer Welt, in welcher die Parallelität von Körpergeschehen und geistigem Geschehen durchgängig gültig ist, kann man nach parallelistischer Ansicht sicher sein, daß alles, was veraloquent ist (Automaten, Mitmenschen ...) auch Geist besitze. Wird dagegen die Parallelität durchbrochen – was nach Leibniz aber in unserer tatsächlichen Welt nicht möglich ist –, dann kann man nie sicher sein, ob derjenige oder dasjenige, was man vor sich hat, beseelt oder seelenlos ist, mag es auch noch so schöne und kluge Sätze von sich geben bzw. zur Kenntnis nehmen.

Die Crux dabei ist, daß es keine Möglichkeit gibt, die Geltung bzw. Nicht-Geltung des Parallelismus festzustellen. Innerhalb der öffentlichen Körperwelt hat – immer nach parallelistischer Ansicht – der Geist nämlich keinerlei Funktion. Das unterscheidet den Leibnizischen Begriff des Geistigen sehr deutlich vom Cartesischen.

Da der Leibnizische Geist in der öffentlichen Welt keine Funktion besitzt, könnte man theoretisch einem beliebigen Körpergeschehen unbemerkt und unbemerkbar ein geistiges hinzufügen bzw. umgekehrt wieder wegnehmen, ohne daß sich daraus irgendwelche Konsequenzen ergäben. Das Postulat der prästabilierten Harmonie (Axiom L2) besagt zwar, daß derartige Manipulationen in unserer Welt nicht möglich seien. Das Prinzip der Nicht-Wechselwirkung (Axiom L1) andererseits besagt jedoch, daß solche Manipulationen, wenn sie trotzdem („per impossibile", wie Leibniz es nennt) durchführbar wären, absolut unbemerkt bleiben müßten. Im Prinzip muß es dann möglich sein, daß von zwei in ihren Leistungen völlig gleichen Systemen (Menschen, Tiere,

---

[29] vgl. Schneider (1985) Anm. 43 und 44. Der Ausdruck „unmöglicherweise" (per impossibile) bedeutet, daß ein solcher Fall im Leibnizschen System nicht möglich ist, weil er dem Axiom L2 widerspricht.

Automaten…) das eine ein Automat ohne Geist ist, während dem anderen auch ein geistiges Geschehen korrespondiert.

Insbesondere gilt dies auch bezüglich der Sprache, die als öffentliche, körperliche Leistung vollständig zur Körperwelt gehört. Ob dem Sprechen auch noch ein geistiger Prozeß korrespondiert oder nicht, ist nicht feststellbar. Leibniz hält zwar Automaten, auch wenn sie Bücher schreiben und lesen können (s.o.) für *verständnislos*. Er kann damit aber nicht meinen, daß solche Automaten in irgendwelchen Verständnistests oder Funktionsprüfungen versagen müßten und als geistlos entlarvt werden könnten. Es gibt im Leibniz-System keinen Test dafür, ob jemand bzw. ein Automat etwas „wirklich versteht oder bloß so tut *als ob* er verstünde".

Ausführlicher als Leibniz schildert der Systematiker Wolff, wie ein veraloquenter Automat eine selbstverständliche Konsequenz aus den parallelistischen Axiomen darstellt. Er räumt zwar ein, die Vorstellung eines solchen Automaten bereite vielen Menschen Schwierigkeiten, sieht darin aber kein wichtiges Argument. Sodann gibt er Kostproben von der Veraloquenz, die er einem Automaten grundsätzlich zubilligen würde, eine Veraloquenz, die weder vor Gott noch der Welt oder der Metaphysik zurückschrecken würde:

Weil wir allgemeine Wahrheiten und vernünftige Schlüsse durch Worte und andere Zeichen, die wir entweder aussprechen, oder schreiben, andern vortragen können; so scheint es den meisten unbegreiflich, ja vielen sogar unmöglich zu sein, wie ein Leib, der eine bloße Maschine ist, und für sich keine Vernunft hat, dennoch vernünftig reden kann. Ja, da alle Erfindungen, die durch den subtilsten Verstand und größten Witz hervorgebracht werden, von den Erfindern nicht anders als durch Worte andern können bekannt gemacht werden; so müßte auch der Leib für sich ohne Witz und Verstand alle Wahrheiten, ja selbst die zur Erkenntniß Gottes und der Seele gehören, entdecken können, weil alles in ihm ohne Beitrag der Seele geschieht, das ist, eben so geschehen würde, wie es sich jetzt ereignet obgleich die Seele nicht darinnen zu finden wäre. Und auf solche Weise könnte eine Maschine durch bloße Bewegungen gewisser Materie eben dasjenige verrichten, was die Seele durch ihre geistlichen Kräfte verrichtete, das ist, eine Maschine könnte allgemeine Wahrheiten erkennen, vernünftige Schlüsse machen, und Wahrheiten erfinden. [...]
Wie der Mund vernünftig reden kann ohne den Einfluß der Seele:

Wiederum, da ich schon mehr als einmal erinnert, daß, so oft wir uns Worte gedenken, auch aus der Bewegung im Gehirne, die mit ihnen zusammenstimmt, die gleichstimmende Bewegung in den Gliedmaßen der Sprache, dadurch die Worte gebildet werden, erfolge, so siehet man, daß auch aus der Kraft des Leibes der Mund alle zu den Vernunft-Schlüssen erforderten Worte vorbringen kann, ohne daß sich die Seele mit darin mischet.[30]

Wolff bemüht sich also auch um eine Begründung für seine Behauptung, ein veraloquenter Automat sei möglich. Er weist daraufhin, daß Wörter und Sätze physikalische Gebilde sind und daher von physikalischen Maschinen verarbeitet werden können. Modern gesagt: was sich in mentalistischer Sichtweise als ein inhaltlich und logisch geleitetes Fortschreiten der Gedanken darstellt, wird sich einem Gehirnmechaniker als eine mechanische Verarbeitung von physikalischen Gebilden (Zeichen, Wörtern etc.) zeigen. Der Mechaniker wird alles erklären können, ohne in den mentalen Bereich ausweichen zu müssen.[31] Eine derartige mechanistische These ist nötig, um den Paralellismus gegenüber einem Cartesischen Interaktionismus abzugrenzen. Gäbe es keine vollständige körperliche Entsprechung für Veraloquenz, so müßte man beim Sprechen ein Einwirken aus der Geist-Sphäre auf das Gehirn annehmen. So aber gilt auch für die Sprache, was Leibniz wie folgt zusammenfaßt:

Kurz, alles geschieht im Körper, in Absicht auf die Beschaffenheit der äußerlichen Begebenheiten, gleich als ob die böse Lehre derer wahr wäre, welche die Seele nach Epikurs und Hobbes' Meinung für materialisch halten; oder als wenn der Mensch ein bloßer Leib und nur ein Kunstwerk wäre.[32]

Wenn man aber in der mechanistischen Erklärung einmal so weit gegangen ist, wie Leibniz und Wolff, worin soll dann noch der Unterschied zwischen einem seelenlosen Automaten und dem beseelten Menschen bestehen? Wolff bemüht sich deshalb abschließend um eine Unterscheidung zwischen veraloquen-

---

[30] Wolff § 781 und 843
[31] ebd. § 835–843
[32] Bayle Bd. 4 S. 710

ter Maschine und (veraloquentem) Geist. Irgendein fundamentaler Unterschied sollte doch bestehen, wenn eine Maschine bzw. wenn ein geistiges Wesen ein- und denselben Satz äußern! Das nicht besonders aufschlußreiche Resultat lautet:

Und sieht man klärlich, daß alles, was den Verstand und die Vernunft angeht, in der Seele durch die einige Kraft, die Welt vorzustellen sich erklären lässet: hingegen aber auch alles, was im Leibe vorgeht[33] nichts in sich enthält, was die Natur und das Wesen einer Maschine überschritte.

Unterdessen da sich der Leib der in ihm sich ereignenden Bewegungen und dadurch geschehener Vorstellungen nicht bewußt ist; so kann man ihm auch weder Verstand, noch Vernunft zuschreiben, sondern beides bleibet der Seele eigentümlich.[34]

Leibniz selbst führt gegen den Materialismus (Epikur) die eigene innere Erfahrung an:

Diejenigen, welche den Cartesianern zeigen, daß ihre Art zu beweisen, daß die Tiere nur Kunstwerke sind, auch denjenigen rechtfertigen würde, welcher sagen wollte, daß alle anderen Menschen, außer ihm, ebenfalls bloße Kunstwerke sind, sagen eben und ausdrücklich alles, was ich zu derjenigen Hälfte meines Lehrgebäudes, die die Körper betrifft, nötig habe. Allein […] (es) verwirft die innerliche Erfahrung Epikurs Lehre: das Bewußtsein dieses Ichs in uns ist dasjenige, welches alles wahrnimmt, was in dem Körper vorgeht…[35]

Die vorangegangenen Überlegungen über Dualismus und Parallelismus hatten ein doppeltes Ziel. Einerseits sollten sie systematisch auf die eigentliche These dieses Buches vorbereiten, eine These, in der die Sprache eine zentrale Rolle spielt. Deshalb habe ich die Bemerkungen über die Sprache, die sich bei Descartes, Leibniz und Wolff finden, besonders hervorgehoben. Dabei zeigte sich auch, wie die Frage nach der Möglichkeit eines veraloquenten Automaten zu einem Prüfstein jeder Körper-Geist-Theorie wird. Der interaktionistische Dualismus bestreitet die Möglichkeit eines solchen Automaten, während sowohl der Materialismus als auch

---

[33] dazu gehört auch der gesamte Sprechvorgang!
[34] Wolff § 844
[35] Bayle Bd. 4 S. 710; „Kunstwerk" = Artefakt, künstlich hergestelltes Gebilde, ähnlich wie eine Maschine.

der parallelistische Dualismus auf der Möglichkeit dieses Automaten bestehen müssen. Undurchsichtig wird dabei freilich die Frage, welcher Unterschied zwischen einem parallelistischen Dualismus und dem reinen Materialismus besteht.

Zugleich sollten meine Ausführungen klar machen, *was* eine dualistische und *was* eine parallelistische Theorie alles an Thesen und Konsequenzen umfaßt, d.h. *worauf man sich eigentlich einläßt*, wenn man eine dieser klassischen Positionen übernimmt. Tatsächlich bin ich überzeugt, daß es seit langer Zeit keinen konsequenten Dualisten und auch keinen konsequenten Parallelisten mehr gibt, wenn es auch üblich geworden ist, aus diesen Philosophemen nach Lust und Laune einzelne Teile zu übernehmen und beliebig zu mixen.

Haben Maschinen Geist?

In diesem Kapitel untersuche ich den erkenntnislogischen Status der Fragen nach Bewußtsein, Denken oder Geist von Maschinen. Es geht also um die Bedeutung bzw. Interpretation von Sätzen wie „Maschinen haben / haben kein Bewußtsein" oder „Maschinen können / können nicht denken". Nun kann ein Satz der Form „A ist / ist nicht B" immer auf verschiedene Art gelesen werden bzw. gemeint sein. Der Satz kann nämlich 1.eine sachhaltige Aussage sein, er kann 2.sinnlos sein, oder schließlich 3.einen Teil der Bedeutungsregeln für die Ausdrücke A und/oder B darstellen. Bei Sätzen, deren Bedeutung noch zur Diskussion steht, ist es wichtig, die erwähnten drei Möglichkeiten genau auseinanderzuhalten. Dies gilt speziell für die Frage bzw. die verschiedenen Thesen über die Möglichkeit von Denken oder Bewußtsein in Automaten.

1. Der Satz soll sachhaltig sein

In diesem Fall muß es in der Welt einen Unterschied machen, ob der Satz wahr ist oder ob er falsch ist, und es muß klar sein, welche Beobachtungen für bzw. gegen die Wahrheit des Satzes sprechen bzw. sprechen würden. (Die Beobachtungen müssen nicht tatsächlich gemacht worden sein, sie können z.B. durch technische Schwierigkeiten bis auf weiteres undurchführbar sein.) Genau in diesem Sinne ist Descartes' nun schon mehrfach erwähnter Satz zu verstehen:

Haec enim loquela unicum est cogitationis in corpore latentis signum certum.[1]

Die Sprache wird hier als Kriterium für das Vorhandensein von

---

[1] Brief vom 5. Febr. 1649, AT 5, S. 278

Geist bezeichnet. Ob es nur ein notwendiges, oder ob es ein notwendiges und hinreichendes Kriterium ist, geht aus dem Text nicht eindeutig hervor und mag im Moment offen bleiben. Descartes vertritt nun bekanntlich die These, daß Maschinen kein Denken, kein Bewußtsein besitzen können, und das Kriterium der Veraloquenz garantiert die Sachhaltigkeit dieser These. Descartes war davon überzeugt, diese These werde durch die Erfahrung bestimmt nicht widerlegt werden. Aber da es sich um eine sachhaltige These handelt, muß man prinzipiell auch die Möglichkeit ihrer Falschheit berücksichtigen.

Angenommen also, die Cartesische These erweist sich als empirisch falsch, weil nämlich alle von Descartes aufgestellten Kriterien für das Vorhandensein von Geist durch eine Maschine erfüllt werden, – was würden wir dann von dieser Maschine bezüglich ihrer Geistigkeit sagen wollen? Diese Frage ist, ohne Rückgriff auf Descartes, seit den 1950er-Jahren erneut diskutiert worden.

A.M. Turing, dem man wesentliche Beiträge zur Theorie der Automaten verdankt, hat einmal zur Diskussion gestellt, welchen Sinn die Frage „Können Maschinen denken?" haben könnte.[2]

Turing hat diese Frage versuchsweise durch die besser verständliche zu ersetzen versucht, ob eine Maschine die Leistungen eines Menschen in einem Dialog derart zu imitieren vermöge, daß ein menschlicher Tester darauf hereinfällt und sie mit einem Menschen verwechselt. Dies ist das sogenannte „Imitationsspiel". Der Tester führt (etwa via Fernschreiber) mit dem ihm nicht sichtbaren Partner einen Dialog und versucht herauszufinden, ob sein Partner ein Mensch M oder ein Automat A sei. Turing schlägt vor, jedem Gebilde, das ein derartiges Imitationsspiel gewinnen kann, das Prädikat „Denken" zuzubilligen. Persönlich ist er überzeugt (nennt dies aber ausdrücklich einen „Glaubenssatz"), daß Maschinen im Prinzip in der Lage sein könnten, das Imitationsspiel zu gewinnen – eine Überzeugung, die er, wie wir gesehen haben, mit Leibniz und Wolff gemeinsam hat.

[2] Turing (1950)

Zwar hat Turing keine allgemeine Strategie für das im Test anzuwendende Verfahren entwickelt, aber seine Arbeit enthält einige wesentliche Hinweise. Zu diesen gehört vorab, daß man sich nicht mit Banalitäten aufhalten solle. Der Tester kann z.B. die Multiplikation zweier dreißigstelliger Zahlen von seinem unsichtbaren Partner (M bzw. A) verlangen. Wenn letzterer die gewünschte Antwort sehr rasch und korrekt produziert, wird der Tester darauf schließen, daß er es mit einem Automaten zu tun hat und nicht mit einem Menschen. Aber das ist trivial und man könnte das Arbeiten der Maschine erstens entsprechend verzögern und sie gelegentlich auch Fehler machen lassen, außerdem sollte es doch nicht auf die Geschwindigkeit ankommen, wenn es um die Frage geht, ob ein Wesen oder Gebilde Geist oder Denken besitzt oder nicht.

Andererseits wäre es auch unsinnig, für die Zubilligung von Geistigkeit allzustrenge Kriterien festzulegen. So sind gelegentlich die berühmten Einsichten von Gödel, Church, Kleene und Turing über die formale Unentscheidbarkeit bestimmter formaler Systeme als Beweis für die notwendige Geistlosigkeit jeder Maschine angeführt worden. Turing selbst hat das in der erwähnten Arbeit aber entschieden zurückgewiesen. Tatsächlich ist nicht einzusehen, welche Einsicht man aus der Unentscheidbarkeit der Prädikatenlogik für den Begriff „Bewußtsein" gewinnen könnte. Die Fähigkeit, komplizierte formale Probleme nicht algorithmisch, sondern kreativ zu lösen oder zu durchschauen, kann doch für das Vorhandensein von Bewußtsein, Denken, Wissen etc. nicht konstitutiv sein – sonst hätten die allermeisten Menschen per definitionem kein Bewußtsein, obwohl sie doch im übrigen ganz geistvoll auf uns wirken können.

Turing skizziert als Beispiel für das mögliche Vorgehen einen Dialog über die Gedichtzeile: „Soll einem Sommertag ich dich vergleichen?"

(Tester): Könnte man auch „Maitag" sagen?
(M/A): Nein, das paßt nicht ins Versmaß!
(Tester): Aber „Wintertag" würde doch passen?
(M/A): Trotzdem geht es nicht, denn niemand möchte gerne mit einem Wintertag verglichen werden!

(Tester): Erinnert nicht Mr. Pickwick an Weihnachten?
(M/A): Ja, in gewisser Weise!
(Tester): Weihnachten ist aber ein Wintertag?
(M/A): In der Gedichtzeile geht es um einen typischen Sommertag, einen hellen, warmen Tag voller Blumen. Ein typischer Wintertag dagegen ist grau, trübe und kalt. Weihnachten ist kein typischer Wintertag!

Würden wir, fragt Turing, nach einem solchen Dialog noch zögern, dem System (M/A) das Denken zuzubilligen? Wenn wir hinterher erführen, daß es sich um einen Automaten A handelt, würden wir sicherlich noch weitere Versuche unternehmen, um A hereinzulegen; aber angenommen, dies gelingt uns nicht, – was wollen wir dann sagen?

Turing schlägt somit vor, das Zuschreiben von mentalen Prädikaten wie „Denken" an irgendwelche Wesen oder Gebilde von den Resultaten bestimmter öffentlicher Tests abhängig zu machen. Werfen wir einen kurzen Blick auf derartige Kriterien. Turing zählt auf, was seine Zeitgenossen unter anderem alles von einer Maschine verlangt haben, der sie das Denken oder andere Prädikate aus der mentalen Sphäre zubilligen würden. Dabei wird die Argumentation gewöhnlich in der negativen Standardform vorgebracht:

Eine Maschine weiß nichts / denkt nicht / hat keinen Geist / hat kein Bewußtsein /, *weil sie x nicht kann.*

Diese Formulierung ist logisch äquivalent mit der These, daß x ein notwendiges Kriterium für das Vorhandensein von Geist sei. Gängige Einsetzungen für x sind[3]: freundlich oder reumütig sein, Initiative oder Humor besitzen, richtig von falsch unterscheiden können, Fehler machen, sich verlieben, Erdbeereis mit Sahne essen, aus der Erfahrung lernen, Wörter richtig gebrauchen können, sich selbst zum Gegenstand des Nachdenkens machen, etwas wirklich Neues tun etc.

Es wäre interessant, welche dieser Einsetzungen für x man als irrelevant zurückweisen bzw. welche man für wesentlich erachten

---

[3] vgl. ebd.

würde. Auch ist bemerkenswert, daß in dieser Liste von Kriterien die Sprache eine nicht zu übersehende Rolle spielt. Dabei fehlen übrigens noch die Fähigkeiten, von der Sprache zur Realität überzugehen und umgekehrt. Wir würden von einem denkenden Automaten, der so gescheit über Sommertage zu reden versteht, sicher auch erwarten, daß er *feststellen* kann, ob heute ein Sommertag oder ein Wintertag ist, sobald man ihn ins Freie trägt, ansonsten wäre das Ding jederzeit mühelos als bloßer Automat zu entlarven. Deshalb ist es günstiger, einen *erweiterten Turing-Test* zu definieren, der neben den bisher geschilderten sprachlichen Leistungen auch ein bestimmtes Ausmaß an Interaktion mit der Außenwelt verlangt. Dazu muß das zu testende System eine ausreichende Ausstattung an Sinnesorganen (Rezeptoren) besitzen, was im Prinzip auch heute schon erfüllbar ist. In dem so erweiterten Turing-Test kann kontrolliert werden, ob ein System seine Wörter und Sätze auch auf die Wirklichkeit anwendet bzw. die Wirklichkeit angemessen sprachlich erfassen kann.

Nach dieser Klarstellung können wir uns der prinzipiellen Frage zuwenden: In welcher Beziehung steht eigentlich die ganze Suche nach Testbedingungen bzw. Abgrenzungskriterien zu den klassischen Rahmentheorien über das Verhältnis von Körper und Geist?

Beginnen wir mit der Cartesischen Wechselwirkungslehre. In dieser Theorie gibt es die Möglichkeit von Leistungen oder Aktivitäten eines Körpers (Automaten), die körperlich-kausal nicht zu erklären sind. Für Descartes ist die Sprache eine solche Leistung. Jedes Abgrenzungskriterium, das seinen Zweck erfüllt, muß also eine Leistung der Maschine namhaft machen, die rein maschinell nicht erklärbar ist und deshalb auf einem Eingriff des Geistes in die Körpersphäre beruht. Sofern die betreffende Leistung aber doch von der Maschine erbracht wird, ist nachgewiesen, daß diese Maschine selbst Geist hat und nicht mit irgendetwas in Wechselwirkung zu stehen braucht. Anders sieht es im System des Parallelismus aus, wie sich sogleich zeigen wird.

2. Metaphysische Sinnentleerung des Satzes

Kombiniert man die von Leibniz und Wolff ausdrücklich als möglich angesehenen Automaten, so erhält man einen solchen von uneingeschränkter Leistungsfähigkeit. Er ist, als Hausdiener, zu allen nur erdenklichen äußeren Tätigkeiten in der Lage, benötigt aber (anders als Leibniz meinte) kein übernatürliches Vorherwissen, um die ihm erteilten Aufträge ausführen zu können. Vielmehr verfügt er über volle Veraloquenz, so daß er Aufträge hören, verarbeiten und ausführen kann, ohne sie schon vorher gekannt zu haben. Seine Veraloquenz geht weiter als die der meisten Menschen, denn er kann sogar Bücher schreiben und lesen, auch solche philosophischen Inhalts. Das kann auch gar nicht anders sein; denn wenn man die Lückenlosigkeit des materiellen Kausalgeschehens voraussetzt, wie es der Parallelismus ausdrücklich tut, so muß man die Möglichkeit eines Automaten zugeben, der zu *allen* Leistungen, die der Mensch vollbringen kann, fähig ist. Jeder Geistesleistung, auch der erstaunlichsten, entspricht laut Voraussetzung ein korrespondierendes Körpergeschehen.

Je mehr man aber einem Automaten an Leistungen zutraut, desto dringlicher wird die Frage nach seiner Geistigkeit, mit einem Wort: *Hat ein solcher Automat Geist, hat er Bewußtsein?* Diese Frage bringt gerade den parallelistischen Metaphysiker in eine gewisse Zwickmühle. Jedem (hinreichend komplexen) materiellen Geschehen korrespondiert laut parallelistischer Voraussetzung ein entsprechendes geistiges Geschehen. Folglich würde, wenn man hinreichend leistungsstarke Maschinen herstellen könnte, ihnen auch etwas Geistiges korrespondieren. Man könnte Geistiges erzeugen, herstellen, hervorrufen, also kurz: verursachen, indem man etwas Materielles (eine Maschine) herstellt. Dies ist für den Parallelisten höchst suspekt. Aus diesem und aus fundamentalen ideologischen Gründen vertritt er daher die These: Automaten können nicht denken, haben kein Bewußtsein.

Um diese These innerhalb des Systems plausibler zu machen, nimmt man eine starke Einschränkung des parallelistischen

Grundprinzips vor: Dem im *Menschen* ablaufenden körperlichen Geschehen läßt man ein paralleles geistiges Geschehen korrespondieren, dem genauso reichhaltig strukturierten, aber in einer Maschine ablaufenden bestreitet man dagegen die parallele Geistigkeit. Leibniz und Wolff operieren an dieser Stelle mit Ausdrücken wie „Verstehen", „Wissen" oder „Bewußtsein", die sie ausschließlich für den Menschen reservieren wollen, für deren Anwendung sie im übrigen aber keine Kriterien angeben können.

Von der bücherschreibenden Maschine sagt Leibniz, wie im vorigen Kapitel erwähnt, daß sie dies tue, ohne zu wissen, was sie tut. Oder er sagt, eine derartige Maschine („menschliche Maschine" nennt er sie geradezu) würde die von ihr geschriebenen oder gelesenen Bücher nicht *verstehen*. Wolff aber meint,

daß alle Bewegungen in dem Leibe auf eben die Art sich äußern würden, wie jetzund geschieht, wenn gleich keine Seele zugegen wäre, indem die Seele durch ihre Kraft nichts dazu beiträgt: nur würden wir uns dessen, was in unserem Leibe geschiehet, nicht bewußt sein.[4]

An anderer Stelle schreibt er:

Und siehet man klärlich, daß [...] alles, was im Leibe vorgeht, nichts in sich enthält, was die Natur und das Wesen einer Maschine überschritte. Unterdessen da sich der Leib der in ihm sich ereignenden Bewegungen und dadurch geschehener Vorstellungen nicht bewußt ist; so kann man ihm auch weder Verstand, noch Vernunft zuschreiben, sondern beides bleibet der Seele eigenthümlich.[5]

Ähnliches meinte auch Johann Christoph Gottsched, der Übersetzer des berühmten Bayleschen Wörterbuches. Auch er vertrat die Leibnizsche Position. In Argumentation für seine These „Daß unsere Seele nicht materialisch seyn kann" und daß Bewußtsein nicht durch körperliche Funktionen zu erklären sei, (auch nicht durch eine körperlich zustandegebrachte Sprache), schreibt er:

Doch ist deswegen nicht zu leugnen, daß auch bei unseren allgemeinen Begriffen etwas in unserem Gehirn vorgehe. Denn außer dem, daß sich die materialischen Bilder von gegenwärtigen und abwesenden einzelnen

---

[4] Wolff § 780
[5] ebd. § 844

Dingen einer Art oder Gattung darin befinden, so kann auch der Namen oder sonst ein anderes Zeichen des allgemeinen Begriffes als ein sinnliches Ding darinnen vorgestellt werden. Dieses Zeichen vertritt nun die Stelle der allgemeinen Vorstellung: wie selbst in den Gedanken die Wörter oft die Stelle der Sachen vertreten, wenn wir geschwinde daran denken wollen. Und eben das geschieht auch im Urteilen. Daher denn auch sowohl diese, als die allgemeinen Begriffe im Gehirne einigermaßen, nämlich durch ihre willkürlichen Zeichen vorgestellt werden können: so wie dieses Blatt diejenigen Wörter aufweist, dabei ein vernünftiges Wesen etwas denkt; ohne daß dies Papier das geringste davon weiß oder versteht. [...]

Nun fragt es sich, ob auch[6] im *Gehirne* ein Vernunftschluß auf eine materialische Art abgebildet werden könne? Und dieses geht allerdings an, wenn wir denselben mit Worten denken, und uns also die Zeichen allgemeiner Begriffe vorstellen. Denn weil vermöge dieser Zeichen einzelne allgemeine Sätze im Gehirn vorgestellt werden können (siehe oben), ein jeder Vernunftschluß aber aus drei Sätzen besteht, so sehen wir, daß auch ganze Schlußreden materialisch abgebildet werden können. *Doch darf man nicht denken, daß also das Gehirn Schlüsse machen und Vernunft besitzen könne.* Denn dasselbe denkt bei diesen materialischen Vorstellungen der Vernunftschlüsse ebensowenig etwas, als dieses Blatt die Wahrheiten weiß, die auf demselben mit Buchstaben und Wörtern angedeutet werden.[7]

Kommen wir nunmehr zur erkenntnislogischen Auswertung der parallelistischen These von der Geistlosigkeit der Maschinen. Es gibt im System des Parallelismus kein Kriterium für das Vorhandensein oder Fehlen von Verstehen, Bewußtsein oder Denken. Denn ob ein solches Kriterium erfüllt wird oder nicht, müßte intersubjektiv feststellbar sein; man hat aber bereits konzediert, daß auch ein Automat im Prinzip jedem derartigen Kriterium genügen könne. Da aber andererseits festgehalten werden soll, daß nur Menschen, nicht aber Automaten, Geistigkeit besitzen, sind alle objektiven Kriterien für Geistigkeit oder Verstehen von vorneherein uninteressant und irrelevant. Im Kontext der parallelistischen Metaphysik ist die These von der Geistlosigkeit der Maschinen somit nicht sachhaltig, sondern aussageleer, d.h. sinnlos.

---

[6] „auch", weil Gottsched das Ziehen von Vernunftschlüssen zuvor durch eine Kraft der *Seele* erklärt hat.
[7] Gottsched § 1042 und § 1045. Hervorhebung im Original.

Da es in dieser Variante für die Existenz von Geistigem kein verläßliches körperliches Indiz (kein öffentliches Kriterium) gibt, kann man nie sicher sein, ob gerade irgendwo Geist vorhanden ist oder nicht – es macht ja keinen ersichtlichen Unterschied. Ein Gebilde mag mit uns einen noch so witzigen Dialog über Gott und die Welt führen, ob dem auch ein geistiger Prozeß korrespondiert, muß offenbleiben. Die von Turing vorgeschlagenen und vorhin von mir erweiterten Tests müssen unter den gegebenen Voraussetzungen a priori zurückgewiesen werden, und zwischen „Verstehen" und „Nur so tun, *als ob* man verstehe" läßt sich nicht mehr entscheiden, übrigens auch bei unseren Mitmenschen nicht. Alle Menschen könnten auch geistlose Maschinen sein, es wäre kein Unterschied zu bemerken.

3. Der Satz ist Teil der Sprachregeln

Informationen über die Regeln, nach denen ein Terminus benützt werden soll, können dieselbe äußere Form haben wie sachhaltige Sätze. Der Satz „Ein Junggeselle ist nicht verheiratet" sieht genauso aus wie der Satz „Ein Elefant frißt keine Mäuse". Aber der erste Satz spricht in Wirklichkeit nicht über Junggesellen, sondern über die Wörter „Junggeselle" und „verheiratet"; dieser Satz kann nicht falsch werden, es gibt keine mögliche Beobachtung, die ihn widerlegen würde. Es wäre vielleicht etwas deutlicher, wenn man den genannten Satz umformulieren würde zu „Man *nennt* nicht-verheiratete Männer ‚Junggesellen' ". Nun ist bei Wittgenstein zu lesen:

„Eine Maschine kann doch nicht denken!" – Ist das ein Erfahrungssatz? Nein. Wir sagen nur vom Menschen, und was ihm ähnlich ist, es denke.[8] (W)

Dies bedeutet: Was immer eine Maschine auch leisten mag, sie besitzt per definitionem kein Bewußtsein, versteht nichts und

---

[8] PhU 360, vgl. ebd. 283

denkt nicht. Was aber hat man damit gewonnen? Die Antwort ist klar: man hat so gut wie nichts gewonnen, man hat bloß die ursprüngliche Fragestellung versteckt oder verschleiert.

Eine kleine Analogie wird klarmachen, wie wenig hilfreich ein solches Wittgensteinsches terminologisches Versteckspiel ist. Jemand sieht Vögeln beim Fliegen zu und fragt sich „Was ist Fliegen?". Um der Frage näherzukommen konstruiert er die verschiedensten flugfähigen Gebilde (Maschinen) und untersucht deren Flugverhalten, wobei er einige Einsichten gewinnt. In diesem Stadium sagt ihm ein Wittgensteinianer:

„Eine Maschine kann doch nicht fliegen!" – Ist das ein Erfahrungssatz? Nein. Wir sagen nur vom Vogel, und was ihm ähnlich ist, es fliege! (V)

Flug wird damit per Dekret zum Vogelflug, gerade wie in Satz (W) Bewußtsein zum Menschenbewußtsein wird. Nun kann man sicherlich bestreiten, daß Flugzeuge „wirklich fliegen"; man drückt damit etwa seine Naturliebe oder seinen Ekel vor der Technik aus. Zugleich aber macht man jede Erklärung des Fliegens unmöglich. Angenommen etwa, Fliegen werde durch Ausdrücke wie „Strömung" oder „Auftrieb" aerodynamisch erklärt. Dann müßte man jedes Gebilde oder Wesen, auf das die entsprechende aerodynamische Beschreibung zutrifft, als ein fliegendes bzw. flugfähiges bezeichnen – auch wenn es keinen Schnabel hat und keine Eier legt. Genau dies aber wird durch den Satz (V) verboten. Denn nach letzterem kann man aerodynamisch nur Bewegungen erklären, die so aussehen, *als ob* sie ein Fliegen wären; das „wahre Fliegen" dagegen ist unerklärbar.

Aber das ursprüngliche Problem ist damit nicht gelöst, es erscheint nur in einer neuen Terminologie und lautet nun: „Was ist Vogel*flug*?" bzw. „Was ist Menschen*bewußtsein*?" Gefragt ist z.B., wodurch sich ein im Moment nicht fliegender (bzw. genauer ein nicht vogelfliegender) Vogel von einem fliegenden (bzw. vogelfliegenden) unterscheidet; oder wodurch sich ein nicht bewußt (bzw. nicht menschenbewußt) agierender Mensch von einem bewußt (bzw. menschenbewußt) agierenden unterscheidet.

Im Falle des Vogelflugbeispieles wird kein Naturforscher einen

Satz der Form (V) ernstnehmen, und es besteht kein Grund, den analogen Wittgenstein-Satz (W) über das Bewußtsein anders zu behandeln. Man sollte also zuerst versuchen, Bewußtsein so zu beschreiben, daß das Wort „Bewußtsein" eine hinreichend klare Bedeutung erhält. Konsequenterweise müßte man anschließend jedem Wesen oder Gebilde, auf welches diese Beschreibung zutrifft, Bewußtsein zubilligen.

Der Wittgensteinianer wird protestieren und erklären: nur vom Menschen dürfe man sagen, er habe Bewußtsein. Was man dagegen mit der gerade erwähnten Beschreibung erfasse, sei nur ein Phänomen, das so aussehe, *als ob* es Bewußtsein sei. Das wahre und wirkliche Bewußtsein besitze nur der Mensch. Aber was der Wittgensteinianer hier „als-ob-Bewußtsein" nennt, wäre gerade das, was die Forschung interessiert.

Es ist nur zu gut vorstellbar, daß ein Parteigänger der Wittgenstein-Schule seine Sprachspiele auch auf das Problem der Sprache ausdehnt und dekretiert:

„Eine Maschine kann doch nicht sprechen!" – Ist das ein Erfahrungssatz? Nein. Wir sagen nur vom Menschen und was ihm ähnlich ist, es spreche. (S)

Eine veralonquente Maschine erhielte dadurch ebenfalls das als-ob-Verdikt. Gewonnen wäre damit natürlich gar nichts, und die interessanten Fragen, vor allem wie die Sprache in der Maschine zustandekommt, blieben unbeantwortet.

Der Wittgensteinianer argumentiert ungefähr folgendermaßen[9]: Das Paradigma für etwas, von dem Bewußtsein, Denken, Wissen etc. ausgesagt wird, ist der lebende Mensch. Jemand mag vielleicht fragen, ob nicht auch eine Fliege Bewußtsein haben könne, und vermuten, diese Frage sei nicht zu beantworten, weil unser empirisches Wissen dafür nicht ausreiche. Aber das wäre ein Mißverständnis. Es macht *keinen Sinn*, von einer Fliege zu fragen, ob sie Bewußtsein hat. Dasselbe gilt, so fährt der Wittgensteinianer vielleicht fort, für die Frage, ob Maschinen Bewußtsein

---

[9] vgl. Armstrong und Malcolm (1984) S. 30–33

haben. Möglicherweise wird sich wegen der vielen neuartigen Maschinen mit der Zeit der Sprachgebrauch verändern, so daß man auch von Maschinen sagen wird: sie rechnen, denken, wissen, haben Bewußtsein etc. Sollte dieser Fall aber eintreten, dann hat sich eben die Bedeutung der gerade genannten Begriffe wesentlich verändert.

Eine derartige Argumentation ist aber unhaltbar. Sie würde darauf hinauslaufen, neue Erkenntnisse nach Belieben als bloße Bedeutungsveränderungen von Begriffen abzutun. Im Vogelflugbeispiel würde die Konstruktion einer fliegenden Maschine (ein Unternehmen, das sicherlich viel empirisches Wissen erfordert) als Veränderung der Bedeutung von „Fliegen" abgetan. Dabei würde ignoriert, daß die fliegende Maschine mit dem fliegenden Vogel eben doch sehr wesentliche Dinge gemeinsam haben kann, und zwar gerade solche Dinge, auf die unser Erkenntnisstreben ausgerichtet ist.

Der Mensch bildet und erlernt Begriffe zwar in der Regel anhand konkreter Beispiele (Paradigmen), aber er tut dies mit dem Ziel, diese Begriffe in der Folge auf andere, neuartige Fälle anzuwenden, an die er bei der Bildung der Begriffe noch nicht gedacht hat und vielleicht auch gar nicht denken konnte. Es ist nicht einzusehen, warum dies bei den mentalistischen Begriffen anders sein sollte.

4. Unsaubere Positionen

Man muß an dieser Stelle darauf hinweisen, daß leider viele Autoren die Strategie verfolgen, bei Bedarf unauffällig von einer der erwähnten Deutungsmöglichkeiten (sachhaltiger Satz, metaphysischer Satz, Sprachregel) unauffällig zu einer anderen überzuwechseln. Ich konstruiere ein simples Beispiel. Ein Philosoph sagt uns etwa „Maschinen verstehen nichts, weil sie nicht ‚aha' sagen können". Das ist, jedenfalls bis auf weiteres, empirisch wahr, kann aber irreführend sein. Zeigt man unserem Philosophen nämlich eine Maschine, die in der gewünschten Weise „aha" sagen kann, so wird er nicht beeindruckt sein und erklären, was eine Maschine an Leistungen erbringen könne, sei ihm gleichgültig, denn er *sage* von Maschinen grundsätzlich niemals, daß sie irgendetwas verstünden. Der Hinweis auf die Fähigkeit, „aha" zu sagen, verschleierte also, daß unser Philosoph gar keine sachhaltige These aufgestellt hat, sondern eine bloße Sprachfestlegung.

Gegenwärtig bekennen sich nur wenige Denker ausdrücklich zu metaphysischen Thesen. Es findet sich stattdessen in der Literatur öfter eine Lesart von „Maschinen können nicht denken", die als Hin- und Herpendeln zwischen einer empirischen und einer metaphysischen Lesart anzusehen ist. Ausgegangen wird dabei von der Wahrheit des eben zitierten Satzes, gesucht wird nur noch eine dazu passende Bedeutung von „Denken", eventuell auch von „Maschine". Damit scheint ein weites Feld für empirische Forschungen eröffnet worden zu sein. Es scheint aber nur so; denn es ist unklar, wonach geforscht werden sollte – nach Bedeutungen kann man nicht *forschen*, man muß sie *festlegen*.

Im besten Fall wird der Satz „Maschinen können nicht denken" hier zu einer *Vermutung*: Der Begriff „Denken" hat eine zwar vage, aber nicht beliebige, Bedeutung; es wird nun vermutet, daß sich diese Bedeutung aufgrund künftiger empirischer Einsichten derart präzisieren lassen wird, daß die (zur Zeit nur intuitiv einsehbaren) Sätze „Menschen denken" und „Maschinen können nicht denken" sich als empirisch wahr herausstellen. Aber dazu müßte man schon zuvor Kriterien dafür besitzen, wann eine neue Festlegung (Präzisierung) etwa von „Denken" *akzeptabel* ist und wann nicht. Damit ist man wieder bei dem von Turing formulierten Problem gelandet. Mindestens für den Begriff des Bewußtseins läßt sich indessen ein Ausweg aus diesem Labyrinth zeigen. Dem sind die folgenden Kapitel gewidmet.

5. *Subjektivität statt intersubjektiver Kriterien?*

Heinrich Heine hat seinerzeit die ganze Tragik eines seelenlosen Automaten mit erschütternden Worten beschrieben:

Es geht die Sage, daß ein englischer Mechanikus, der schon die künstlichsten Maschinen erdacht, endlich auch auf den Einfall geraten, einen Menschen zu fabrizieren; dieses sei ihm auch endlich gelungen, das Werk seiner Hände konnte sich ganz wie ein Mensch gebärden und betragen, es trug in der ledernen Brust sogar eine Art menschlichen Gefühls, das von den gewöhnlichen Gefühlen der Engländer nicht gar zu sehr verschieden war, es konnte in artikulierten Tönen seine Empfindungen mitteilen [...]; kurz dieser Automat war ein vollendeter Gentleman, und zu einem ächten Menschen fehlte ihm gar nichts als eine Seele. Diese aber hatte ihm der englische Mechanikus nicht geben können, und das arme Geschöpf, das sich solchen Mangels bewußt worden, quälte nun Tag und Nacht seinen Schöpfer mit der Bitte, ihm eine Seele zu geben. Solche Bitte, die sich immer dringender wiederholte, wurde jenem Künstler endlich so unerträglich, daß er vor seinem eigenen Kunstwerk die Flucht ergriff. Der Automat aber nahm gleich Extrapost, verfolgte ihn nach dem Continente, reist beständig hinter ihm her, erwischt ihn manchmal, und schnarrt und grunzt ihm dann entgegen: *give me a soul*.[10]

Dieser Bericht ist aus folgendem Grund für die Theorie von Interesse. Wenn es keine verläßlichen, d.h. öffentlichen Kriterien für das Vorhandensein von Geist gibt, scheint nur noch ein Weg offen zu sein, um die Frage zu entscheiden, ob Geistiges vorhanden ist: man muß das betreffende Wesen oder Gebilde einfach *fragen*, ob es über Denken, Wissen, Verstehen, Bewußtsein, oder – wie bei Heine formuliert – eine Seele, verfüge. In aller Unbefangenheit geht man dabei von der These aus, daß niemand und nichts in der Welt so gut wissen könne, ob es Bewußtsein etc. habe, als das fragliche Gebilde selbst. Die von Heine beschriebene Maschine jedenfalls äußert sich diesbezüglich mit aller Entschiedenheit. Wenn man mit dieser Methode festzustellen versucht, ob die Zuschreibung mentaler Prädikate gerechtfertigt sei oder nicht, setzt man logischerweise voraus, daß das in Frage stehende Ding veraloquent ist. Damit scheiden etwa Tiere von vorneherein aus, doch soll uns das im Augenblick nicht beeindrucken.

Fingieren wir also[11] ein Gebilde oder Wesen, das von einem anderen Stern bei uns gelandet ist und gelernt hat, sich mit uns

---

[10] Heine S. 79
[11] vgl. Scriven (1953)

sprachlich zu verständigen. Dieses Ding fragen wir in aller Unschuld z.B.: „Besitzt du Bewußtsein?". Niemand, so haben wir gelernt, kann darüber schließlich besser Bescheid wissen, als dieses Ding selbst. Was wird es antworten?

Ein Augenblick der Überlegung genügt, um einzusehen, wie das Ding reagieren wird – nämlich genauso, wie es den Gebrauch der mentalistischen Begrifflichkeit bei uns (oder in seiner fernen Sternenheimat, gleichviel) *gelernt* hat. Ist das Ding z.B. bei einem Wittgensteinianer in die Lehre gegangen, so wird seine Antwort davon abhängen, ob es an Gestalt und Bewegung dem Menschen ähnlich genug ist oder nicht. Ein eher kastenartiges Ding aus Blech wird in diesem Falle ungefähr folgendes antworten:

Erstens sollte man eine Maschine nicht mit „du" anreden, denn so redet man nur mit dem Menschen oder was ihm ähnlich ist, zweitens aber hat das in Frage stehende Ding[12] natürlich kein Bewußtsein, weil Maschinen kein Bewußtsein haben (siehe PhU 360).

Wäre das Ding bei Turing in die Schule gegangen, so würde es eher antworten:

Du siehst, was ich alles kann – wenn du willst, kannst du mich auch noch weiter testen! Selbstverständlich habe ich Bewußtsein!

Soweit das Ding aus Blech; was wir daraus ersehen können, ist aber leider nur, in welcher philosophischen Schule es über Geistiges zu reden gelernt hat. Diese Überlegung verändert sich nicht, wenn das in Frage stehende Ding ein Mitmensch ist oder sogar wenn ich selbst es bin. Solange keine öffentlichen Kriterien für das Vorhandensein z.B. von Bewußtsein angegeben werden, hängt alles nur davon ab, wie man mit der mentalistischen Terminologie umzugehen gelernt hat. Vielleicht stimmt es, daß in manchen islamischen Gegenden angenommen wird, die Frau habe keine Seele[13], wie auch umgekehrt manche Frau ihren Mann ein seelenloses Wesen nennt. Analog wäre vorstellbar, daß in irgendeiner

---

[12] Da es die Sprache bei einem konsequenten Wittgensteinianer gelernt hat, wird das kastenartige Ding sich selbst niemals mit dem Wort „Ich" bezeichnen – dies dürfen bei Wittgenstein vermutlich nur Menschen.
[13] Diese Idee findet sich auch bei Turing (1950).

Kultur gesagt wird, Frauen hätten kein Bewußtsein. Vielleicht würde es in einer solchen Kultur für Damen sogar als unanständig gelten, so etwas wie ein Bewußtsein zu haben. Würde man in einer solchen Kultur eine Frau fragen, ob sie Bewußtsein habe, so würde sie selbstverständlich pikiert verneinen. Es antwortet aber auch jeder von uns auf eine solche Frage mangels empirischer Kriterien nur so, wie er es im Alltag oder in der Philosophie gelernt hat.

Haben Tiere Geist?

Ich werde mich hüten, eine Antwort auf diese alte Frage zu versuchen. Doch möchte ich dem Leser nicht vorenthalten, was Descartes dazu in einem Brief schrieb, umsomehr es dabei – ganz wie später bei Turing – um Imitationen und deren theoretische Ausdeutung geht:

Es ist sicher, daß die Ähnlichkeit zwischen den meisten Handlungen der Tiere und den unsrigen uns von Beginn unseres Lebens an soviele Anlässe zu dem Urteil bietet, sie handelten durch ein inneres Prinzip, das dem in uns vorhandenen ähnlich ist, d.h. mittels einer Seele, die Gefühle und Leidenschaften wie die unsere hat, daß wir alle natürlicherweise für diese Meinung voreingenommen sind. Und welche Gründe man auch haben könnte, diese Meinung zu bestreiten, man wüßte quasi doch nicht offen zu sagen, was es damit auf sich hat, ohne sich dem Gelächter von Kindern oder Schwachköpfen auszusetzen. Aber wer die Wahrheit erkennen will, muß vor allem jenen Ansichten mißtrauen, mit denen er von Kindheit an konfrontiert wurde.

Und um zu wissen, was man hier glauben soll, muß man m.E. überlegen, welches Urteil ein Mensch darüber hätte, der sein Leben lang an einem Ort aufgewachsen wäre, wo er niemals andere Lebewesen als Menschen gesehen hätte, und wo er, nachdem er sich ausgibig dem Studium der Mechanik gewidmet hätte, vielerlei Automaten hergestellt oder bei deren Herstellung mitgeholfen hätte, von denen die einen das Aussehen eines Menschen, andere das eines Pferdes, Hundes, Vogels usf. hätten, die liefen, äßen und atmeten, – kurz: die so weitgehend wie möglich alle Aktionen der Tiere, denen sie glichen, imitierten, sogar ohne jene Zeichen wegzulassen, mit denen wir unsere Leidenschaften auszudrükken pflegen, wie zu schreien, wenn man sie schlägt, zu flüchten, wenn man irgendwelchen großen Lärm um sie herum erzeugte usf., so daß er sich oft nicht in der Lage sähe, zwischen wirklichen Menschen und solchen, die nur ihr Aussehen hätten, zu unterscheiden. Und den die Erfahrung gelehrt hätte, daß es, um sich bei ihnen zurechtzufinden, nur die beiden Mittel gibt, die ich auf S. 57 meiner „Methode" erklärt habe. Das eine besteht darin, daß diese Automaten – außer durch Zufall – nicht mit Worten oder Zeichen auf das, was man sie fragt, antworten. Das andere darin, daß, obwohl ihre Bewegungen häufig gleichmäßiger und sicherer sind als die der weisesten Menschen, es ihnen dennoch an zahlreichen Dingen fehlt, die sie tun müßten, um auch noch den stupidesten von uns zu imitieren.

Man sollte, sage ich, überlegen, wie dieser Mensch über die bei uns lebenden Tiere urteilen würde, sobald er sie zu Gesicht bekäme, und das speziell [...] wenn er davon überzeugt wäre, daß, wenn Gott oder die Natur Automaten geschaffen hätte, die unsere Handlungen imitieren, diese sie vollkommenener imitieren würden und unvergleichlich raffinierter gemacht wären als ein von Menschen erfundener Automat. Es besteht kein Zweifel, daß dieser Mensch, sähe er die Tiere bei uns und bemerkte an ihren Handlungen gerade jene beiden Eigenheiten, die sie von uns unterscheiden und die er von seinen Automaten gewohnt ist, nicht zu dem Urteil käme, daß in ihnen irgendeine wirkliche Empfindung oder Leidenschaft wie bei uns vorhanden sei, sondern daß es sich lediglich um Automaten handelte, die, weil von der Natur zusammengesetzt, unvergleichlich vollkommener wären als jeder Automat, den er selber zuvor hergestellt hätte.

Es bleibt demnach nur zu überlegen, ob das Urteil, das er so in Kenntnis der Dinge und ohne von einer falschen Meinung vorgeprägt zu sein, ausspricht, weniger glaubwürdig ist, als dasjenige, das wir uns als Kinder gebildet haben und auf dem wir nur aus Gewohnheit beharren, u.zw. bloß wegen der Ähnlichkeit zwischen gewissen äußeren Handlungen der Tiere und unseren eigenen, was aber in keiner Weise zu beweisen ausreicht, daß sie auch zwischen inneren besteht.[14]

Was ist Veraloquenz?

Die zentrale Rolle der Sprache für die verschiedenen Theorien des Geistes ist inzwischen deutlich genug geworden. Daß dabei an die vollentwickelte Sprache des *Menschen* gedacht wird, und nicht

---

[14] Brief CXIII, Nr. 6, (1638), AT 2, S. 39–41

an rudimentäre Tier- oder Computer„sprachen", habe ich im Anschluß an die Cartesische Theorie durch den Begriff der Veraloquenz ausgedrückt. Ich werde auch weiter von diesem Begriff Gebrauch machen, wenn es um die Beziehung zwischen Sprache und Bewußtsein geht, muß aber wenigstens einmal daraufhinweisen, daß dieser Begriff nicht ganz so klar und deutlich ist, wie er sein sollte. Zum Glück spielt das für den weiteren Fortgang meiner Überlegungen keine entscheidende Rolle.

Descartes erklärt Sprache, wirkliche und echte Sprache, als das einzige sichere Indiz für die Existenz von psychischen Vorgängen in einem Körper. Zugleich bestreitet er, daß Tiere und andere Automaten jemals die Fähigkeit zur Veraloquenz besitzen könnten. Damit das eine sachhaltige These ist (und so ist es sicherlich von Descartes gemeint), muß man wissen, unter welchen Umständen man einem Ding Veraloquenz zubilligen darf bzw. will, und unter welchen nicht. Descartes sieht hier kein besonderes Problem, weil er von vornherein von einer Dichotomie ausgeht: Sprache besitzt man entweder ganz oder gar nicht. Diese Dichotomie läßt sich in den Cartesischen Schriften zwar nicht wörtlich nachweisen, folgt aber daraus, daß man auch Geist bzw. Seele nur ganz oder gar nicht besitzt. Menschen, alle Menschen, auch noch die dümmsten, können sprechen, denn sie haben eine Seele, während Tiere und andere Automaten, so raffiniert sie auch konstruiert sein mögen, überhaupt nicht sprechen können, denn sie besitzen keine Seele. Die Kluft ist tief und breit.

Aber in Wirklichkeit ist diese Kluft wohl nicht ganz so deutlich. Tiere und andere Automaten verfügen vielleicht über größere Verständigungsfähigkeiten, als Descartes vermutete, und von Automaten ist anzunehmen, daß ihre diesbezüglichen Fähigkeiten sich mit der Zeit noch deutlich erhöhen werden. Veraloquent ist ein Ding, wenn seine Sprachfähigkeit so gut entwickelt ist wie beim erwachsenen, geistig gesunden Menschen – aber nach welchen Kriterien läßt sich ermitteln, ob dies der Fall sei? Es geht nicht an, einfach zu sagen, man werde praktisch doch immer sehr schnell erkennen, ob echte oder nur rudimentäre Sprache vorliege. Wenn die Cartesische These von der Einmaligkeit der Menschensprache sachhaltig sein soll, muß klar und deutlich erkennbar sein, aufgrund welcher Merkmale das Ehrenprädikat „veraloquent" verliehen wird. Worauf beruft man sich z.B., wenn man Tieren nur eine „Sprache" zubilligt, aber keine Sprache?[15]. Damit hängt die Frage zusammen, ob „Grauzonen" des Begriffes Veraloquenz theoretisch möglich sind oder nicht. Ist es etwa vorstellbar, daß die Leistungsfähigkeit eines Automaten so gesteigert wird, daß wir *unsicher* werden, ob das Ding veraloquent ist oder nicht?

Sicherlich ist das Ganze auch eine Frage der definitorischen Festsetzung; aber in einer solchen Festsetzung kommt schließlich unsere Einsicht in das Funktionieren der Sprache zum Ausdruck, und die Festlegung eines derart zentralen Terminus hat erhebliche Konsequenzen für die gesamte Theorie. Wenn man z.B. entgegen der Cartesischen Dichotomie von einer graduellen, allmählichen Zunahme der Sprachfähigkeit sprechen will, dann scheint auch die Frage zulässig, ob es über die menschliche Sprachfähigkeit, d.h. Veraloquenz, hinaus noch weitere, höhere Formen von Sprache geben könne, Superloquenz sozusagen. Ein superloquentes Wesen könnte Dinge sagen, die der Mensch grundsätzlich nicht ausdrücken kann. Ist eine solche Konzeption aber überhaupt verständlich?

Bei Descartes finden wir keine weiteren sprachtheoretischen Überlegungen. Er weist nur auf die Universalität der Vernunft hin; implizit bezieht sich das natürlich auch auf die Sprache. Man kann mit einem Menschen über alles mögliche reden, man kann das Thema beliebig wechseln. Stimmt das eigentlich immer? Es stimmt *nicht* immer: es gibt etwa quälende Monomanen, mit denen man nur über ganz bestimmte Themen reden kann – wie man sich auch bemühen mag, sie von ihrem Lieblingsthema abzubringen, es gelingt nicht. Liegt hier keine Sprache mehr vor? Nehmen wir einen Gärtner, der nur über Gemüse, oder einen Philosophen, der nur über das Sein und das Werden redet; beherrschen diese beiden Männer nun das Sprechen, oder nicht?

---

[15] Vgl. Kainz (1961)

Was fehlt ihrer Sprache allenfalls? Andererseits ist es ein immer wieder erhobener Vorwurf gegen unsere Computer, daß sie allenfalls sehr genau über einen ganz eng beschränkten Bereich reden könnten, aber sonst über gar nichts. Wird hier womöglich mit zweierlei Maß gemessen?

In welcher Beziehung steht nun der (eventuell erweiterte) Turing-Test zu der Frage, was Veraloquenz sei? Da es sich um einen verbalen Test handelt, scheint er Veraloquenz von Anfang an vorauszusetzen; ein Ding, das nicht reden kann, braucht zum Turing-Test gar nicht erst anzutreten. Unklar ist aber, wie *raffiniert* ein Ding sprechen können muß, um den Turing-Test zu absolvieren. Man kann z.B. leicht Sätze konstruieren, die syntaktisch und eventuell auch inhaltlich ganz in Ordnung sind, mit denen aber die meisten Menschen nicht mehr zurecht kommen; manche Philosophen, deutsche zumal, liefern hierfür hinreichend Beispielmaterial. Aber darf man ein Ding schon deswegen als Automaten verdächtigen, weil es nicht alle Sätze aus Kants „Kritik der reinen Vernunft" versteht? Unklar ist weiters, wieviel ein Ding an Wissen besitzen muß, damit es im Turing-Test nicht durchfällt. Jeder Sprachtest setzt ein gewisses Wissen über die Dinge, von denen man sprechen soll, voraus. Wir akzeptieren es vom Menschen, wenn er gelegentlich sagt, von einer bestimmten Sache wisse oder verstehe er gar nichts, so daß er darüber nicht reden könne. Dasselbe müßte man dann auch einem Automaten konzedieren. So scheint es, ein zu testendes System müsse sich bloß immer geschickt aus der Affäre ziehen können, damit es sich nicht dem Automaten-Verdacht aussetzt.

Die Idee des Turing-Tests geht davon aus, daß ein menschlicher Tester nach einem Dialog (von endlicher Länge) zu einem Urteil darüber kommen wird, ob er es mit einem Mitmenschen oder mit einem Automaten zu tun habe. Aber wenn es sich dabei nicht um ein unkontrollierbares, weil bloß subjektives, Urteil handeln soll, dann muß man Gründe für dasselbe anführen können. Was alles müßte überprüft werden, um zu einem fundierten Urteil darüber zu gelangen, ob ein Ding veraloquent sei? (Diese Frage könnte zugleich als Präzisierung der ursprünglichen Frage

Turings gelten, unter welchen Umständen wir im Dialog einen Automaten nicht mehr von einem Menschen unterscheiden können.)

Abschließend möchte ich betonen, daß die These über die Beziehung zwischen Sprache und Bewußtsein, die ich in den folgenden Kapiteln darlegen werde, von der vollentwickelten menschlichen Sprache, der Veraloquenz, ausgeht. Meine These wird jedenfalls am plausibelsten wirken, solange *dieser* Begriff von Sprache zugrundeliegt. Verschwimmen die Grenzen zwischen Veraloquenz und anderen, weniger leistungsstarken Formen von Sprache, so wird meine Begriffsanalyse zeitweilig weniger überzeugend wirken. Der Grund dafür ist, daß das gesamte Textmaterial, an dem man die Bedeutung von „Bewußtsein" analysieren kann, ebenfalls von der Cartesischen Dichotomie ausgeht. Wo die Erfahrung aber nahezulegen scheint, daß diese Dichotomie nicht so streng aufrechtzuerhalten sei, wird die etablierte Terminologie schwankend und die diesbezügliche Intuition versagt. Es gibt faktisch auch beim Menschen Fälle, in denen die Sprache – so nennen wir das – „gestört" ist, bei großer Ermüdung etwa, bei bestimmten Erkrankungen, oder bei Verletzungen des Gehirns. Würde ein Automat derlei produzieren, so würde man eher sagen, daß hier noch gar keine echte Sprache vorliege. Das kommt daher, daß für Grenzfälle (ich werde sie später „deviante" Fälle nennen) die Terminologie nicht genau festliegt. Daran ist nichts Geheimnisvolles.

Zur Methode unserer Begriffsbestimmung

Wenn wir rückblickend zusammenfassen, ergibt sich folgende Situation. Es ging um die Berechtigung, bestimmten Gebilden mentale Prädikate, insbesondere das Prädikat „denkend" zuzuschreiben. Descartes und Turing geben öffentliche Leistungen als Kriterium dafür an, daß wir ein System ein denkendes nennen. Und zwar ist bereits bei Descartes die Sprache, Veraloquenz, das entscheidende Kriterium; Turings Test ist nichts anderes als der Versuch, Veraloquenz genauer zu definieren. Die Konsequenz der Cartesisch-Turing'schen Position ist klar: eine veraloquente Maschine, wenn es sie geben sollte, müßte als denkendes Gebilde bezeichnet werden. Descartes hielt eine solche Maschine für unmöglich, während Turing diesbezüglich nicht ganz so skeptisch ist.

Dagegen gibt es im Leibniz-System keine öffentlichen Kriterien für die Zuerkennung mentaler Prädikate. Ob jemand bzw. etwas denkt, versteht etc. darf aufgrund äußerer Leistungen bzw. öffentlicher Tests niemals behauptet werden; andere als äußere, öffentliche Tests gibt es aber nicht. Daß der Mensch und eventuell die Tiere Geist besitzen und denken, Maschinen aber nicht, ist nach dieser Position ein fundamentales, nicht weiter erklärbares Faktum. Maschinen können Geist bestenfalls simulieren. Ob man letzteres auch von der Maschine des menschlichen Gehirns sagen darf, bleibt allerdings unklar.

Wittgenstein akzeptiert Leibnizens Resultate, gibt ihnen aber eine sprachtheoretische, mithin banale Begründung. Es ist einfach *üblich*, Menschen das Denken zuzuschreiben, Maschinen aber nicht. Allerdings wird damit der Satz „x denkt" bei jeder Einsetzung für x aus dem Bereich der Menschen tautologisch wahr, bei jeder anderen Einsetzung kontradiktorisch. In beiden Fällen ist keine Information mit dem Satz verbunden.

Anforderungen an die Begriffserklärung

Es spricht viel dafür, daß hier Fragen der Wortbedeutung tatsächlich eine zentrale Rolle spielen. Wenn jemand etwa fragt, ob Tiere denken, so ist sicherlich zu antworten, daß es darauf ankomme, was unter „Denken" verstanden werde. Trotzdem ist Wittgensteins spezielle Festlegung des Begriffes „Denken" abzulehnen. Sie widerspricht nämlich der Praxis. Um zu wissen, ob Hans jetzt denkt oder nicht, interessiert es nicht, ob Hans ein Mensch sei. Niemand deutet im Alltag den Satz „Hans denkt" schon deshalb als bloße Tautologie, weil Hans ein Mensch ist. Analog sind ja auch die Sätze „Die Amsel fliegt", „Der Vogel Strauß fliegt", „Das Auto fliegt" etc. nach gewohnter Sprachpraxis informativ und nicht tautologisch bzw. kontradiktorisch, bloß weil von Vögeln bzw. Maschinen die Rede ist.

Wenn man es unternimmt, einen Begriff wie den des Bewußtseins zu explizieren, sollte man als erstes Klarheit darüber schaffen, welchen Kriterien die gesuchte Begriffsexplikation genügen muß. Der Ausdruck „Explikation" ist von Carnap[1] als wissenschaftstheoretischer Fachausdruck für die Transformation eines unexakten, vorwissenschaftlichen Begriffes (das Explikandum) in einen neuen, exakten (das Explikat) eingeführt und beschrieben worden. Danach muß ein adäquates Explikat mindestens folgende allgemeine Bedingungen erfüllen: Es muß dem Explikandum ähnlich sein, und es muß exakt, fruchtbar und einfach sein. Nachdem aber das Explikandum nicht ganz präzise ist, läßt sich theoretisch niemals zwingend nachweisen, daß die Explikation adäquat ist. Eine Explikation ist fruchtbar, wenn sie zur Aufstellung interessanter – möglichst auch einfacher – Theorien beiträgt. Dies ist der Hauptgrund, weswegen das Explikat nicht sämtliche Bedeutungsvarianten des Explikandums berücksichtigen kann – man erhielte sonst keinen fruchtbaren Begriff. Der zoologische Begriff „Fisch" (piscis) z.B. expliziert den alltäglichen Begriff des Fisches, schließt aber den Walfisch aus. Eine logische Explikation des Be-

---

[1] Carnap (1950) § 2–3

griffes „wahr" wird mit Sicherheit Wendungen wie „wahre Liebe" außer Betracht lassen, weil nur so eine brauchbare logische Theorie zu erwarten ist. Analog wird die Explikation von „bewußt", die ich hier vorhabe, gewisse Nebenbedeutungen dieses Wortes unberücksichtigt lassen. Zusätzlich zu den allgemeinen Adäquatheitskriterien sollte die gesuchte Explikation für den Ausdruck „Bewußtsein/bewußt" aber noch folgende spezielle Anforderungen erfüllen:

1) Durch die Begriffserklärung sollte Klarheit über den logischen Status von Sätzen erreicht werden, welche die Wörter „bewußt" bzw. „Bewußtsein" enthalten: Ein Satz kann eine Definition sein oder aus einer solchen folgen; oder er ist eine sachhaltige Aussage (oder, äußerstenfalls, er ist sinnlos).[2]

2) In dem schließlich festgelegten Begriff soll nicht schon eine bestimmte Theorie verborgen sein. Man muß z.B. die Frage nach der *Entstehung* von Bewußtsein streng trennen von jener nach der *Bedeutung des Wortes* „Bewußtsein". Die gesuchte Explikation des Bewußtseinsbegriffes darf zwar eine bestimmte Theorie – sagen wir den Cartesischen Dualismus oder den Materialismus – nahelegen oder unwahrscheinlich erscheinen lassen, aber diese Theorie darf weder Voraussetzung noch logisch zwingende Konsequenz der Begriffserklärung von „Bewußtsein" sein. Die Explikation braucht andererseits keine Rücksicht auf bestimmte Theorien zu nehmen. Man darf eine Begriffsexplikation nicht schon deswegen ablehnen, weil sie einer bestimmten Theorie widerspricht.

3) Die traditionellen Fragen, ob nur Menschen Bewußtsein haben bzw. ob Säuglinge, meine Mitmenschen, Tiere oder Maschinen Bewußtsein haben oder haben könnten, sollen durch die angestrebte Begriffserklärung von „Bewußtsein" zu *sachhaltigen* Fragen werden. Eine Frage ist sachhaltig, wenn auf sie mindestens zwei verschiedene Antworten (Ja bzw. Nein) möglich sind und die Wahrheit der Antwort durch die Erfahrung bestimmt wird. Eine Frage, deren Antwort sich bereits aus den Bedeutungen der in ihr benützten Wörter ergibt, d.h. ohne daß man noch die Erfahrung zu Hilfe rufen müßte, ist nicht sachhaltig.

---

[2] Vgl. Fußnote 1 in der Einleitung.

Faßt man den schon früher erwähnten Wittgenstein-Satz „Wir sagen nur vom Menschen, und was ihm ähnlich ist, es denke"[3] als Begriffserklärung auf, und das ist die natürlichste Interpretation der Wendung „wir *sagen*...", so beantwortet sich die Frage, ob Tiere oder Maschinen Bewußtsein haben könnten, von selbst. Was nicht denkt, hat auch kein Bewußtsein, also wird der Satz „Maschinen haben kein Bewußtsein und können auch keines haben" im Wittgenstein-System aussageleer, er ist hier per definitionem wahr. Ein Satz ist nur sachhaltig, wenn sowohl er als auch seine Negation logisch möglich sind.

Ein Beispiel: Fritz Mauthner

Ich gebe als Beispiel für das Zusammenspiel der drei bisher genannten Anforderungen an die Explikation des Bewußtseinsbegriffes einige Sätze von F. Mauthner wieder, der sich mit der Bewußtseinsproblematik lange und erfolglos herumgeschlagen hat. (Bewußt oder unbewußt dürfte Wittgenstein von Mauthner etliche Anregungen erhalten haben.) Die Sätze stammen alle aus dem Kapitel „Bewußtsein" von Mauthners „Beiträgen zu einer Kritik der Sprache". Man liest dort unter anderem[4]:

(1) Wir kennen besten Falls nur ein menschliches Bewußtsein [...] Bereits von dem Analogon zum menschlichen Bewußtsein, das wir uns bei den klügsten Tieren vorstellen, besitzen wir kein irgend faßbares Bild, wie wir auch von dem Bewußtsein eines Säuglings keine Kenntnis haben.[5]

Die hier verwendeten Ausdrücke „faßbares Bild" oder „Kenntnis haben" sind unklar. Sie könnten bedeuten, daß die Bedeutung des Wortes „Bewußtsein" nicht hinreichend scharf festgelegt wurde, so daß der Sinn der Ausdrücke „Bewußtsein eines Tieres oder eines Säuglings" nicht festliegt. Ungefähr auf dieser Ebene hat

---
[3] PhU 360
[4] Die Einschränkung „unter anderem" ist nötig, weil Mauthner ein reichlich inkonsequenter Autor ist und selten einen Gedanken zu Ende verfolgt.
[5] a.a.O. Bd. I, S. 614

später Wittgenstein argumentiert, wie wir bereits gesehen haben. Aber eher scheint Mauthner mit (1) eine Sachfrage formulieren zu wollen – dies aber würde voraussetzen, daß die Bedeutung der in der Frage vorkommenden Ausdrücke schon bekannt bzw. geklärt ist. Vielleicht meint Mauthner aber auch, daß ein erwachsener Mensch kein Säugling oder höheres Tier ist, und daher nicht wissen kann, wie es ist, ein Säugling oder höheres Tier zu sein, eine Fragestellung, deren logischer Status aber selbst noch geklärt werden müßte.

Einige Seiten später spricht unser Autor dann von seiner eigenen These, die er mit den Worten einführt:

(2) Meine Lehre, daß [...] *Gedächtnis, Bewußtsein, Sprache* drei Synonyme seien, erhält manches Licht von der neuen Physiologie und Psychologie.[6]

Synonymieaussagen sind Thesen über den Gebrauch bzw. die Bedeutung von Wörtern, gehören also zum logisch-definitorischen Bereich. Vielleicht sollte man deshalb auch besser von einer Metathese Mauthners sprechen. Mit der Bemerkung, daß seine (Meta)these durch die „neue Physiologie und Psychologie" (der Hinweis auf neueste Forschungsergebnisse ist eine stereotype Figur in Körper-Geist-Theorien!) Unterstützung finde, macht Mauthner allerdings einen logischen Fehler. Wenn zwei Ausdrücke synonym sind, dann ist *dafür* eine Unterstützung durch irgendeine empirische Disziplin weder nötig noch möglich. Um Synonymie von Ausdrücken zu ermitteln, muß man keine physiologischen. Experimente durchführen, man braucht bloß den Gebrauch dieser Ausdrücke, d.h. ihre Bedeutung, zu untersuchen.

Als nächstes faßt Mauthner eine Konsequenz seiner (Meta(?))-these ins Auge. Aus der Begriffsfestsetzung (2) folgt nämlich einerseits ohne weiteres, daß auch Tiere Bewußtsein besitzen. Denn am Vorhandensein von Gedächtnis ist auch bei Tieren nicht zu zweifeln – ohne Gedächtnis wären sie nicht überlebens-

---

[6] Mautner (Beiträge) I, S. 625–6

fähig. Andererseits besitzen Tiere keine Sprache. Also schreibt Mauthner:

(3) Setzen wir statt Bewußtsein ruhig das Wort Erinnerung, so wird es sofort deutlich, daß nur ein Narr den Tieren Bewußtsein absprechen könne.[7]

Daß man statt „Bewußtsein" einfach das Wort „Erinnerung" *setzen* darf, ist für den Leser vielleicht nicht überzeugend, folgt aber aus der in (2) postulierten Synonymie. Aber dann schreckt Mauthner zurück. Daß Tiere einfach aus definitorischen Gründen Bewußtsein haben, scheint ihm nicht akzeptabel. Andererseits ist an der Tatsache des tierischen Gedächtnisses nicht zu zweifeln. Die Begriffserklärung (2) gerät also in Konflikt mit einer (wirklich oder angeblich) sachhaltigen Theorie, die Mauthner offensichtlich vertreten will, nämlich daß Tiere zwar Gedächtnis, aber keine Sprache und kein „gewöhnliches", für uns „faßbares" Bewußtsein haben. Um sich irgendwie zu retten fügt unser Autor dem Satz (3) daher sogleich hinzu:

(4) Etwas anderes ist die Frage, ob man auch noch die Reflexbewegungen der niedersten Tiere auf Erinnerungen zurückführen müsse [...], ob man also eine unbewußte Erinnerung noch Bewußtsein nennen dürfe. Die sprachliche Sinnlosigkeit dieser Frage rührt aber nur daher, daß unsere bewußte Erinnerung eben nur Sprache ist, unsere Erinnerungszeichen Worte, daß also das menschliche Bewußtsein nichts weiter ist als die jedem einzelnen zur Verfügung stehende Sprache.[8]

Es ist hoffnungslos, dieses Gespinst von Sätzen auf befriedigende Art logisch zu entflechten, aber einige Hinweise sind doch möglich. Es scheint, daß Mauthner die (vermutlich sachhaltige) These aufstellt, daß der *Mensch* sich immer nur mittels der Sprache erinnern kann (was immer das nun wieder heißen mag). Sodann schränkt er (ohne es ausdrücklich zu sagen) seine Metathese (1) ein zu der neuen Metathese, daß die Ausdrücke „Bewußtsein", „Gedächtnis" und „Sprache" synonym sind, wenn man sie auf den Menschen anwendet.

---

[7] ebd. S. 630
[8] ebd.

Weiters scheint er festzulegen, daß jedes Wesen, das sich („nur") mit Hilfe „sprachlicher Erinnerungszeichen" erinnern kann, Bewußtsein hat. Der logische Status dieser Festsetzung wäre ein Problem für sich, aber lassen wir es auf sich beruhen. Nach diesen Vorbereitungen ist verständlich, zu welchem Zweck Mauthner schließlich die Frage stellt, über welche Art von „Erinnerungszeichen" Tiere verfügen. Von der Beantwortung dieser Frage hängt es nämlich ab, ob man in seinem System den Tieren Bewußtsein zuschreiben muß oder nicht. Er schreibt bezüglich der Frage nach einem tierischen Bewußtsein:

(5) Die Frage müßte also so formuliert werden: ob wir die wortlose Erinnerung der niederen Tiere noch Bewußtsein nennen *wollen* und ob wir bei den Tieren nicht andere Erinnerungszeichen nachweisen können. Denn nur die redenden Menschen müssen ihr Bewußtsein der Sprache gleichsetzen. Andere Tiere mögen und müssen andere Zeichen und Signale haben.[9]

Das Wort „wollen" weist eindeutig daraufhin, daß es um eine Begriffsfestlegung geht. Aber man kann einen Begriff nicht mehrfach festlegen, und mit (2) ist bereits eine Festlegung getroffen.

Das mag genügen. Man wird vielleicht meinen, ich hätte als Beispiel einen besonders unsauberen Denker ausgewählt. Tatsache ist aber, daß die Behandlung des Körper-Geist-Problems bei vielen Autoren von logischen Unsauberkeiten strotzt – man kann diesbezüglich gar nicht mißtrauisch genug sein.

Die „Kanonische Phraseologie"

Nach diesem Exkurs komme ich nochmals auf die Anforderungen an die Begriffserklärung zurück; es fehlt hier noch ein sehr wesentlicher Punkt:
4) Die Begriffserklärung bzw. die Fixierung (Definition) des Begriffes „Bewußtsein" darf nicht willkürlich sein, sondern muß sich möglichst eng an den bereits existierenden Sprachgebrauch anschließen.

[9] ebd. S. 631

Hierbei ist zu bedenken, daß der Terminus „Bewußtsein" von Anfang an ein Kunstwort war; es ist eine Eindeutschung des 18. Jahrhunderts für das lateinische „conscientia", das seinerseits von Cicero als Entsprechung für das griechische „syneidesis" eingeführt wurde, das seinerseits ebenfalls kaum der Alltagssprache angehörte.[10] Der Gebrauch bzw. die Bedeutung dieses Terminus schwankte im Laufe der Jahrhunderte und von Autor zu Autor erheblich. Sehr lange Zeit z.B. bedeutete „conscientia" ausschließlich das Gewissen. Erst in der Neuzeit setzt sich jene ungefähre Bedeutung fest, die das Wort „Bewußtsein" gegenwärtig zu besitzen scheint. Von der Philosophie ist das Wort „Bewußtsein" allmählich in die gehobene Alltagssprache diffundiert, ohne daß seine Bedeutung dabei klarer geworden wäre[11].

Es ist daher am aussichtsreichsten, seine Bedeutung gleich bei den Philosophen und in jener Epoche zu suchen, in der das Körper-Geist-Problem erstmalig ausführlich diskutiert und versuchsweise gelöst wurde, d.h. im 17. und 18. Jahrhundert. Dabei muß man freilich berücksichtigen, daß die Wörter „Geist, Seele, Denken, Bewußtsein" häufig unterschiedslos verwendet wurden, wobei das Wort „Bewußtsein" anfangs eher selten vorkam.

Es wäre sicherlich am einfachsten, bei den wichtigen Philosophen der genannten Epoche direkt nach Begriffserklärungen zu suchen, aber das ist ziemlich hoffnungslos. Erstens finden sich solche Definitionen eher selten, zweitens sind sie nicht klar und drittens steckt in ihnen fast unvermeidlich bereits ein Stück der Theorie des jeweiligen Autors. Ich glaube nicht, daß ein Leser etwa mit der folgenden, aus dem 18. Jahrhundert stammenden Erklärung viel anfangen kann:

So oft unsere Seele sich etwas vorstellt, es mag nun dasselbe entweder außer ihr oder in ihr sein, so *empfindet* sie. Wenn sie aber auch diese in

---

[10] vgl. Jung (1933) und Siebeck (1882)
[11] In Übersetzungen englischer oder lateinischer philosophischer Texte ins Deutsche, die gewöhnlich von philosophisch durchaus gebildeten Fachleuten angefertigt sind, findet sich bis heute ein erstaunlich lockerer Gebrauch des Wortes „Bewußtsein", das oft auch dort gebraucht wird, wo im Original z.B. Bemerken, Denken, Wissen, Erkennen und manches andere Wort steht.

ihr vorgehende Empfindung gleichsam fühlt, oder davon versichert ist: so ist sie *sich ihrer selbst bewußt*. Wenn endlich beides zusammentrifft, daß nämlich diese Empfindung mit einem Bewußtsein verbunden ist, so sagt man, daß man *denkt*...[12]

Auch mit Lockes Erklärung

Bewußtsein ist die Wahrnehmung dessen, was im eigenen Geist eines Menschen abläuft.[13]

ist wenig gewonnen. Sie hat auch die Schwäche, daß Bewußtsein letztlich durch bewußte Wahrnehmung und somit zirkulär erklärt wird.

Anstatt mich also mit den vorliegenden Definitionsversuchen herumzuschlagen, möchte ich einen anderen Weg zur Klärung der Bedeutung des Wortes „Bewußtsein" vorschlagen. Die klassische philosophische Diskussion begann sofort mit Fragen, die man als sachhaltig ansah: wie kommt Geist / Denken / Bewußtsein zustande, in welcher Relation steht es zum Körper, haben Tiere oder kleine Kinder Bewußtsein? Um die Klärung der Begriffe kümmerte man sich kaum. Die großen Philosophen hatten zwar jeder seine eigene Theorie über das Verhältnis von Körper und Geist. Aber es waren *rivalisierende* Theorien, d.h. sie sollten *dasselbe* Problem lösen, denselben Sachverhalt klären. Daraus folgt, daß sie mit den fundamentalen Begriffen der in Frage stehenden Diskussion auch dasselbe meinen mußten. Zumindest mußten sie der Meinung sein, dasselbe zu meinen, wenn sie von Geist, Denken oder Bewußtsein sprachen.

Es ist also zu erwarten, daß sich trotz der einander widersprechenden klassischen Körper-Geist-Theorien eine Reihe von Gemeinsamkeiten zwischen den verschiedenen Philosophen finden läßt, d.h. Feststellungen über Geist oder Bewußtsein, die als solche nicht mehr zur Diskussion standen, sondern als selbstverständlich akzeptiert wurden. Die Gesamtheit der Feststellungen bzw. Sätze über den Geist oder das Bewußtsein, die nicht strittig

---

[12] Gottsched (1733) § 875
[13] Locke (Essay) Buch II Kap. 1, Nr. 19: Consciousness is the perception of what passes in a man's own mind.

waren (und sind), die vielmehr den Charakter des Selbstverständlichen mit sich tragen, werde ich die *„Kanonische Phraseologie"* (des Begriffes „Bewußtsein") nennen. Die Selbstverständlichkeit, mit der derartige Sätze akzeptiert werden, ist ein sicheres Indiz dafür, daß sie Teile der *Bedeutungsregeln* des Begriffs „Bewußtsein" sind. Denn das Selbstverständliche ist in aller Regel nicht sachhaltig, sondern fließt aus der Bedeutung der Wörter.

Natürlich sind bei weitem nicht alle klassischen Sätze über Geist oder Bewußtsein kanonisch. Daß z.B. der Geist immer denkt, wie Descartes meinte, ist umstritten und bestimmt nicht kanonisch; daß es zwei streng getrennte Bereiche der Wirklichkeit gibt, den geistigen und den körperlichen, ist ebenfalls nicht kanonisch, genausowenig wie die Behauptung der Körper-Geist-Wechselwirkung oder des Körper-Geist-Parallelismus. Dagegen wäre der Satz, daß ich nicht sinnvoll an der Tatsache meines eigenen Denkens oder Bewußtseins zweifeln kann, zur kanonischen Phraseologie zu rechnen. Weitere wichtige Stücke der kanonischen Phraseologie besagen z.B., daß alles, was einem Menschen bewußt ist, von diesem Menschen auch mitgeteilt werden kann; daß Bewußtsein immer einen Inhalt hat, d.h. Bewußtsein von etwas ist; daß es keinen rechten Sinn macht, Bewußtsein räumlich zu lokalisieren. Anhand der kanonischen Sätze kann man dann versuchen, die Bedeutung des Ausdrucks „Bewußtsein" zu rekonstruieren.

Bewußtes ist mitteilbar

Um die Bedeutung des Ausdrucks „Bewußtsein" zu erfassen, beginne ich mit einem unkontroversen Satz: *Alles, was mir bewußt ist, kann ich auch aussprechen, in Worte fassen, anderen Menschen mitteilen;* in einer kurzen Formel: *Bewußtes ist sprachlich mitteilbar.* Ein gängiges Lexikon der Psychologie schreibt:

> Dem Postulat nach Objektivierung von Bewußtseinsdaten entspricht auf menschlichem Niveau das Kriterium der Verbalisierung: bewußt ist danach alles Mitgeteilte oder wenigstens Mitteilbare.[1]

Dies ist eine unbestrittene Selbstverständlichkeit, die wohl niemals Gegenstand einer Auseinandersetzung gewesen ist. Es sind aber gerade die Selbstverständlichkeiten, d.h. Formulierungen, an denen niemand irgendeinen Grund zum Zweifel sieht, die bei Bedeutungsanalysen von größter Ergiebigkeit sind.

Mit einigem Vorbehalt ließe sich diesbezüglich auch W. James anführen, der gelegentlich schreibt:

> „Bewußtsein" wird als notwendig angenommen, um die Tatsache zu erklären, daß Dinge nicht bloß existieren, sondern berichtet und gewußt werden (get reported and are known).[2]

Und weiter, als Teil der Zusammenfassung eines Vortrages:

> Ein Bewußtsein, so wie es gewöhnlich verstanden wird, existiert nicht, genausowenig wie es die Materie tut, der Berkeley den Gnadenstoß versetzte.
> Was aber existiert und die von dem Wort „Bewußtsein" erfaßte Wahrheit bildet, ist die Möglichkeit, berichtet und gewußt zu werden, die von Teilen der Erfahrung besessen wird.[3]

Es gibt zahllose Tätigkeiten der verschiedensten Art, die ein

---

[1] Arnold u.a. (1976), Artikel „Bewußtsein", S. 275
[2] James (1904) S. 4
[3] James (1905) S. 271 Der Vorbehalt bezieht sich darauf, daß die „Möglichkeit, berichtet zu werden" nicht das Hauptthema von James bildet, sondern nur eine Nebenbemerkung ist.

Mensch sowohl bewußt wie auch nicht bewußt ausführen kann, z.B. eine rote Verkehrsampel mißachten, atmen oder sich am Kopf kratzen; ebenso gibt es vielerlei Sinnesreizungen, die der Mensch je nach der Situation bewußt registrieren kann, oder die ihm nicht bewußt werden, z.B. das Ticken einer Uhr, das Rauschen des Meeres, das Scheinen der Sonne, der Druck seiner Schuhe.

Was meinen wir nun z.B., wenn wir fragen, ob ein Mensch sich dessen bewußt sei, daß er soeben eine auf Rot stehende Verkehrsampel passiert habe? Wir meinen damit, ob er das denn nicht wisse, ob es ihm nicht aufgefallen sei, ob er es nicht bemerkt habe etc. *Wenn er es weiß / bemerkt hat / wenn es ihm aufgefallen ist / bewußt war, dann kann er es uns auf Anfrage auch mitteilen,* er kann es uns sagen. Auf die Frage, welches die letzte Verkehrsampel war, die er passierte, und wie sie stand, wird der ehrliche Autofahrer uns entweder sagen, er wisse es nicht; oder aber, die letzte Ampel sei rot gewesen, er aber habe es eilig gehabt und sie deshalb ignoriert etc. Sagt ein Mensch auf die Frage, was er gerade gehört habe, er habe einen Besucher reden hören und sonst nichts, dann war ihm nicht bewußt, daß im Zimmer auch das Ticken einer Uhr zu hören war. Dieses Ticken muß zwar sein Gehörorgan affiziert haben, aber dem Menschen wurde nichts davon bewußt. Diesbezüglich ist z.B. bereits bei Wolff zu lesen:

> Einige Gedanken sind so beschaffen, daß wir gar wohl wissen, was wir denken, und sie von anderen unterscheiden können. Alsdenn sagen wir, sie sind klar. Z.E. Ich sehe jetzund Gebäude, Menschen und andere Sachen. Ich bin mir gar wohl bewußt, was ich sehe, kann ein jedes erkennen und von den andern unterscheiden. Derowegen sage ich, daß meine Gedanken klar sind.[4] [...]
>
> Unterweilen geschieht es, daß wir den Unterschied dessen, was wir gedenken, bestimmen, und also auch auf Erfordern ihn andern sagen können. Und alsdenn sind unsere Gedanken deutlich. Z.E. Wenn ich an ein Dreieck und ein Viereck gedenke, so kann ich den Unterschied des Dreiecks und Vierecks bestimmen, und wenn mich jemand fragt [...] so kann kann ich den Unterschied auch sagen.[5] [...]

---

[4] Wolff § 198
[5] ebd. § 206

> Wir finden demnach, daß wir uns alsdenn der Dinge bewußt sind, wenn wir sie voneinander unterscheiden [...]
>
> Wenn wir den Unterschied der Dinge nicht bemerken, die uns zugegen sind, so sind wir uns dessen nicht bewußt, was in unsere Sinne fällt. Z.E. Wenn einer in einem Buche liest, der ist sich nicht dessen bewußt, was er hört, ob gleich der Schall der Worte einmal wie das andere in seine Ohren fällt und die gewöhnliche Veränderung darinnen verursacht. Und in diesem Falle sagen wir, wenn wir die Ursache anzeigen wollen, warum wir uns dessen nicht bewußt sind: wir hätten nicht recht acht darauf gehabt. [...] Denn wir haben wohl gehört, daß geredet worden, wissen doch aber nicht, was es eigentlich gewesen.[6]

Ein Spezialfall ist das Selbstbewußtsein, d.h. das Bewußtsein von mir selbst als einem Wesen, das sich als denkendes, wahrnehmendes etc. von den Dingen und von anderen Wesen unterscheidet. Auch für diese Art von Bewußtsein (für diesen speziellen Bewußtseinsinhalt) postuliert Wolff die Mitteilbarkeit:

> Denn wenn wir an die Wirkungen der Seele nicht gedenken, die sich in ihr ereignen, und uns dadurch von den Dingen, die wir gedenken, unterscheiden, so sind wir uns auch unserer nicht bewußt, und wenn uns alsdenn jemand fragen sollte, ob wir uns jetzund unserer bewußt wären, würden wir ihm keine andere Antwort geben, als wir hätten jetzund nicht an uns gedacht...[7]

Die Fähigkeit, Fragen zu beantworten, ist also für Wolff auf das engste mit dem Begriff des Bewußtseins verbunden, wenn er auch nichts über die Art der Verbindung sagt. Aus alledem läßt sich eine allgemeine Regel entnehmen, die in keiner Weise überraschend ist und nichts anderes als eine Variante der kanonischen Phraseologie bildet: Was man unterscheiden kann, das weiß man, das ist einem bewußt, und das kann man auch mitteilen.

Um deutlich zu machen, wie sehr die Mitteilbarkeit zu den kanonischen Eigenschaften von Bewußtsein gehört, sei hier auch auf John Locke zurückgegriffen. Dabei ist es notwendig, etwas weiter auszuholen. Descartes, Locke, Leibniz, und mit ihnen eine ganze Epoche, trugen eine heftige Kontroverse darüber aus, ob es

---

[6] ebd. § 729
[7] ebd. § 730

nicht-bewußte psychische Vorgänge gebe oder nicht. Das, was seit Freud als „Unbewußtes" bezeichnet wird, ist – vorausgesetzt es existiert tatsächlich – nur ein kleiner Teil des Bereichs, den insbesondere Leibniz als nicht-bewußtes psychisches Geschehen annehmen wollte.

Wie steht es etwa, um nur ein Beispiel zu nennen, mit dem berühmten Ticken einer Uhr, dessen ich mir im Moment nicht bewußt bin? Vielerlei Überlegungen weisen daraufhin, daß dieses Ticken keineswegs wirkungslos an mir vorbeitönte, obwohl es mir nicht bewußt war. Irgendetwas in mir wurde aller Wahrscheinlichkeit nach durch das Ticken bewirkt. Die Frage ist aber, mit welchem Recht man dieses Irgendetwas, von dem ich selbst nichts wußte, als ein *psychisches* Geschehen bezeichnen soll, darf oder muß? Leibniz, der jede Form von Körper-Geist-Wechselwirkung ablehnte, mußte dieses Irgendetwas zum Bereich des Geistigen rechnen, denn die einzige Alternative, es dem Körpergeschehen zuzurechnen, verbietet sich für den konsequenten Parallelismus. Aus diesem Grund war er gezwungen, einen Bereich nicht-bewußten geistigen Geschehens in seine Theorie aufzunehmen.

Locke andererseits, der keine dezidierte Position im Körper-Geist-Problem einnahm, konnte sich für die Konzeption eines nicht-bewußten aber gleichwohl *geistigen* Bereiches nicht erwärmen. Insbesondere meinte er, es sei Unsinn, ein Denken anzunehmen, von dem der Denkende selbst nichts wisse. „Denken" heißt für Locke immer: bewußtes Denken, und er verwahrt sich entschieden gegen die Annahme eines nicht-bewußten Denkens. Für unsere Fragestellung ist an Lockes Ausführungen aber nicht die Polemik gegen nicht-bewußte geistige Vorgänge an sich wichtig, sondern der Gebrauch des Wortes „bewußt". Locke eröffnet eine seiner Polemiken folgendermaßen:

Wenn man annimmt, die Seele denke, ohne daß es der Mensch bemerkt, so macht man wie gesagt aus einem Menschen zwei Personen.[...] Kann die Seele denken, und nicht der Mensch? Oder ein Mensch denken, und sich dessen nicht bewußt sein? [...] Jene, die so reden, können, falls es für ihre Hypothese nötig ist, aus demselben Grund sagen, daß ein Mensch immer hungrig ist, das aber nicht immer fühlt; während doch

Hunger gerade in dieser Empfindung besteht, so wie Denken darin besteht, sich dessen bewußt zu sein daß man denkt.[8]

Und nun folgt die entscheidende Stelle. Vielleicht nämlich, so überlegt Locke einen Moment lang, könnten die von ihm attackierten Philosophen ein neues Argument einführen: der Mensch ist sich seines Denkens zwar immer bewußt, allerdings weiß er nicht immmer davon, bemerkt das nicht immer. Locke hat sich damit natürlich einen Strohmann als Gegner konstruiert, denn derartiges wurde wohl niemals behauptet – aber gerade deshalb ist die Kontroverse hier für uns so wichtig. Locke antwortet, daß es ein Bewußtsein, von dem der Mensch nichts bemerkt, nicht gibt:

> Wenn man sagt, daß der Mensch sich des Denkens immer bewußt sei, so frage ich, woher man das weiß? Bewußtsein ist die Wahrnehmung dessen, was im eigenen Geist eines Menschen vorgeht. Kann ein anderer Mensch wahrnehmen, daß ich mir irgendeiner Sache bewußt bin, wenn ich selbst es nicht wahrnehme? Keines Menschen Wissen kann hier über seine eigene Erfahrung hinausgehen. Man wecke einen Menschen aus einem tiefen Schlaf auf und frage ihn, was er in diesem Augenblick gedacht habe. Wenn er selbst sich keiner Sache bewußt ist, an die er gedacht hat, dann müßte einer, der ihm versichern kann, er habe doch gedacht, ein bemerkenswerter Wahrsager von Gedanken sein.[9]

Locke greift hier offensichtlich auf die kanonische Phraseologie zurück. Wenn ein Mensch nicht sagen kann, was ihm gerade bewußt ist, dann ist ihm gar nichts bewußt. Vielleicht war ihm früher etwas bewußt, und jetzt hat er es vergessen, das mag ja sein. Jetzt aber ist ihm nur das bewußt, was er jetzt auch mitteilen kann. Üblicherweise benützt man in diesem Zusammenhang eher das Wort „wissen" und sagt: was einer weiß, das kann er auf Fragen auch mitteilen; was einer nicht sagen kann, das weiß er auch nicht. Vielleicht hat er es früher einmal gewußt, jetzt aber hat er es vergessen und weiß es nicht. Es ist daher auch nicht erstaunlich, daß z.B. in der alten deutschen Übersetzung von

---

[8] Locke (Essay) Buch II Kap. 1 § 19
[9] ebd.

Lockes „Essay" an der gerade zitierten Stelle die Wendung „to be conscious of" zweimal durch „wissen" übersetzt wird.[10]

Auch die Umkehrung ist unproblematisch: Was ein Mensch *sagt*, das ist ihm auch bewußt. Und es ist dabei offenbar gleichgültig, wie laut er es sagt; auch was einer im Stillen nur zu sich selbst sagt, ist ihm bewußt. Man hat damit einen Test dafür, was einem Menschen gerade bewußt ist: man braucht den betreffenden Menschen nur danach zu fragen. Jedermann würde es für reinen Unsinn halten, wenn wir sagen wollten: Hier ist ein Mensch, der uns zwar klar sagt, daß die Ampel auf Rot steht, es aber nicht weiß bzw. sich dessen nicht bewußt ist. Ebenso wäre es Unsinn, wenn jemand sagen wollte, er höre jetzt das Ticken seiner Uhr, sei sich dessen aber nicht bewußt.

Wir nennen soetwas eine *unsinnige* Redeweise; das gibt einen wichtigen sprachlogischen Hinweis. Wenn ein Satz unsinnig, d.h. ohne Sinn ist, dann ist er nicht einfach falsch, sondern er verstößt derart gegen bestimmte (meist nicht explizit in der Schule erlernte, trotzdem aber ständig benützte) Regeln der Sprache, daß mit ihm überhaupt keine Aussage verbunden werden kann. Der Satz ist dann weder wahr noch falsch, sondern eigentlich überhaupt kein Satz. Daraus ergibt sich, daß der vorhin diskutierte Satz „Was ein Mensch sagt, dessen ist er sich auch bewußt" ebenfalls kein empirischer Satz ist, d.h. nichts über die Wirklichkeit mitteilt, keine Erkenntnis beinhaltet, sondern ein Teil der Regeln ist, welche den Gebrauch des Wortes „bewußt" bzw. der Wendung „sich einer Sache bewußt sein" bestimmen. Die Negation einer solchen Regel liefert dann eben Unverständliches, d.h. Unsinn.

Ich habe schon darauf hingewiesen, daß man von vielen Verhaltensweisen oder Leistungen des Menschen sinnvoll sagen kann, sie würden manchmal bewußt und manchmal nichtbewußt ablaufen. Man kann sich dessen bewußt sein, daß man sich am Kopf kratzt oder eine rote Verkehrsampel mißachtet, aber man kann dasselbe auch nicht-bewußt tun. Gelten diese beiden Möglichkeiten für jedes Verhalten, für jede Leistung ohne

---

[10] l.c., S. 113 der deutschen Übers. von Kirchmann

Ausnahme? Oder gibt es auch Verhaltensweisen bzw. Leistungen, die niemals nicht-bewußt ablaufen?

Aber was ist das für eine Frage? Tatsächlich ist die Antwort darauf nicht ohne weiteres möglich. Es könnte sich um ein schwieriges psychologisches Problem handeln, und dann hätte es in einer philosophischen Abhandlung nichts verloren. Aber es könnte auch eine Frage nach der Kanonik des Wortes „bewußt" vorliegen. Für einen Augenblick mag das offenbleiben.

In einem der vielen Sammelbände zur Philosophie des Geistes findet sich nun eine kleine, aufschlußreiche Kontroverse. G. Rey[11] vertritt die Ansicht, der Begriff „Bewußtsein" sei überhaupt überflüssig, er löse sich bei genauerer Analyse so ähnlich in nichts auf wie die Begriffe „Ich" und „Seele" unter der kritischen Betrachtung David Humes. Rey gibt keine Definition von „Bewußtsein", vielmehr hält er eine solche für unerreichbar. Das ist nur konsequent, da es sich seiner Meinung nach um einen Unbegriff handelt. Die Argumentation ist, auf knappste Form gebracht, folgende:

Man kann Bewußtsein zwar nicht definieren, aber durch alle möglichen (öffentlichen) Leistungen zu charakterisieren versuchen, etwa durch Intelligenzleistungen, Intentionalität, Reflexivität, das Abgeben von Berichten über innere Zustände. Alle diese Leistungen können aber vermutlich (so nimmt Rey an) auch von Maschinen erbracht werden, und letzteren wollen wir (nach Reys Meinung) das Prädikat „bewußt" nicht zubilligen. Folglich ist dieses Prädikat überflüssig, es ist für gar nichts gut.

Darauf hat D.W. Smith entgegnet, Bewußtsein sei keine Leistung, Funktion oder Verhaltensweise, sondern eine Eigenschaft[12] von Leistungen, eine Eigenschaft, die manchmal vorhan-

---

[11] Rey (1988)
[12] Um welche Eigenschaft es sich handelt, sagt Smith etwas später: „Ein mentaler Zustand ist *bewußt* dann und nur dann, wenn das Subjekt, das sich in diesem Zustand befindet, dessen gewahr wird (is aware of), daß es in diesem Zustand ist […] Es ist nicht leicht zu sagen, was die Struktur dieses Gewahrwerdens ist (what is the structure of that awareness)." (Smith (1988) S. 30). Dies ist aber zum Glück für unsere Überlegungen ohne Belang.

den sei und manchmal fehle. Grundsätzlich gibt es danach überhaupt keine (öffentliche) Leistung, die nur bewußt erbracht werden kann:

Ein Wesen kann bestimmte psychische Fähigkeiten haben und doch des Bewußtseins ermangeln: z.B. die Fähigkeit zu glauben, Folgerungen zu ziehen, etwas vorzuziehen, sich auf sich selbst zu beziehen, Sprache zu gebrauchen, Introspektion [...] Alle diese Typen von psychischen Zuständen kann ein Wesen *un*bewußt haben, wie es bei menschlichen Wesen manchmal der Fall ist.[13]

Aber schon ein Augenblick der Überlegung läßt uns erkennen, daß hier eine vorschnelle Behauptung aufgestellt wird. Wenn ein Mensch in einer normalen Situation, d.h. nicht unter Hypnose und nicht im Traum etc. *spricht*, dann ist es absurd zu behaupten, er könne dies mit oder ohne Bewußtsein tun. „Es ist absurd" heißt, daß es der Art widerspricht, wie der Ausdruck „Bewußtsein" mindestens seit Locke etabliert ist. Denn bereits Locke benützt die Fähigkeit des Menschen, auf Fragen zu antworten, als Kriterium dafür, daß der Mensch etwas *bewußt* gedacht hat. Zur normalen Rede tritt das Bewußtsein nicht manchmal hinzu und manchmal fehlt es – so wird das Wort „Bewußtsein" nicht benützt. Dasselbe gilt in diesem Zusammenhang auch für den Ausdruck „etwas wissen". Wenn ein Mensch auf eine Frage eine präzise Antwort gibt, kann man nicht sagen, er wisse die Antwort nicht. Damit ist keine tiefe psychologische Einsicht verbunden, es folgt vielmehr einfach aus der Art, wie das Wort „wissen" üblicherweise benützt wird.

Das beantwortet die vorhin gestellte Frage: *Es gibt eine Leistung, die immer bewußt geschieht: das Sprechen.*[14]

Wenn wir akzeptieren, daß jeder *Mensch*, der redet, auch Bewußtsein hat (nämlich daß er sich dessen bewußt ist, was er gerade sagt), kann man allerdings auch die Frage stellen, ob *alles*,

---

[13] Smith (1988) S. 26
[14] Man wird vielleicht spontan sagen, daß jemand, der im Traum oder in der Hypnose redet, dies ohne Bewußtsein tue, da er ja nicht bei Bewußtsein sei. Ich werde dazu im Kapitel „Resümee" Stellung nehmen und bitte den Leser daher, eventuelle Bedenken vorerst zurückzustellen.

was redet, auch Bewußtsein habe. (Unter „Reden" bzw. „Sprache" soll dabei immer Veraloquenz verstanden werden – Papageien und Grammophone sind nicht Gegenstand unserer Betrachtung.) Wir wissen zwar, daß man sich um die Beantwortung dieser Frage herumschwindeln kann. Man kann entweder behaupten, daß ohnehin nur der Mensch Veraloquenz besitze und sich die ganze Frage damit erledige; oder man kann einfach deklarieren, daß nur der Mensch Bewußtsein besitze. Beides sind keine befriedigenden Antworten auf die erwähnte Frage. Aber anstatt solchen Versuchen eine andere Antwort entgegenzusetzen, muß man festhalten: Die Frage, ob alles, was Veraloquenz besitzt, auch Bewußtsein habe, hat gar keinen Sinn, solange nicht klar ist, was der Ausdruck „Bewußtsein" bedeutet.

Über Nicht-Mitteilbares

Ist wirklich alles Bewußte auch mitteilbar? Anders gefragt: gibt es Bereiche im psychischen Geschehen, über die keine Mitteilung möglich ist? Und wenn ja – ist es zweckmäßig, auf diese Bereiche den Terminus „bewußt" in irgendeiner Form anzuwenden?

Man hat mir entgegengehalten, Mitteilbarkeit sei zwar ein Charakteristikum von *Bewußtsein, daß*, nicht aber von *Bewußtsein, wie*. Jemand könne sich dessen bewußt sein, wie eine Orange schmeckt; dies sei aber nicht mitteilbar.

Ich gestehe, daß mir dieser Gebrauch von „bewußt" neu war – besonders üblich ist er sicherlich nicht. Man sagt wohl eher, daß jemand *weiß, wie* diese Frucht schmeckt. Aber auch bei dieser Formulierung läßt sich die Frage nach der Mitteilbarkeit stellen. Sagt jemand, daß er wisse, wann Napoleon geboren wurde, so kann man ihn auffordern, das bestreffende Datum zu *sagen*; und wer sagt, er wisse, wie man Flöte spielt, kann dies mit Hilfe eines Instruments demonstrieren. Aber was weiß eigentlich jemand, wenn er weiß, wie eine Orange schmeckt? Wenn wir ihn fragen: „*wie* schmeckt sie denn?", was kann er darauf antworten?

Nun, gewisse Antworten lassen sich schon geben: die Orange

kann sauer schmecken, oder bitter, oder nach Lebertran etc. Jemand, der „weiß, wie Rot aussieht", wird uns etwa mitteilen: so, wie blühende Mohnblumen, wie Blutstropfen oder Sonnenuntergänge. Aber das trifft den Kern des Problems nicht. Der Geruch z.B. von Veilchen könnte ganz einmalig sein, nur Veilchen besitzen diesen Duft, und sonst nichts auf der Welt. Was soll man antworten, wenn man gefragt wird: „Du weißt doch, wie Veilchen riechen; *wie* riechen sie denn?"

Um die Situation besser zu überblicken, vergleiche man etwa folgende Sätze: ich weiß, wie Veilchen riechen; ich weiß nicht, wie Ultraschall klingt; manche Menschen wissen nicht, wie Farben aussehen; Kinder wissen noch nicht, wie Whisky schmeckt. Es handelt sich durchwegs um Aussagen über Sinnesorgane und Erlebnisse. Für manche Dinge haben wir Sinnesorgane, für manche nicht. In letzterem Fall wissen wir nicht, wie es wäre, derlei zu erleben, z.B. Röntgenstrahlen, Ultraviolett oder Ultraschall. Andere Lebewesen haben andere Sinnesorgane und können daher andere Dinge erleben als wir. Die Biene, so könnte man sagen, weiß, wie Ultraviolett aussieht.

Nehmen wir an, ein Mensch und sein Hund riechen beide ein Veilchen – worin besteht der Unterschied zwischen Herr und Hund? Beide *wissen, wie* ein Veilchen riecht. Doch nur der Herr *weiß, daß* er ein Veilchen riecht; der Hund *weiß nicht, daß* er ein Veilchen riecht. Es ist aber genau dieses dem Hund und der Biene mangelnde „Wissen, daß", das wir als „bewußt" bezeichnen.

Soll man das „Wissen, wie" ebenfalls durch das Wort „bewußt" bezeichnen? Nein, derlei empfiehlt sich überhaupt nicht. Man würde nämlich solcherart einen Begriff des Bewußtseins erhalten, der nicht mehr geeignet ist, interessante Unterscheidungen auszudrücken. Menschen und Schnecken essen gleichermaßen Salatblätter, beide wissen, wie Salat schmeckt. Mit dem Terminus „bewußt" wollen wir aber gerade den Unterschied zwischen der Erlebnisweise dieser beiden Kreaturen ausdrücken. Da es sich bei dem Terminus „bewußt" um einen älteren, beinahe alltäglichen Ausdruck handelt, kann man damit freilich nur einen Unterschied meinen, der mit groben, alltäglichen Methoden feststellbar ist. Der Unterschied ist die Sprache – Schnecken, Hunde, Bienen können nicht reden. Fragen der inneren Struktur der Schnecke und überhaupt die ganze Gehirnphysiologie kommen dabei noch nicht ins Spiel.

Herr und Hund *wissen, wie* Veilchen riechen. Wenn man nun auch sagen wollte, der Herr sei sich dessen *bewußt, wie* Veilchen riechen, dann müßte man wohl sagen, auch der Hund sei sich dessen *bewußt, wie* diese Blumen riechen. Auch die Schnecke, so müßte man dann konsequenterweise sagen, ist sich dessen *bewußt, wie* Salatblätter schmecken. Man könnte einwenden, es gehe ja gerade um *Bewußtsein, wie,* und nicht um *Bewußtsein, daß;* aber was verbände diese beiden Begriffe von Bewußtsein dann noch, was wäre ihnen noch gemeinsam?

Die ohnehin kaum übliche Wendung „bewußt, wie" sollte daher im Interesse einer brauchbaren, differenzierten Terminologie vermieden werden. Es ist zuzugeben, daß die parallele Wendung „wissen, wie" allgemein üblich ist. Man sollte sich aber klar darüber sein, daß der Terminus „Wissen" mehrdeutig wird, wenn er so benützt wird. Was weiß eine Schnecke schon, wenn sie weiß, wie Salatblätter schmecken?

Ich will hier nur andeuten, welche Differenzierung sich für den Begriff des *Wissens* anbietet. Man stößt hier auf die von Moritz Schlick vorgeschlagene Unterscheidung von Erleben und Erkennen[15]. Daß jemand *weiß, wie* Orangen schmecken, bedeutet danach einfach, daß er derlei selbst schon *erlebt* hat. In gewisser Weise macht es durchaus Sinn, wenn gesagt wird: wie Veilchen riechen, das kann man nicht erklären oder beschreiben, das ist nicht mitteilbar, das muß man selbst erleben. Was ich dabei erlebe, kann ich aber nicht mitteilen. Ich kann zwar sagen, es ist das Erlebnis, das ich habe, wenn ich die Nase an eine violette Frühlingsblume halte; aber ob ein Anderer dabei dasselbe erlebt wie ich, bleibt ungewiß. Das Problem ist in der Philosophie seit Jahrhunderten bekannt[16], meist wird es anhand von Farberlebnis-

---

[15] Vgl. Schlick (1938)
[16] Es wird z.B. bereits in Locke (Essay), II. 32 behandelt

sen diskutiert: erleben zwei Menschen, wenn sie dasselbe Veilchen sehen, dasselbe? Es gibt Autoren, welche das Problem für unlösbar halten, einige bezweifeln allerdings, daß hier überhaupt ein verständliches, sinnvolles Problem vorliegt.[17]

Mit dem, was wir als „Erkennen" bezeichnen, verhält es sich ganz anders. Man kann erleben, wie ein Veilchen riecht, man kann dagegen nicht erleben, wie Sauerstoff riecht, denn dafür hat der Mensch kein Sinnesorgan. Aber sowohl das duftende Veilchen als auch der geruchlose Sauerstoff sind der Erkenntnis zugänglich. Erkenntnis ist mitteilbar, die Menschen können sich darüber verständigen, was sie erkannt haben. Erkenntnis, als „Wissen, daß", kann immer ausgedrückt, mitgeteilt, d.h. bewußt gemacht werden. Für den nicht mitteilbaren Aspekt des *Erlebens* ist die (tatsächlich übliche) Bezeichnung „Wissen, wie" eher irreführend; umso irreführender wäre die (tatsächlich unübliche) Bezeichnung „Bewußtsein, wie".

---

[17] Vgl. Waismann (1976) Kap. XII „Probleme der Verständigung"

Die Identitätsthese: Bewußtsein = Sprache

Ich habe schon mehrfach betont, daß die Ausdrücke „bewußt" bzw. „Bewußtsein" mehrere, recht verschiedene Verwendungen bzw. Bedeutungen besitzen. Es wäre weder leicht noch wäre es zweckmäßig, diese Bedeutungsvielfalt in einer einzigen Begriffserklärung zu erfassen. Einige Verwendungen von „bewußt" lassen sich zudem ohne weiteres durch andere Begriffe ersetzen; ich will diese harmloseren Varianten „Nebenbedeutungen" von „bewußt" nennen und mich mit ihnen nicht allzulange aufhalten. Demgegenüber soll die „Hauptbedeutung" von „bewußt" bzw. „Bewußtsein" aus dem Gebrauch rekonstruiert werden, der insbesondere in der theoretischen Philosophie, daran anschließenden populären Philosophemen, in Grundlagenbetrachtungen der Psychologie, aber in bestimmten Kontexten auch in der gehobenen Alltagssprache gemacht wird. Ich werde diese Hauptbedeutung, sofern keine Mißverständnisse zu befürchten sind, einfach „die Bedeutung" der Ausdrücke „bewußt" bzw. „Bewußtsein" nennen. Zur Vermeidung von Mißverständnissen empfiehlt es sich aber, zuvor nochmals die häufigsten Nebenbedeutungen zu erwähnen.

Nebenbedeutungen von „bewußt"

Manchmal wird der Unterschied zwischen dem Geisteszustand beim Erlernen des Autofahrens und jenem beim routinierten Autofahren auf freier Straße durch die Wörter „bewußt" bzw. „nicht (mehr) bewußt" ausgedrückt. In dieselbe Richtung geht eine Bemerkung von D. Griffin, der in immer neuen Wendungen plausibel zu machen sucht, daß auch Tiere Bewußtsein besäßen (ohne daß er aber jemals klärt, was er darunter versteht). Griffin schreibt:

Wir Menschen führen ungezählte komplexe Aktionen ohne bewußte Gedanken intelligent, wirkungsvoll und rasch aus. Deshalb ist von vielen Seiten argumentiert worden, daß ein Tier nicht bewußt zu denken braucht, um Nutzen und Nachteil verschiedener Aktivitäten abzuwägen. Wenn wir indessen eine neue Fähigkeit erwerben, müssen wir den noch nicht beherrschten Details sorgfältige, bewußte Aufmerksamkeit zuwenden. Insofern man aber eine Analogie zu unserer eigenen Situation ziehen darf, scheint es plausibel, daß, wenn ein Tier sich einer neuen und schwierigen Situation gegenübersieht und der Einsatz hoch ist – oft buchstäblich eine Frage von Leben oder Tod –, daß dann eine bewußte Einschätzung echte Vorteile haben kann.[1]

Hier läßt sich „bewußt" ohne weiteres durch „konzentriert" oder „achtsam" ersetzen. Konzentration (Achtsamkeit) auf einen Gegenstand hat unter anderem zur Folge, daß sich die Aufmerksamkeit für andere Gegenstände stark reduziert. Dies ist objektiv testbar, weshalb es unproblematisch ist, auch bei Tieren von besonderer Aufmerksamkeit (z.B. auf der Jagd) zu sprechen. Konzentration ist aber nicht notwendig mit Bewußtsein (im Sinne der Hauptbedeutung) gekoppelt. Die Verwendung von „bewußt" in der (Neben)Bedeutung von „konzentriert, achtsam" interessiert uns hier schon deshalb nicht, weil wir auch einem unkonzentrierten, zerstreuten Menschen das Bewußtsein nicht ohne weiteres absprechen wollen – Bewußtsein freilich in der (noch gesuchten) Hauptbedeutung des Wortes.

Eine andere Nebenbedeutung von „bewußt" liegt vor, wenn man fragt: „Bist du dir dessen bewußt, was du redest?" Eine solche Frage ist aber nur sinnvoll, wenn sie auch mit „nein!" beantwortet werden darf. *Gibt es also ein Reden auch ohne Bewußtsein?* Davon kann keine Rede sein! „Etwas mit vollem Bewußtsein sagen" bedeutet, daß man die Konsequenzen des Gesagten überblickt. Das ist eine intellektuelle Leistung, die schwer zu definieren und offenbar der Abstufung fähig ist. Sie hängt sicher mit der Höhe der individuellen Intelligenz zusammen. Der fundamentale Bewußtseinsbegriff der Philosophie soll aber so erklärt werden, daß er allen gesunden, wachen Menschen zugeschrieben werden kann, nicht bloß den besonders intelligenten.

---

[1] Griffin (1984), S.41

Schließlich hat „bewußt" manchmal auch die Bedeutung von „zielgerichtet". Aber man kann (von außen gesehen) zielgerichtet handeln, ohne sich des Zieles bewußt zu sein, jedenfalls faßt die Psychoanalyse diese Möglichkeit ins Auge. Für den menschlichen Beobachter handelt ein nestbauender Vogel ausgesprochen zielgerichtet. Aber ob der Vogel sich des Zieles der Aufzucht von Jungen bewußt ist, ist eine andere Frage. Auch die Möglichkeit, eine Handlung als zielgerichtet zu beschreiben, werden wir deshalb zu den für unser Unternehmen unwichtigen Nebenbedeutungen von „bewußt" rechnen.

Die Hauptbedeutung von „Bewußtsein"

Die kanonische Phraseologie besagt, daß ich alles, was mir bewußt ist, auch mitteilen, aussagen, aussprechen, in Worte fassen kann. Das Bewußte ist mitteilbar und kann auf Befragen ausgesprochen werden; und *nur* das Bewußte ist in Worten mitteilbar. Es gibt eine Umkehrung der kanonischen Phraseologie, die so banal ist, daß sie vermutlich noch niemand explizit formuliert hat: was einer *sagt*, dessen ist er sich auch *bewußt*. Wir würden es nicht akzeptieren, wenn man von jemandem berichtet, er habe einen Mann laufen sehen und gesagt: „hier läuft ein Mann", aber er sei sich dessen nicht bewußt gewesen, daß ein Mann vorbeilief. Wir würden es nicht akzeptieren, nicht weil es unseren psychologischen Einsichten widerspricht, nicht aufgrund von Lebenserfahrung und nicht weil wir eine bestimmte Körper-Geist-Theorie vertreten. Wir würden es nicht akzeptieren, weil eine solche Behauptung unsinnig wäre, weil sie der Bedeutung von „bewußt" widerspräche, d.h. vom etablierten Sprachgebrauch völlig abwiche.

Es gibt also eine menschliche Leistung, die grundsätzlich niemals ohne Bewußtsein möglich ist, nämlich das Sprechen. Es gibt ungeheuer viele Dinge, die man tun kann, ohne davon etwas zu wissen, d.h. ohne sich dessen bewußt zu sein. Man kann sich am Kopf kratzen oder im Auto die Gangschaltung betätigen, ohne davon etwas zu wissen. Um dies zu kontrollieren braucht man einen Menschen bloß danach zu fragen. Aber niemand kann sprechen ohne sich dessen bewußt zu sein, was er gerade sagt. Man braucht den Redner auch nicht extra danach zu fragen – er antwortet sozusagen ungefragt.

Ich ziehe daraus den Schluß, daß es kein nicht-bewußtes Reden gibt. Das, was einer sagt, dessen ist er sich auch bewußt. Damit wird keine tiefschürfende psychologische These aufgestellt, sondern nur die konsequente Verwendung des Wortes „bewußt" festgehalten.

Vergleichen wir damit die Bedeutung des Ausdruckes „wissen". Wissen, d.i. alles das, was ein Mensch weiß, ist mitteilbar, ist in Worte faßbar und kann ausgesprochen werden – so verwenden wir das Wort „wissen". Es wird ähnlich, aber nicht genauso benützt wie das Wort „bewußt". Die Wendungen „X wissen" und „sich der Sache X bewußt sein" implizieren beide die Mitteilbarkeit von X. Worin unterscheiden sich die Bedeutungen beider Ausdrücke dann? Was man weiß, das *kann* man auch aussprechen. Man weiß aber in jedem Augenblick des Lebens viel mehr als man tatsächlich ausspricht. Mit anderen Worten, man weiß vieles, an das man im Augenblick gerade nicht denkt, das einem im Moment nicht bewußt ist. „Wissen" ist ein weiterer Begriff als „Bewußtsein". „Wissen" kann auch potentielles, zur Zeit nicht aktualisiertes Wissen bedeuten, d.h. den Wissensschatz, an den man zur Zeit nicht denkt. „Bewußtsein" dagegen bedeutet stets etwas Aktualisiertes, nicht bloß etwas Aktualisierbares.

Was heißt aber diese neue, abstrakte Formel vom „aktualisierten, nicht bloß aktualisierbaren" Wissen? Worin besteht die Aktualität? Die These, die ich hier vertreten und ausführlich darlegen möchte, lautet: es wird die Möglichkeit des *Sprechens* aktualisiert, d.h. es wird gesprochen.

Bewußtsein ist nichts anderes als das jeweils ablaufende laute oder „innere" Sprechen; die Wörter „Bewußtsein" und „Sprechen" bedeuten dasselbe.

Genauer formuliert: „sich einer Sache bewußt sein" bedeutet dasselbe wie „diese Sache aussprechen". Alle die Wendungen vom

Typ „sich bewußt werden, sich bewußt machen, ins Bewußtsein heben, ins Bewußtsein rufen…" bedeuten dasselbe wie: „aussprechen, sagen, in Worte fassen". Dies nenne ich von nun an die *Identitätsthese*. Sie besagt, daß es zwei verschiedene Dialekte gibt, um ein- und dieselbe Tatsache zu bezeichnen, einen mentalistischen und einen linguistischen. Die beiden Dialekte werden in unterschiedlichen Situationen und Kontexten erlernt, was aber nichts daran ändert, daß sie denselben Vorgang bezeichnen.

Als Folge der Identität Bewußtsein = Sprache erübrigt sich die Suche nach einem geheimnisvollen Seinsbereich über oder hinter der Sprache. Daß etwas bewußt wird (mentalistischer Dialekt), bedeutet dasselbe wie daß es (laut oder im Stillen) ausgesprochen wird (linguistischer Dialekt).

Ein Blick zurück zu Descartes wird die Identitätsthese vielleicht deutlicher machen. Descartes hatte sich gefragt, ob es Leistungen des Menschen gibt, die mit Sicherheit nicht automatisierbar sind. Derartige, von einem Automaten absolut nicht erreichbare Leistungen sind im Cartesischen System nur durch den Geist zu erklären. Lassen wir die Problematik nicht-bewußter geistiger Prozesse einmal beiseite, so wird im Cartesischen System aus der Frage nach nicht automatisierbaren Leistungen die neue Frage, ob es Leistungen gibt, die grundsätzlich nur bewußt erfolgen können? Denn alle automatisierbaren Leistungen können auch ohne Bewußtsein erfolgen und erfolgen tatsächlich meist auch ohne Bewußtsein, d.h. allein von der „Maschine menschlicher Körper" ausgeführt.

Descartes' Ergebnis lautete, daß das Sprechen und nur das Sprechen eine solche Leistung sei: *haec enim loquela unicum est cogitationis in corpore latentis signum certum*[2], um nochmals die wesentliche Briefstelle zu zitieren. Die Sprache ist das einzige absolut sichere Kriterium für das Vorhandensein von Bewußtsein. Was spricht, so die Cartesische These, hat Geist und damit Bewußtsein. Tiere und andere Automaten können nicht sprechen, weil sie keinen Geist besitzen.

---

[2] AT 5, S.278

Descartes erklärt die Sprache durch den Geist; die Identitätsthese kann als Umkehrung der Cartesischen These aufgefaßt werden, weil sie sozusagen den Geist durch die Sprache erklärt. Aber das ist zunächst ein Aperçu und muß erst noch ausführlich erläutert werden. Anders als Descartes hütet sich die Identitätsthese aber vor Behauptungen über tierische Fähigkeiten oder Unfähigkeiten und stellt auch keine Behauptungen darüber auf, was Maschinen leisten könnten oder niemals werden leisten können.

Argumente für die Identitätsthese

Die These von der Identität von Bewußtsein und Sprache kann nicht zwingend bewiesen werden. Man kann nur möglichst viele Argumente und Hinweise zu ihren Gunsten sammeln. Es liegt dies in der logischen Struktur dieser These begründet. Die These ist eine Behauptung der Form, daß mit einem Wort „A" eigentlich dasselbe gemeint sei wie mit einem anderen Wort „B", d.h. daß A und B identisch seien. Hinweise für derartige Identitätsthesen ergeben sich nur aus dem etablierten Gebrauch der Wörter „A" und „B", speziell auch aus Überlegungen darüber, wie der Umgang mit den Wörtern „A" und „B" intersubjektiv gelernt und gelehrt werden könnte. Wenn jemand allen derartigen Argumenten für die Identität von A und B zustimmt, zugleich aber daran festhält, daß mit „A" etwas ganz anderes gemeint werde als mit „B", so kann man ihm dies nicht verwehren. Man muß allerdings abwarten, ob er intersubjektiv verständlich erklären kann, worin nach seiner Meinung der Unterschied der Bedeutungen von „A" und „B" besteht. Solange er dazu nicht imstande ist, braucht man sich nicht allzulange mit seiner Behauptung aufzuhalten. Welche Bedeutung Worte besitzen, ist schließlich keine unergründliche, tiefliegende Frage. Worte haben genau die Bedeutung, die wir ihnen geben, den Fall miteingerechnet, daß wir ihnen keine Bedeutung geben. Eine nicht angebbare, nicht mitteilbare Bedeutung ist so viel bzw. so wenig wert wie gar keine.

Die kanonische Phraseologie besagt, daß ich alles, was mir bewußt ist, auch mitteilen, aussagen, aussprechen, in Worte fassen kann. Es fehlt nur ein kleiner Schritt, um von dem kanonischen Mitteilbarkeitssatz zur Identitätsthese zu gelangen. Aber vor diesem Schritt sind Sprachphilosophen bisher immer zurückgeschreckt, wie man etwa bei Herder oder Humboldt deutlich sehen kann. Denn bei aller Betonung der „engen Beziehung" zwischen Sprache und Denken (*bewußtem* Denken!) gingen sie doch stets von *zwei* „Dingen" aus.[3] Aber wenn ich (laut oder leise) zu mir sage: „Hier läuft ein Mann", teile ich mir damit den Inhalt meines Bewußtseins mit? Benütze ich die Sprache als Ausdruck meines Bewußtseins? *Muß ich mir selber meine (bewußten) Gedanken in Worten ausdrücken?* Habe ich zuerst das Bewußtsein von dem laufenden Mann, und nachher teile ich es mir mit? Nein, das Einzige, was (auch für mich selbst) feststellbar ist, ist der Sprechakt.

An dieser Stelle sei an eine jedermann vertraute Erscheinung erinnert. Es kommt vor, daß einem irgendetwas, z.B. ein Name, zunächst einfach nicht einfallen will, so sehr man sich auch darum bemüht. Plötzlich aber, manchmal erst sehr viel später und ohne erkennbaren Anlaß, fällt einem die Sache ein. Was ging hier vor sich? Sicherlich tausenderlei, von dem der betreffende Mensch keine Ahnung hat und das ihm so fremd ist wie sein eigenes Gehirn. Aber schließlich *spricht* der Mensch plötzlich das gesuchte Wort, die gesuchte Sache aus. Findet er Zeit, darüber nachzusinnen, dann ist er wohl selbst am meisten davon überrascht, wieso der Einfall gerade jetzt kam.

Wo in diesem Geschehen wäre der passende Platz für die Anwendung des Wortes „bewußt"? Soll man sagen „Indem ich es ausspreche, mache ich es mir bewußt?" Diese Wendung wäre für unseren Zweck nicht genau genug – was bedeutet das „indem" nämlich? Oder soll man sagen: „Es wurde mir plötzlich bewußt, und sogleich sprach ich es aus"? Aber darin ist schon eine ganze Theorie verborgen! Als Begriffstheoretiker suchen wir eine Ausdrucksweise, die die Situation beschreibt, nicht aber (angeb-

---

[3] vgl. etwa Seebass (1981)

lich) erklärt. Die Identitätsthese empfiehlt Beschreibungen von der Art: „Jetzt ist es mir eingefallen, jetzt habe ich das Wort gefunden (gesagt)". Wenn es unbedingt sein muß, kann man auch sagen „Jetzt ist es mir wieder bewußt geworden", aber das ist dasselbe, nur in einem esoterischen Dialekt.

Die beschriebene Situation bringt zweifellos große empirische Probleme mit sich, und diese sollen keineswegs wegdefiniert werden. Es ist sicher erklärungsbedürftig und merkwürdig, daß einem das gesuchte Wort irgendwann, ohne erkennbaren Anlaß plötzlich einfällt, d.h. daß man es plötzlich sagt. (Es ist allerdings genauso erklärungsbedürftig, daß einem in der Regel die benötigten Wörter so schnell bzw. überhaupt einfallen.) Nur wird durch den Gebrauch des Wortes „Bewußtsein" keine Erklärung erreicht, sondern bestenfalls vorgetäuscht, was unter Umständen gefährlicher ist als eine falsche Erklärung.

Ich erwähne hier zur Abwechslung die kleine Schrift *Über die allmähliche Verfertigung der Gedanken beim Reden* von H. v. Kleist. Kleist meint,

daß so mancher großer Redner, in dem Augenblick, da er den Mund aufmachte, noch nicht wußte, was er sagen würde. Aber die Überzeugung, daß er die ihm nötige Gedankenfülle schon aus den Umständen, und der daraus resultierenden Erregung seines Gemüts schöpfen würde, machte ihn dreist genug, den Anfang, auf ein gutes Glück hin, zu setzen.[4]

Man darf getrost ergänzen, daß es nicht bloß den großen Rednern so ergeht, sondern jedermann, der mehr als bloß zwei, drei Worte von sich gibt. Kleist meint übrigens, daß es auch ein gänzlich sprachfreies Denken gebe, das sich u.U. erst mühsam seinen sprachlichen Ausdruck suchen müsse. Nicht ganz ohne Ironie erwähnt er die Situation eines Prüfungskandidaten, dem die Worte fehlen. Nun mag es um sprachfreies Denken stehen wie auch immer, jedenfalls ist sich jemand einer Sache, die er nicht ausdrücken kann, nicht bewußt. Erst indem er sie ausdrückt, wird sie ihm bewußt.

---

[4] Kleist, H. v. (1777–1811), a.a.O.

Wenn mir in einem Gespräch oder Vortrag plötzlich „der Faden abreißt", wenn ich einen Augenblick lang nicht mehr weiß, was ich sagen wollte – wie kann dies erfaßt werden, d.h. mit welchem Vokabular wollen wir diesen Sachverhalt ausdrücken? Ist das, was ich sagen wollte, in meinem Bewußtsein, nur die Worte fehlen mir? Nein, so wird das Wort „Bewußtsein" nicht gebraucht, eine solche Bedeutung hat es nicht! Solange ich etwas nicht sagen kann, ist es mir auch nicht bewußt, ich „weiß es im Moment nicht". Bewußtsein und Sprechen sind also dasselbe.

Unbestreitbar „tut sich" auch dann etwas in mir, wenn ich im Fluß meiner Rede einen Moment nicht weiter weiß; in solchen Augenblicken geschieht sicher vieles, aber ich weiß nichts davon. Fällt mir einen Augenblick später der weitere Fortgang meiner Rede ein, d.h. rede ich wieder weiter, so ist meine Rede sicher nicht aus dem Nichts in meine Stimmbänder gesprungen. Aber ich vermag beim besten Willen nicht anzugeben, was meinem Sprechen vorausgeht: Die dem Sprechen vorausgehenden Vorgänge sind mir nicht bewußt. Was dem Sprechen zugrundeliegt, hat natürlich Ursachen – alles in der Welt hat Ursachen. Aber die Ursachen des Bewußten sind selbst nicht vollständig bewußt; das heißt nach der Identitätsthese: die dem Sprechen vorausgehenden oder zugrundeliegenden Prozesse sind selbst kein Sprechen mehr.

Die kanonische Phraseologie enthält nur eine Möglichkeitsaussage: Bewußtes ist mitteilbar. Die Identitätsthese macht daraus die Behauptung, daß Bewußtsein und Sprache dasselbe sind und Bewußtsein deshalb immer schon „Mitteilung" ist. Es fehlt ihm freilich zur öffentlichen Mitteilung, zur Mitteilung im ursprünglichen Sinne oft die laute Artikulation. Aber was einer im Stillen sagt, das kann er auch laut sagen – diese neue Möglichkeitsbehauptung ersetzt jene der kanonischen Phraseologie.

Von vielem, was in mir vorgeht, weiß ich unmittelbar überhaupt nichts. Ich bemerke nichts davon, ich kann es nicht sagen, es tritt nicht in mein Bewußtsein (alles dies bedeutet dasselbe). Mein Gehirn mag auf Magnetfelder reagieren, ohne daß es mir bewußt wird; vielleicht könnte ein Physiologe Einflüsse des Magnetismus auf mein Gehirn objektiv feststellen und mich sogar als Meßinstrument für Magnetismus benützen; aber bei diesem Unternehmen kann er eines grundsätzlich nicht, nämlich mich um Auskunft bitten, denn ich könnte ihm nicht antworten.

In vielen anderen Fällen braucht man glücklicherweise nicht in mein Gehirn zu schauen, sondern man kann mich fragen, und ich vermag zu antworten. Ich kann *sagen*, was ich sehe, höre, rieche usf. Die Identitätsthese lehrt, bei diesem Faktum stehenzubleiben und nicht eine Erklärung vorzutäuschen, indem man sagt: „Ich kann sagen, was ich sehe, *weil* es mir bewußt ist, was ich sehe." Wenn aber doch so geredet wird, dann lehrt die Identitätsthese, das „weil" nicht kausal, sondern logisch und somit trivial zu verstehen, genau wie in dem Satz „Ich kann es sagen, weil ich es sagen kann".

Bekanntlich kann ich nicht angeben (sagen), wie ich es mache, ein Ding zu sehen, zu hören etc. oder mich an ein Ding zu erinnern. Diese Grundtatsache der Psychologie könnte man wieder umschreiben durch den eine Erklärung vortäuschenden Satz: „Ich kann es nicht sagen, weil es mir nicht bewußt wird". Die Identitätsthese verbietet diesen Satz nicht, macht aber darauf aufmerksam, daß er nichts erklärt, sondern dasselbe bedeutet wie „Ich kann es nicht sagen, weil ich es nicht sagen kann".

Die Identitätsthese kann zusammenfassend durch die knappe Formel *Bewußtsein = Sprache* ausgedrückt werden. Aber diese abstrakte Formel darf nicht metaphysisch mißdeutet werden. Weder „Bewußtsein" noch „Sprache" werden in der Identitätsthese als Bezeichnungen für etwas schlechthin Seiendes aufgefaßt, sondern als Abkürzungen für konkrete Sprechakte bzw. Bewußtseinsakte. Eine genauere Kurzfassung der Identitätsthese wäre daher folgende: *Das, was jemand sagt = das, dessen er sich bewußt ist.*

Der erkenntnislogische Status der Identitätsthese

Die These, daß Bewußtsein = Sprache ist, ist keine empirische Behauptung, sie ist kein Satz einer empirischen Wissenschaft. Daß

Bewußtsein = Sprache ist, ist vielmehr eine *Begriffserklärung*, aber keine willkürliche. Sie besagt, daß die beiden Begriffe dasselbe bedeuten, wenn sie auch verschiedene Assoziationen auslösen und in unterschiedlichen Kontexten benützt werden.

Die These stützt sich auf ein fundamentales logisches Prinzip. Wenn zwei Wörter dasselbe bedeuten, dann muß alles, was von dem durch das eine Wort bezeichneten Gegenstand gilt, auch von dem durch das andere Wort bezeichneten Gegenstand gelten, denn es handelt sich dann nicht um zwei Gegenstände, sondern eben nur um einen. Mit einer klassischen Wendung ausgedrückt: Wenn zwei Dinge identisch sind, dann haben sie alle Eigenschaften gemeinsam und umgekehrt (*principium identitatis indiscernibilium*). Angewandt auf unsere Identitätsthese heißt das, daß die gesamte kanonische Phraseologie des Begriffes „Bewußtsein" sich auch auf die Sprache anwenden lassen muß – soweit diese Phraseologie sinnvoll ist, versteht sich.

Die Redeweise von „allen Eigenschaften", die ein Ding hat, erscheint vermutlich nicht unproblematisch – was heißt schon „*alle* Eigenschaften"? Tatsächlich wird aber nicht verlangt, man müsse alle Eigenschaften zweier Dinge kennen und kontrollieren, um die Identität dieser beiden Dinge behaupten zu können. Man braucht nicht alle Eigenschaften von Junggesellen zu kennen, wenn man behauptet, daß „Junggeselle" und „lediger Mann" dasselbe bedeuten. Aber wann immer jemand eine Aussage über Junggesellen macht, muß es dazu eine analoge Aussage über ledige Männer geben, die denselben Wahrheitswert wie erstere besitzt.

Die Identitätsthese behauptet also, daß alles, was kanonisch vom Bewußtsein gesagt wird, mit derselben Selbstverständlichkeit auch von der Sprache gesagt werden kann. Damit wird die Bedeutung von „Bewußtsein" erklärt durch ein bekanntes, öffentliches Phänomen, die Sprache. Das ist kein Wegdefinieren von Problemen. Es liegt ein Begriff „Bewußtsein" vor, und wir fragen nach seiner Bedeutung. Zur Beantwortung dieser Frage stellen wir möglichst charakteristische, allgemein akzeptierte Sätze zusammen, in denen vom Bewußtsein die Rede ist; erst danach stellen wir fest, daß diese Sätze genauso gut für das Sprechen gelten. *Die-*

se Feststellung ist empirisch, sie ist dem tatsächlichen Sprachgebrauch entnommen. Erst nachdem wir so weit vorgedrungen sind, stellen wir die These von der Identität von Bewußtsein und Sprache auf. Aus der logischen Struktur der Identitätsthese ergibt sich auch, mit welcher Strategie sie zu widerlegen wäre. Man müßte eine *differenzierende Eigenschaft* angeben, d.h. eine Eigenschaft, die dem Bewußtsein, nicht aber der Sprache zukommt, oder eine, die der Sprache, nicht aber dem Bewußtsein eigentümlich ist.

Ich habe von der kanonischen Phraseologie bisher nur ein einziges, allerdings wesentliches Stück herauspräpariert, nämlich die Mitteilbarkeit der bewußten Vorgänge. Nach der Identitätsthese müssen demnach auch Sprechakte mitteilbar sein, und das sind sie selbstverständlich. So, wie es keinen Bewußtseinsakt gibt, der nicht mitteilbar wäre, gibt es auch keinen Sprechakt, der kein Sprechen ist.

Ohne Zweifel genügt aber dieses eine Argument noch nicht, um die Plausibilität der Identitätsthese nachzuweisen. In den folgenden Kapiteln werde ich deshalb weitere Elemente der kanonischen Phraseologie untersuchen. Um die Fruchtbarkeit der Identitätsthese darzulegen, möchte ich sie aber schon an dieser Stelle mit zwei Begriffen in Beziehung setzen, welche in der Psychologie eine gewisse Rolle spielen, nämlich die Begriffe der Bewußtseinsenge und des Bewußtseinsstromes.

Die Enge des Bewußtseins

Unter der Enge des Bewußtseins versteht man die Tatsache, daß die Anzahl gleichzeitig möglicher Bewußtseinsinhalte sehr beschränkt ist. Nach allem, was wir empirisch wissen, ist die Enge hauptsächlich eine Eigenart der bewußten Prozesse. Von den nicht-bewußten Prozessen im Gehirn ist anzunehmen, daß gleichzeitig (parallel) eine sehr viel größere Anzahl abläuft. So werden vermutlich sämtliche Signale sämtlicher Fasern des Nervus Opticus gleichzeitig verarbeitet. Nur bemerkt man das nicht, es wird nicht bewußt.

In der plastischen Ausdruckweise Mauthners stellt sich das Faktum der Bewußtseinsenge und das damit verbundene Problem wie folgt dar:

[...] es ist wirklich so, daß z.B. dem Redner oder seinem Zuhörer immer in *einem* Augenblick nur *ein* Wort gegenwärtig ist (umso ausschließlicher, je aufmerksamer er darauf ist), daß von dem ganzen Wortschatz der Muttersprache, von allen ihm bekannten fremden Sprachen, von allen Kenntnissen und Empfindungen, von allem geistigen Besitz in diesem selben Augenblick nichts weiter gegenwärtig ist oder doch nicht klar ist [...]

Die Verlegenheit besteht [...] darin, daß wir deutlich wissen, wie tatsächlich immer nur ein winziger Ausschnitt unseres geistigen Besitzes an der engen Pforte, ja an dem Nadelöhr unseres Bewußtseins vorübergeht, und daß wir doch zugeben müssen, es sei dennoch Ordnung und Zusammenhang in unserem Denken und Sprechen [...]

Es ist also einerseits immer nur *eine* Vorstellung gegenwärtig und dennoch zugleich eine ganze lange, verwickelte, reiche Kette von Vorstellungen, zwar nicht im hellen Bewußtsein, aber doch in dem dunklen Unbewußten der Seele.[5]

Obwohl mit dem Begriff der Enge zweifellos ein fundamentales Faktum erfaßt wird, wird dieser Begriff in notorisch unsauberer Weise erklärt. Dies kommt daher, daß es keinen Sinn macht, *Inhalte* (des Bewußtseins, der Aufmerksamkeit, des Denkens, des Sprechens) zu zählen. Wer z.B. an „das Seiende schlechthin" denkt, oder an den Kosmos, dessen Denken dürfte wohl inhaltsreicher sein als das eines Menschen, der sich gerade nach einem Glas Bier sehnt. Der Mensch kann beliebig große Inhalte denken, z.B. einen Spiralnebel. Was soll es heißen, daß er immer nur einen oder einige wenige Inhalte denken, mit Bewußtsein wahrnehmen etc. kann?

Tatsächlich hat man sich, wo immer dem Begriff der Enge ein experimentell faßbarer Sinn gegeben wurde, auf bestimmte Aspekte der *Sinneswahrnehmung* beschränkt, und hier macht es noch am ehesten Sinn, zu zählen, wieviele (gleichartige) Objekte ein Mensch zugleich wahrnehmen kann. Die Frage nach der Enge wird damit z.B. zur Frage, ob der Mensch imstande ist, zu einem

---

[5] Mauthner (Beiträge) Bd. I Kap. 9 „Bewußtsein", S. 620–1

Zeitpunkt auf mehr als einen Gegenstand zu achten[6]. Man kann vermutlich zugleich die drei Ecken eines Dreieckes sehen, aber bestimmt nicht die fünfzig Ecken eines Fünfzigeckes. (Andererseits sind wir sicher, daß alle Ecken eines Fünfzigeckes gleichzeitig auf die Netzhaut des menschlichen Auges projiziert werden können.) In diesem Sinne läßt sich auch das Wahrnehmungsvermögen eines Hundes oder Affen sicherlich durch eine bestimmte Enge charakterisieren und vielleicht auch experimentell bestimmen. Solcherart präzisiert verbinden sich mit dem Begriff der Enge auf dem Gebiet der Sinneswahrnehmung bestimmt eine Reihe interessanter empirischer Fragestellungen, doch kann der Philosoph zu ihrer Lösung natürlich nichts beitragen.

Sobald man aber dem Begriff des Bewußtseins eine feste Bedeutung gibt, wie das durch die Identitätsthese geschieht, läßt sich der Begriff der Enge des Bewußtseins überraschend einfach klären. Nach der Identitätsthese ist „Enge des Bewußtseins" letzten Endes ein Ausdruck dafür, daß der Mensch nur *einen* Mund, *einen* Kehlkopf und *eine* Zunge hat. Daher kann der Mensch immer nur *ein Wort nach dem anderen* produzieren. Es scheint, daß diese Beschränkung im wesentlichen auch für das innere Sprechen gilt.

„Enge des Bewußtseins" bezeichnet somit nicht eine inhaltliche Beschränkung, sondern eine des Sprechens. Man kann nicht zwei *Worte* oder *Sätze* auf einmal *sagen* (obwohl man schon mit *einem* einzigen Wort sehr *vieles* mitteilen kann), sondern immer nur nacheinander. Die von Mauthner so genannte Verlegenheit bezeichnet dabei ein wesentliches Faktum: der jeweilige, aktuelle Sprechakt besteht zwar nur aus einigen Wörtern und wäre insofern auch von einem relativ simplen Automaten zu imitieren. Aber Veraloquenz insgesamt beruht auf ungeheuren, im einzelnen gar nicht zu überblickenden Voraussetzungen an Wissen. In echte Verlegenheit bringt dies aber nur bestimmte Philosophen. Welchen Status soll man nämlich diesem riesigen Wissensschatz, der jeweils nicht-bewußt im Hintergrund steht, zubilligen? Ist er psy-

---

[6] Vgl. Port (1955) z.B. S. 21

chisch, aber unbewußt, ist er bloß physisch, oder was sonst? Dies ist eine Frage, die uns hier aber nichts angeht.

Ein früher gerne gesungenes Kirchenlied beginnt mit den Zeilen

Oh daß ich tausend Zungen hätte, und einen tausendfachen Mund[7]

Vorausgesetzt, daß auch sein Gehirn die erforderlichen Erweiterungen erfährt, könnte ein Mann mit tausend Mündern tausendmal soviele Wörter, Sätze oder Geschichten auf einmal erzählen wie unsereiner. Er hätte dann in seiner Person tausend Bewußtseine gleichzeitig. Vielleicht würde man dann allerdings von tausend Personen sprechen, die in einem Leib stecken.

Tausendmal mehr Inhalte könnte der Mann aber keineswegs von sich geben, einfach deshalb, weil es unsinnig ist, Inhalte zu zählen. „Enge" bezeichnet eine Beschränkung der Verarbeitungskapazität für Worte bzw. Reize, und nicht für Inhalte oder Objekte. Die Enge eines Buchregals beschränkt die Anzahl der Bücher, die darauf Platz finden können, aber nicht deren Inhalte. Wenn also unbedingt gezählt werden soll, dann müssen *Sprechakte* gezählt werden, oder – mit dem Dichter des Kirchenliedes – Münder und Zungen – eventuell auch Bewußtseine. Vermutlich war es dieser Umstand, auf den Mauthner hinweisen wollte, als er schrieb

Nun ist es aber ein eigenes Ding um die Enge des menschlichen Bewußtseins. Freilich kann nur ein Bruchteil unseres Gedächtnisses präsent sein, beispielsweise immer nur ein Wort; doch dieses Wort kann ebensogut ein Individuum bezeichnen als irgendeine Art oder Gattung; und je nach der Kenntnis dessen, der es denkt, kann das Wort arm oder reich an Erfahrung heißen. Die Enge des Bewußtseins wird nun doch scheinbar verschwinden, wenn jemand die Worte Amerika oder Pflanze oder Rom mit großer Sachkenntnis im Bewußtsein hat. Wäre er doch imstande, über Amerika, die Pflanze oder Rom vom Fleck weg ein ganzes Buch zu sprechen. Es hat mit der Enge des Bewußtseins aber dennoch seine

---

[7] Das Lied stammt von dem protestantischen Pfarrer Johann Mentzer (1658–1734); die erste Strophe lautet: „Oh daß ich tausend Zungen hätte / und einen tausenfachen Mund, / so stimmt' ich damit um die Wette / vom allertiefsten Herzensgrund / ein Loblied nach dem andern an / von dem, was Gott an mir getan."

Richtigkeit, weil dieses Buch dem betreffenden Herrn eben nicht präsent ist, sondern nur das Wort, welches für das Buch an Sachkenntnis nur den Knotenpunkt des Gedächtnisses darstellt.[8]

Der Strom des Bewußtseins

Mit diesem Begriff versucht man auszudrücken, daß die Inhalte des Bewußtseins in beständigem Wechsel begriffen sind, eben „dahinströmen", worauf insbesondere W. James[9] verwiesen hat. Vielleicht ist es möglich, längere Zeit ein- und dasselbe Ding zu sehen, z.B. den blauen Himmel „gedankenverloren" zu betrachten. Dagegen ist es bestimmt nicht möglich, ein und denselben Satz lange Zeit sozusagen statisch-eingefroren zu denken; man kann ihn nur wiederholen, wie man eine Litanei rezitiert. Sprechen ist ein dynamischer Prozeß; sein Zur-Ruhe-Kommen ist das Schweigen. Geschriebene Sprache ist etwas Statisches und bleibt beliebig lange unbeweglich und unverändert erhalten. Vielleicht ist das Gedächtnis von dieser Art; aber das Sprechen ist immer ein Vollzug; der Strom des Bewußtseins ist der Strom der Rede, das folgt aus der Identitätsthese.

An dieser Stelle ist auf einen freilich eher selten vorkommenden psychischen Zustand hinzuweisen, für den die Alltagssprache keine klare Terminologie besitzt. Es kommt vor, daß der Mensch restlos verstummt, d.h. daß auch sein innerer Monolog aufhört. Derartiges geschieht in bestimmten Konzentrationszuständen und – damit verwandt – bei Meditationsübungen. Nach der Identitätsthese existiert in solchen Augenblicken *kein* Bewußtsein; der Mensch ist deswegen aber nicht bewußtlos im Sinne von ohnmächtig. Poetisch spricht man dann gelegentlich von einem „Erlöschen" des Bewußtseins, der Strom ist zum Stillstand gekommen. Das Verstummen des inneren Monologs führt zu einem völlig veränderten inneren Zustand, der bezeichnenderweise erst nach seinem Ende, nach dem „Wiederein-

---

[8] Mauthner (Beiträge) Bd. I Kap. 9 S. 628
[9] James (1890) I 224

tritt" in die gewöhnliche Welt, bewußt und damit beschreibbar wird. Der Meditationszustand selbst wird dann – rückblickend – auch als „geistesabwesend" oder „versunken" bezeichnet. „Geistesabwesend" ist dabei die Negation von „bewußt"; der geistesabwesende Zustand ist aber ein Zustand der Sprachlosigkeit.

Merkwürdigerweise läßt sich ein derartiger Zustand unter anderem dadurch erreichen, daß man ein- und dieselbe sprachliche Formel möglichst ohne Unterbrechung lange Zeit rezitiert, wobei das innere Sprechen genügt. Diese Technik ist sowohl aus dem Litanei-Beten als auch aus bestimmten Meditationsschulen als „Mantrarezitation" bekannt. Auf den Inhalt der rezitierten Formel kommt es dabei nicht an.

Das Sprechen oder schon seine Ursachen?

Um die Identitätsthese deutlich darzustellen, möchte ich sie noch mit einer ähnlichen modernen Theorie vergleichen, nämlich jener von D.C. Dennett. In einem vielgelesenen Buch unterscheidet Dennett, ehe er den Begriff „Bewußtsein" zu erklären versucht, zwei Bedeutungen des Ausdrucks „bemerken" („innewerden", „gewahrwerden"):

Bemerken$_1$ (awareness$_1$): Ein Individuum A bemerkt$_1$ einen Sachverhalt p genau dann, wenn p der Inhalt des Inputs von A's Sprachzentrum ist. „Sprachzentrum" soll dabei nicht anatomisch verstanden werden, sondern abstrakt-funktional.

Bemerken$_2$ (awareness$_2$): A bemerkt$_2$ p genau dann, wenn p der Inhalt eines inneren Ereignisses von A ist, welches sich auf das Verhalten von A auswirkt. Wenn jemand p bemerkt$_1$, dann bemerkt$_2$ er p auch; das Umgekehrte gilt dagegen nicht in allen Fällen.[10]

Der Ausdruck „etwas bemerken" dient auch im Alltag gelegentlich als Paraphrase zu „einer Sache bewußt werden". Nach Dennetts Meinung gilt dies aber nur für bemerken$_1$, und dagegen

---

[10] Dennett (1969) S. 118–119

ist nichts einzuwenden. Von einem Hund, der bellt, sobald sich ihm ein fremder Mann nähert, kann man sagen „Der Hund bemerkt$_2$ den fremden Mann". Man wird aber kaum sagen wollen, daß sich der Hund des fremden Mannes bewußt geworden sei. Zwischen dem Bemerken des fremden Mannes durch den Hund bzw. durch seinen Herrn besteht eben ein Unterschied.

Dennetts Differenzierung der zwei verschiedenen Bedeutungen von „bemerken" läuft somit auf die Gleichung

$$\text{Bewußtsein} = \text{Bemerken}_1$$

hinaus, wenn sich diese Gleichsetzung bei Dennett auch explizit nirgends findet.

Man gewinnt mit dieser Unterscheidung zweier Bedeutungen von „bemerken" unter anderem eine klare Lösung des Problems der Schmerzen, die ich im Augenblick gerade nicht empfinde, die mich aber bis vor kurzem peinigten und dies auch in Kürze wieder tun werden. Das Ganze ist offensichtlich ein terminologisches Problem. Ich kann mir des Schmerzes sehr bewußt sein und daneben an gar nichts anderes mehr denken. In diesem Falle bemerke$_1$ ich den Schmerz. Es mag aber auch subjektiv schmerzfreie Zeiten geben, in denen ich nicht an den Schmerz denke, obwohl die physiologischen Ursachen des Schmerzes weiterbestehen und mein Körper darauf reagiert. Vielleicht nimmt z.B. meine Wirbelsäule eine ganz bestimmte Schmerzhaltung ein, von der ich nichts weiß. Von diesem Zustand wäre zu sagen, daß ich den Schmerz zwar nicht bemerke$_1$, wohl aber bemerke$_2$, denn er beeinflußt mein Verhalten.[11]

Dennetts Begriffsdifferenzierung ist also durchaus brauchbar. Dennoch halte ich es für unzweckmäßig und für ein zu starkes Abweichen von der kanonischen Phraseologie, „bewußt" mit „bemerken$_1$" gleichzusetzen. Um das plausibel zu machen, will ich zuerst seine Definition von Bewußtsein bzw. Bemerken$_1$ wie folgt modifizieren:

---

[11] ebd. S. 125

(Definition D): Ein Vorgang heißt „bemerkt$_1$" oder „bewußt" genau dann, wenn er laut oder im Stillen ausgesprochen werden *kann*.

Diese Definition D erinnert deutlich an das schon behandelte Stück kanonischer Phraseologie, in dem die Mitteilbarkeit des Bewußten postuliert wird. Sie geht jedoch darüber hinaus und postuliert auch die Umkehrung, daß alles, was mitteilbar ist (gesagt werden kann) auch bewußt ist. Man erkennt aber sofort die mit D verbundene Schwierigkeit. Ist nicht alles, was ein Mensch *weiß* (im Gedächtnis hat), aussprechbar? Und trotzdem nennen wir das Gedächtnis bzw. alle seine Inhalte nicht „bewußt". Vermutlich benützt Dennett deshalb die merkwürdige Formulierung vom „Input des Sprachzentrums"; sie soll wohl ausdrücken, daß ein dynamisches Geschehen gemeint sei, eines, das sozusagen an der Schwelle der Sprache steht und dort „anklopft" (nicht bloß anklopfen könnte). Kurz, es geht um *die dem Sprechen unmittelbar vorausgehenden Prozesse, um die unmittelbaren Ursachen des Sprechens*. Damit wird die Definition D zu

(Definition D'): Ein Vorgang heißt „bewußt" genau dann, wenn er die unmittelbare Ursache eines (lauten oder stillen) Sprechaktes ist.

Nun besteht natürlich kein Zweifel, daß jeder Sprechakt Ursachen hat; man kann dieselben eventuell auch den „Input des Sprachzentrums" nennen, wenn man nur damit keine anatomischen oder physiologischen Hypothesen verbindet, was Dennett auch nicht tut. Auf der anderen Seite besteht aber auch kein Zweifel, daß der Sprecher über die Ursachen seines Sprechens nichts weiß, keine Auskunft darüber geben kann, keine Ahnung davon hat, kurz: daß sie ihm nicht bewußt sind. Es sind *theoretische* Überlegungen, die es nahelegen, von Dingen wie einem „Input des Sprachzentrums" zu reden; direkte persönliche Erfahrungen, über die man unmittelbar berichten könnte, liegen dem nicht zugrunde. Deshalb ist es unzweckmäßig, den Bewußtseinsbegriff durch Definitionen wie D oder D' zu rekonstruieren.

Dieser Begriff soll vielmehr bereits vor jeder theoretischen Konstruktion eine klare Bedeutung haben, denn er ist älter als die kybernetischen oder anatomischen Modelle. Der Mensch spricht; das ist ein alltägliches Faktum. Sein Sprechen hat Ursachen; das ist ein theoretisch rekonstruierter, dem Sprecher selbst nicht ohne weiteres zugänglicher Umstand.

Nehmen wir Hobbes' Standardbeispiel, den laufenden Mann.[12] Ohne Zweifel geschieht ungeheuer vieles zwischen dem Hinsehen eines Beobachters und seinem abschließenden Urteil „Ein Mann läuft". Aber der Beobachter weiß nicht, was alles geschieht. Fragt man ihn nach dem Input seines Sprachzentrums oder ähnlichen Konstruktionen, so weiß er nichts zu antworten, so sehr er sich auch bemühen mag. Man könnte ihn genausogut nach seinen Gehirnprozessen fragen, das Resultat wäre dasselbe.

Hier könnte man einwenden, daß es doch gar nicht immer nötig sei, ein Urteil wie „Hier läuft ein Mann" tatsächlich zu verbalisieren. Erfassen wir Situationen nicht häufig ganz schnell, „mit einem Blick", während es viel länger dauert, sie in Worte zu fassen, länger als man oft Zeit hat? Warum also den Prozeß der *Verbalisierung* als „Bewußtsein" bezeichnen?

Dies empfiehlt sich deshalb, weil man nur so die von der kanonischen Phraseologie vorgegebenen Bedingungen einhalten kann. Ich weise im Moment nur nochmals auf die „Enge" des Bewußtseins hin. Wenn die Erfahrungstatsache des „Eines nach dem anderen" für alle bewußten Vorgänge gelten soll, dann ist es unzweckmäßig, Dennetts „Bemerken$_1$" mit „bewußt" gleichzusetzen. Vielleicht ist es aus theoretischen Gründen viel wahrscheinlicher, daß der „Input des Sprachzentrums" jeweils die *gesamte* Situation umfaßt, die jemand eben „mit einem Blick" erfaßt hat. Die Charakterisierung „Eines nach dem anderen" würde dann hierfür nicht mehr passen. Abgesehen davon ist, wie gesagt, „Bemerken$_1$" eine dem Individuum gar nicht zugängliche theoretische Konstruktion.

Die Unterscheidung von Bemerken$_1$ / Bemerken$_2$ entspricht übrigens in etwa einer von Leibniz eingeführten terminologischen

---

[12] Dennett (1978) S. 35 verwendet ein ganz ähnliches Beispiel.

Unterscheidung von Apperzeption und Perzeption. Grob gesprochen ist eine Apperzeption eine bewußt gewordene Wahrnehmung, während eine Perzeption eine Wahrnehmung schlechthin, d.h. auch eine evtl. nicht-bewußte ist. Unter Verwendung dieser Terminologie hat der schon mehrfach erwähnte F. Mauthner Apperzeption mit Verbalisierung gleichgesetzt. Mauthner schreibt vom Schrei einer Krähe, den man während eines Spazierganges wahrnimmt:

Vielleicht bemerke ich ihn, ohne ihn auch nur für die Dauer von wenigen Sekunden zu apperzipieren, d.h. ohne ihn im Gedächtnis zu verarbeiten. Will ich ihn im Gedächtnis verarbeiten, ihn aufnehmen und geistig verdauen, ihn apperzipieren, so gibt es dafür nur ein einziges Mittel: ich muß still oder hörbar sprechen oder denken, muß „Krähe" denken oder sprechen. Apperzipieren heißt: einen Sinneseindruck zu Worte kommen lassen.[13]

Was damit behauptet wird ist nicht, daß mittels der Verbalisierung „Krähe" ein davon zu unterscheidender Prozeß der Apperzeption oder Bewußtwerdung eingeleitet oder durchgeführt wird, sondern daß die Begriffe „Apperzeption" bzw. „Bewußtsein" bzw. „zu Worte kommen lassen" dasselbe bedeuten.

Etwas anderes meinen als man sagt

Aus Dennetts Überlegungen läßt sich ein interessanter Einwand gegen die Identität von Bewußtsein und Sprache entnehmen, der auf einer unbestreitbaren Tatsache beruht.[14] In der Hitze der Debatte oder bei diffizilen Überlegungen kommt es gelegentlich schon einmal vor, daß jemand laut und deutlich „etwas anderes sagt als er meint". Jemand kann in der Aufregung „Kommunismus" sagen, aber „Kapitalismus" meinen. Das ist daran zu erkennen, daß er sich entweder selbst rasch korrigiert, oder daß der Kontext seiner Rede nur dann verständlich bzw. konsistent ist,

---

[13] Mauthner (Wörterbuch), Artikel „Apperzeption". Zum Verständnis der zitierten Passage muß man wissen, daß Mauthner Denken = Sprechen setzt.
[14] vgl. Dennett (1978) S. 34–36

wenn man seine laute Äußerung im Sinne des „Gemeinten" korrigiert. Eventuell kann man den Sprecher auf seinen Fehler auch aufmerksam machen und so eine Korrektur von ihm erreichen.

Es könnte, um ein anderes Beispiel zu konstruieren, vorkommen, daß ein Schüler an der Tafel im Mathematikunterricht laut und deutlich (aber fälschlich) „minus" sagt, obwohl er, wie sich leicht beobachten läßt, „plus" meint, weil er nämlich korrekt mit „plus" rechnet und nicht mit „minus", d.h. addiert, und nicht subtrahiert. Dieser Fall ist vermutlich niemals eingetreten, aber wir wären nicht überrascht, wenn er einmal Wirklichkeit werden sollte.

Ich will solche Fälle des Sprechens „deviante" Fälle nennen. Es sind, und das ist wichtig, *seltene Ausnahmefälle*, denn ansonsten würden wir z.B. einfach sagen, die Bedeutung von „minus" habe sich verändert. Der Ausnahmefall aber wird beschrieben als eine Differenz zwischen Gesagtem und Gemeintem. Sollte man also nicht besser festlegen, *nicht das Gesagte, sondern das Gemeinte sei das Bewußte?* Denn gemäß der Identität von Bewußtsein und Sprache müßte man in den devianten Fällen sagen, daß der Sprecher sich *einer* Sache bewußt sei, aber nach einer *anderen* Devise handle, agiere, reagiere, seine Rede fortsetze.

Tatsächlich ist aber nicht einzusehen, warum man sich bezüglich der devianten Fälle nicht so ausdrücken sollte. Niemand wird bestreiten, daß das menschliche Sprechen gelegentlich fehlerhaft ist – freilich nur gelegentlich, sonst könnte sich die Sprache als intersubjektives Verständigungsmittel überhaupt nicht ausgebildet haben. Der Bewußtseinsbegriff der Philosophie, der schließlich auch in die alltägliche Redeweise eingedrungen ist, ist jedoch an der Normalität orientiert. Er erfaßt den Normalfall einer bestimmten Fähigkeit oder Leistung. Daß der Mensch ein gebrechliches, hinfälliges, häufig gestörtes, fehlerhaftes Wesen ist, davon sieht die theoretische Philosophie ab. In Wirklichkeit arbeitet „der Geist" nicht sehr sicher, nicht absolut verläßlich, nicht immer gleich gut, nicht ermüdungsfrei. Die im Alltag übliche Redeweise vermeidet bei solchen Störungen den Begriff des Bewußtseins ganz. Stattdessen formuliert man etwa: „Er hat sich bloß versprochen, es war nur ein Lapsus Linguae, *gedacht* aber hat er das Richtige", woraus wir einen schönen Hinweis auf die spezifische Verwendung des Begriffes „Denken" entnehmen können.

Verglichen mit den unbegrenzt vielfältigen Variationen und Störungen unseres Erlebens, Denkens und Sprechens ist der philosophische Begriff des Bewußtseins sicherlich grobschlächtig. Das bedeutet keineswegs, daß dieser Begriff unbrauchbar ist, d.h. daß mit ihm keine interessanten Theorien aufgestellt werden können. Es bedeutet aber, daß es Grenzfälle geben kann, in denen es trotz vorangegangener Definitionsbemühungen unklar bzw. kontraintuitiv ist, ob bzw. wie der Begriff des Bewußtseins anzuwenden ist. Das ist indessen kein tiefes Geheimnis und in keiner Weise ein Spezifikum gerade des Bewußtseinsbegriffes. Es ist eine weitverbreitete Eigenschaft von Begriffen, daß sie unscharfe Ränder haben.

Auch die Identitätsthese Bewußtsein = Sprache geht vom nichtdevianten Normalfall aus. Jemand sagt etwas, ohne sich hinterher zu korrigieren und ohne daß seine Zuhörer einen Anlaß entdecken können, Korrekturen am Gesagten zu verlangen. Im Normalfall meint einer auch, was er sagt. Wer „plus" sagt, substrahiert normalerweise nicht, sondern addiert. Gäbe es den Normalfall nicht, so gäbe es überhaupt keine Sprache. Jede Korrektur eines devianten Falles ist (normalerweise) ein Normalfall. Man verspricht sich, und dann korrigiert man sich, indem man das sagt, was man zuvor eigentlich hätte sagen sollen. Indem man jemanden zu einer Korrektur veranlaßt, bewirkt man, daß ihm bewußt wird, was er hätte sagen sollen. Die Korrektur selbst wird in der Regel als endgültig akzeptiert, d.h. die Sprache funktioniert wieder. Wenn wir sagen, daß jemand (ohne Absicht) etwas anderes sagt als er meint, so weisen wir damit daraufhin, daß sein Verhalten, insbesondere auch der Fortgang seiner Rede, nicht von dem geleitet wird, was er tatsächlich sagt. Im Augenblick des Fehlers redet der Mensch fehlerhaft, d.h. sein momentanes Bewußtsein fällt aus dem Zusammenhang des sonstigen Bewußtseins heraus.

Dieser Zusammenhang sollte ohnehin nicht überschätzt werden. Das Allermeiste, das wir erleben, denken, reden, geht folgenlos vorbei und ist in kürzester Zeit vergessen. (Flüchtigkeit und Momentanität des Bewußtseins werden im Buddhismus sogar stark betont. Jedenfalls zerfällt unser bewußtes Leben in lauter Episoden, die durch den nächtlichen Schlaf getrennt sind. Dazwischen mögen sich noch Träume schieben, die alsbald wieder vergessen werden.) Daß man sich später an etwas (z.B. einen Traum) nicht mehr erinnern kann, ist kein Argument dagegen, daß es früher bewußt gewesen sein kann. Wer sich nun bloß versprochen hat, wird sich vielleicht schon unmittelbar darauf nicht mehr daran erinnern; er weiß gar nicht, was er gesagt hat, er hat es vergessen, er wird es eventuell falsch rekonstruieren. Aber *gesagt* hat er es zuvor eben doch.

Exkurs über das Unbewußte

Ohne mich in Fragen der Psychoanalyse einmischen zu wollen, möchte ich doch vermuten, daß auch von dort eine deutliche Motivation für die These von der Identität von Sprache und Bewußtsein hergeleitet werden kann. Ist nicht das Unbewußte, was immer es damit ansonsten auf sich haben mag, gerade das, was ein Mensch nicht *aussprechen* kann? Ist nicht das Unbewußte der Psychoanalyse etwas Unaussprechliches, etwas „worüber man nicht sprechen kann"? Heißt eine Sache verdrängen nicht gerade, über sie nicht mehr zu *reden*, auch nicht sotto voce, sondern sie totzuschweigen (soweit man dies überhaupt schafft, versteht sich)? Und besteht der Prozeß der Therapie nicht gerade darin, den Patienten dazu zu bringen, das Unaussprechliche wieder auszusprechen. So schreibt etwa MacIntyre

daß ein wesentlicher Unterschied zwischen bewußten und unbewußten Vorstellungen darin besteht, daß erstere zwangsläufig in Worte gefaßt sind, letztere jedoch nicht. Sie sind etwas Vor-verbales, unter Umständen verbalisierbar.[15]

[15] MacIntyre (1958), S. 67 der dt. Ausgabe

Ist nicht das Verbalisieren genau das Verfahren, wodurch das Unbewußte wieder bewußt gemacht wird? Die einzige Ergänzung, die hier seitens der Identitätsthese gemacht wird, lautet: Die Ausdrücke „sich etwas bewußt machen" und „etwas aussprechen" bezeichnen dasselbe. Ansonsten hat die Psychoanalyse zur Klärung ihres Zentralbegriffes „bewußt" kaum etwas beigetragen, obwohl sie für den Begriff des Unbewußten keine üble Erklärung gibt. Freud schreibt einmal:

Was man bewußt heißen soll, brauchen wir nicht zu erörtern, es ist jedem Zweifel entzogen [...] Wir nennen unbewußt einen psychischen Vorgang, dessen Existenz wir annehmen müssen, etwa weil wir ihn aus seinen Wirkungen erschließen, von dem wir aber nichts wissen [...] Wenn wir noch korrekter sein wollen, werden wir den Satz dahin modifizieren, daß wir einen Vorgang unbewußt heißen, wenn wir annehmen müssen, er sei *derzeit* aktiviert, obwohl wir *derzeit* nichts von ihm wissen.[16]

Daß man aber von einem Vorgang nichts *weiß* und nichts wissen kann, heißt doch wohl bloß, daß man ihn nicht verbalisiert und nicht verbalisieren kann.

Spekulationen über die Genese von Sprache bzw. Bewußtsein

Wenn „zwei Dinge" identisch sind, müssen sie selbstverständlich auch dieselbe historische Entwicklung genommen haben. Die Entstehungsgeschichte der Sprache muß dieselbe sein wie die des Bewußtseins, sofern die Identitätsthese richtig ist. Daß Sprache und Bewußtsein dieselbe Entstehungsgeschichte haben, ist nach der Identitätsthese freilich keine sachhaltige wissenschaftliche Hypothese, sondern eine Selbstverständlichkeit. Was könnte man diesbezüglich eigentlich beobachten wollen? Konkret läßt sich nur beobachten, wie sich die Sprache eines Kindes ausbildet, d.h. wie es sprechen lernt. Sprache zu erlernen heißt heute immer, eine bereits existierende Sprache von einer Sprechergemeinschaft zu

---

[16] Freud (1940) S. 76/77

übernehmen. Die prähistorische Sprachentstehung dagegen ist uns unbekannt. Mit der Entwicklung des Bewußtseins steht die Sache noch schlimmer. Nicht nur, daß selbstverständlich keinerlei prähistorische Hinweise vorhanden sind, bietet auch die Entwicklung des Bewußtseins beim Kind der Beobachtung prinzipielle Schwierigkeiten. Man weiß nämlich nicht, *was* man beobachten sollte. Daß es jederzeit Millionen Kinder gibt, Beobachtungsmaterial also reichlich vorhanden wäre, nützt gar nichts, solange keine begriffliche Klarheit geschaffen ist.

In der Literatur finden sich aber keine Begriffsanalysen, sondern ein ganz anderer Typus von Überlegung. Wenn die Sprache auch heute erlernt wird, irgendwann muß sie schließlich entstanden sein, wenn sie nicht vom Himmel gefallen sein soll. Und irgendwie scheint dasselbe auch vom Bewußtsein zu gelten. Man spricht etwa vom „Erwachen der Menschheit", von der „Morgendämmerung des Geistes", und versucht sich vorzustellen, was dabei vor sich gegangen sein mag. Mangels prähistorischer Kenntnisse bleibt man dabei freilich immer auf Spekulationen angewiesen.

Ich lade den Leser ein, zwei berühmten deutschen Denkern bei ihren prähistorischen Spekulationen zu folgen. Zunächst möchte ich einige Sätze von Karl Marx zitieren; es sind allerdings Sätze, die er nur nebenher formuliert hat, keineswegs bilden sie das Resultat einer ausgedehnten theoretischen Beschäftigung mit dem Problem des Zusammenhangs von Sprache und Bewußtsein:

Der „Geist" hat von vornherein den Fluch an sich, mit der Materie „behaftet" zu sein, die hier in der Form von bewegten Luftschichten, Tönen, kurz der Sprache auftritt. Die Sprache ist so alt wie das Bewußtsein – die Sprache *ist* das praktische, auch für andre Menschen existierende, also auch für mich selbst erst existierende wirkliche Bewußtsein, und die Sprache entsteht, wie das Bewußtsein, erst aus dem Bedürfnis, der Notdurft des Verkehrs mit anderen Menschen. [...] Das Bewußtsein ist also von vornherein schon ein gesellschaftliches Produkt und bleibt es, solange überhaupt Menschen existieren.[17]

---

[17] Marx/Engels, Deutsche Ideologie, S. 19–20

Hören wir gleich noch, was Marxens Zeitgenosse Friedrich Nietzsche zum selben Thema zu sagen hat. In einem langen Aphorismus finden sich folgende Passagen:

> Wir könnten denken, fühlen, wollen, uns erinnern, wir könnten ebenfalls „handeln" in jedem Sinne des Wortes: und trotzdem brauchte das alles nicht uns „ins Bewußtsein zu treten" (wie man im Bilde sagt). Das ganze Leben wäre möglich, ohne daß es sich gleichsam im Spiegel sähe: wie ja tatsächlich auch jetzt noch bei uns der bei weitem überwiegende Teil dieses Lebens sich ohne diese Spiegelung abspielt – und zwar auch unseres denkenden, fühlenden, wollenden Lebens, so beleidigend dies einem älteren Philosophen klingen mag. [...] Nun scheint mir [...] die Feinheit und Stärke des Bewußtseins immer im Verhältnis zur *Mitteilungs-Fähigkeit* eines Menschen (oder Tiers) zu stehn, die Mitteilungs-Fähigkeit wiederum im Verhältnis zur *Mitteilungs-Bedürftigkeit*. [...]
>
> Gesetzt, diese Beobachtung ist richtig, so darf ich zu der Vermutung weitergehn, daß *Bewußtsein überhaupt sich nur unter dem Drucke des Mitteilungs-Bedürfnisses entwickelt hat* – daß es von vornherein nur zwischen Mensch und Mensch (zwischen Befehlenden und Gehorchenden insonderheit) nötig war, nützlich war, und auch nur im Verhältnis zum Grade dieser Nützlichkeit sich entwickelt hat. Bewußtsein ist eigentlich nur ein Verbindungsnetz zwischen Mensch und Mensch – nur als solches hat es sich entwickeln müssen: der einsiedlerische und raubtierhafte Mensch hätte seiner nicht bedurft. [...]
>
> Der Mensch, wie jedes lebende Geschöpf, denkt immerfort, aber weiß es nicht; das *bewußt* werdende Denken ist nur der kleinste Teil davon, sagen wir: der oberflächlichste, der schlechteste Teil – denn allein dieses bewußte Denken *geschieht in Worten, das heißt in Mitteilungszeichen*, womit sich die Herkunft des Bewußtseins selber aufdeckt. Kurz gesagt, die Entwicklung der Sprache und die Entwicklung des Bewußtseins (*nicht* der Vernunft, sondern allein des Sich-bewußt-werdens der Vernunft) gehen Hand in Hand. [...] Das Bewußtwerden unserer Sinneseindrücke bei uns selbst, die Kraft, sie fixieren zu können und gleichsam außer uns zu stellen, hat in dem Maße zugenommen, als die Nötigung wuchs, sie *andern* durch Zeichen zu übermitteln. Der zeichenerfindende Mensch ist zugleich der immer schärfer seiner selbst bewußte Mensch; erst als soziales Tier lernte der Mensch seiner selbst bewußt werden.[18]

Wer solche Sentenzen von sich gibt, ist sich über den logischen Status seiner Behauptungen in der Regel nicht im Klaren. Es sieht

---

[18] Nietzsche (1882), Nr. 354. Der Aphorismus ist ziemlich lange, so daß ich mich auf eine auszugsweise Wiedergabe beschränke.

so aus, als hätte er eine profunde Beobachtung angestellt, um schließlich zu der überraschenden Einsicht zu gelangen, Bewußtsein und Sprache gingen „Hand in Hand", stünden in einer „engen Beziehung" zueinander etc. Aber hier handelt es sich um einen Irrtum! Es gibt nichts zu beobachten, solange keine begriffliche Klarheit herrscht.

Beide Autoren nähern sich der Identitätsthese, ziehen es aber vor, ihre Position durch unscharfe Wörter zu verschleiern, nicht aus bösem Willen, sondern weil ihre Position als solche undeutlich ist. Das Verschleierungsphänomen ist an dieser Stelle auch sonst in der Literatur anzutreffen, weshalb ich es deutlich hervorheben will.

„So alt wie das Bewußtsein" ist die Sprache, sagt Marx, und läßt damit die Frage nach dem Verhältnis von Sprache und Bewußtsein im Unbestimmten. Die Sprache „ist das praktische, auch für andere Menschen existierende wirkliche Bewußtsein", fährt er fort, und läßt den Leser mit der Frage zurück, ob es denn auch ein unpraktisches oder unwirkliches Bewußtsein gebe. Insoweit formuliert Marx bloß die altbekannte These vom engen Zusammenhang zwischen Sprache und Bewußtsein.

Nietzsche ist etwas ausführlicher. Er deutet zuerst an, auf welches Stück kanonischer Phraseologie er sich zu beziehen gedenkt, indem er nämlich zwischen Vernunft und dem Sich-bewußt-Werden-der-Vernunft unterscheidet. Es ist die Reflexionsterminologie, auf die er hier anspielt; wir werden uns damit später noch zu befassen haben. Dieses als „Wissen, daß ..." umschriebene Bewußtsein entwickelt sich für Nietzsche in unbestimmter Weise „Hand in Hand" mit der Sprache. Das ist eine bildhafte Wendung, die alle möglichen Interpretationen zuläßt.

Aber abgesehen von dem notorischen Ende im Unbestimmten muß man sich grundsätzlich fragen, welchen argumentativen Wert Spekulationen wie die von Marx und Nietzsche besitzen könnten. Ihre prähistorischen Ursprungshypothesen können kaum empirisch motiviert sein, dazu liegen die Ursprünge der Menschheit zu weit entfernt von uns. Wenn solche Hypothesen dennoch plausibel oder geradezu überzeugend wirken, wenn man sich nicht recht vorstellen kann, wie es anders hätte zugehen sollen, so muß das letztlich aus der Bedeutung der relevanten Begriffe folgen und nicht aus hypothetischen Analogien. Weder Marx noch Nietzsche hatten natürlich die Absicht, Tautologien zu äußern, beide wollten vielmehr eine sachhaltig These aufstellen. Sie konnten aber in Wirklichkeit keine empirischen Argumente ins Feld führen, war ihnen doch gar nicht klar, wie solche Argumente beschaffen sein könnten. Die ganze prähistorische Fiktion beruht darauf, daß zwischen Sprache und Bewußtsein letzten Endes nicht unterschieden werden kann, weil beide Begriffe dasselbe bedeuten. Es will mir scheinen, daß dies der wirkliche Grund für die Thesen von Marx und Nietzsche war, wenn ihnen dieser Grund auch nicht bewußt war.

Über die Unräumlichkeit des Geistigen

Im Zusammenhang mit der Nicht-Räumlichkeit als Merkmal des Psychischen wird meist nicht das Wort „Bewußtsein" gebraucht, sondern eher das Wort „Denken". Ich werde daher in diesem Kapitel häufig vom „Denken" sprechen, beziehe mich aber damit stets auf das *bewußte* Denken. Man könnte die hier zu erörternde These auch so formulieren: *Bewußte Vorgänge sind nicht räumlich lokalisierbar und nicht ausgedehnt,* aber es ist eher üblich zu sagen: *Denken, wie alle geistigen Vorgänge, ist nicht räumlich lokalisierbar und nicht ausgedehnt.* Deshalb halte ich mich an diese Ausdrucksweise. So ist in einem älteren Lehrbuch zu lesen:

Geist wird gewöhnlich der Materie entgegengesetzt, genauer eigentlich der sogenannten Außenwelt. Dieses Gegensatzpaar definiert einander. Wenn man eine Seite kennt, kennt man beide. Die äußere oder, philosophischer gesprochen, die objektive Welt zeichnet sich durch die Eigenschaft der Ausdehnung aus, die sowohl zur undurchdringlichen Materie gehört als auch zum leeren Raum. Die innere oder subjektive Welt ist unsere Erfahrung von allem, das nicht ausgedehnt ist. Sie ist weder Materie noch Raum. Ein Baum, der ausgedehnt ist, ist Teil der objektiven Welt; ein Vergnügen, ein Wunsch, ein Gedanke sind Tatsachen der subjektiven Welt oder des Geistes.[1]

Nach Descartes' Fundamentaldogma besitzt nur die Materie Ausdehnung, nicht aber der Geist bzw. das Denken. Materielle Dinge lassen sich räumlich lokalisieren, geistige Vorgänge nicht. Die Ansicht, daß das Geistige überhaupt nichts mit dem Räumlichen zu tun haben könne, findet sich aber auch bei Denkern, die sich nicht zum Cartesischen Dualismus bekennen. Was bedeutet nun diese kanonische These von der Unräumlichkeit des Geistigen und wie fügt sie sich zu der These von der Identität von Bewußtsein und Sprache?

Man kann die Unräumlichkeits-These wie folgt umschreiben: Während sich für jedes gewöhnliche Ding und auch für jeden ge-

[1] Bain S. 1

wöhnlichen Vorgang mehr oder weniger genaue Ortsangaben machen lassen, die festlegen, wo das Ding bzw. der Vorgang zu finden sei, ist derlei für bewußte Vorgänge nicht möglich. Man kann einen Hund lokalisieren, nicht aber den Gedanken an den Hund. Man kann Objekte im Raum wahrnehmen, die Wahrnehmung selbst aber nimmt keinen Raum ein. Wo aber, so kann man fragen, sollte die Wahrnehmung sonst noch lokalisiert sein, wenn nicht im Wahrgenommenen? Da das Wahrgenommene dafür nicht in Frage kommt, ist die Wahrnehmung überhaupt nicht lokalisierbar, sie ist nichts Räumliches, es gibt keinen Ort, an dem sie existiert. Deshalb lassen sich z.B. auch räumliche Relationen nicht auf Gedanken anwenden. Der Hund mag links neben einer Katze liegen, aber es ist unsinnig zu fragen, ob dann auch der Gedanke an den Hund links neben dem Gedanken an die Katze liegt. Oder welchen Sinn sollte die Frage haben, *wo* meine Erinnerung an die Kindheit abläuft, oder *wo* meine Gedanken an die Relativitätstheorie stattfinden?

Die Philosophen haben daraus die Behauptung von der Unräumlichkeit des Geistigen und speziell des Bewußten gemacht. Das Motiv dafür ist klar: wenn das Geistige nicht von dieser, physikalischen, Welt ist, und wenn das bewußte Geschehen grundsätzlich nicht mit den gewöhnlichen Mitteln der Wissenschaft zu erkennen ist, dann liegt es nahe, ihm möglichst viele Eigenschaften oder Kategorien abzusprechen, unter welche die gewöhnlichen Gegenstände dieser Welt fallen. Nicht bloß die räumliche Ausdehnung könnte dem Geistigen aberkannt werden, sondern z.B. auch die Kategorie der Quantität (denn wie sollte Geistiges gezählt oder gemessen werden?) und vielleicht noch manches andere. Wenn es nicht jeder Erfahrung widerspräche, dann hätten Metaphysiker dem Geistigen sicherlich auch die zeitliche Erstreckung bestritten, aber leider bleiben die Uhren nicht stehen, wenn ein Mensch zu denken beginnt.

Es ist nicht zu übersehen, daß die konsequente Durchführung der These von der Unräumlichkeit zu bizarren Interpretationen führen kann. Sicherlich gehören Schmerzen zum Bereich des Geistigen; und ebenso sicher sind Schmerzen lokalisierbar: es sind

Zahnschmerzen, Kopfschmerzen, Schmerzen in der großen Zehe usf. Wer wegen seiner Schmerzen den Arzt aufsucht, muß ihm als erstes die Frage nach dem Ort der Schmerzen beantworten, d.h. sagen, *wo es weh tut*. Aber eine solche Lokalisierung fügt sich nicht in die Lehrmeinung von der Unräumlichkeit des Geistigen ein.

Descartes benützt das Phänomen des Phantomschmerzes als Argument. Wer Schmerzen hat, lokalisiert sie in naiver Weise z.B. in seinem Bein. Aber bekanntlich kann man dieselben Schmerzen auch noch lange Zeit nach einer Amputation des Beines verspüren. Dies zeige, daß unsere naive Lokalisierung ein „Vorurteil aus der Kindheit"[2] sei. Eigentlich müßte man sagen, daß die Schmerzwahrnehmung überhaupt nichts Räumliches ist, sondern „im Geist" stattfindet. Für den Umgang mit dem Arzt, der indessen trotz aller Philosophie nach dem Ort des Schmerzes fragen muß, empfiehlt sich als theoretisch korrekte Antwort nur, daß der Schmerz auf das Bein *hinweise*, daß das Bein vermutlich die Veranlassung für den Schmerz sei. Immerhin kann man sich ja auch irren, das Bein kann amputiert sein, oder es mag auch völlig gesund sein und der Anlaß des Schmerzes ist im Bereich der Wirbelsäule zu suchen.

Mit der These, der Schmerz habe keinen Ort, hat aber nicht bloß der Cartesische Dualismus Schwierigkeiten. Auch der Materialist hat hier Probleme. Der Materialist will das geistige Geschehen irgendwie als räumlichen Prozeß auffassen. Dazu muß er aber erklären, warum das bewußte Geschehen einerseits als ein gewöhnlicher Vorgang in Zeit *und Raum* verstanden werden soll, während es doch andererseits nicht recht sinnvoll erscheint, darin einen räumlichen Vorgang zu sehen. Wie ist zu begreifen, daß eine von der (materialistischen) Theorie postulierte, erschlossene oder gar empirisch bewiesene Lokalisierung des bewußten Geschehens (übrigens auch des nicht-bewußten inneren Geschehens) vom Subjekt selbst in keiner Weise erfahren, verspürt oder erahnt werden kann? Es scheint doch geradezu absurd, wenn ein fremder

---

[2] PP 1.67 und 2.2

Theoretiker meine bewußten Gedanken lokalisieren zu können meint, obwohl ich selbst von irgendeiner Räumlichkeit des Denkens nichts bemerke und nichts darüber mitzuteilen vermag.

Ich werde nun zunächst klarzumachen versuchen, inwieweit es sinnvoll ist, von einer Lokalisierbarkeit, und inwieweit es sinnvoll ist, von einer Unräumlichkeit des Denkens zu sprechen. Erst nach Klärung dieser Fragen können wir überlegen, ob die Begriffe Räumlichkeit bzw. Unräumlichkeit in gleicher Weise wie auf bewußte Vorgänge auch auf das Sprechen anwendbar sind. Daß dem tatsächlich so sei, ist eine notwendige Konsequenz aus der Identität von Bewußtsein und Sprache.

Von der Lokalisierbarkeit des bewußten Geschehens

Christian Thomasius, der auch einer der Väter der deutschsprachigen philosophischen Terminologie ist, schreibt:

Wenn ich gedenke, so rede ich allezeit innerlich mit mir selbst […] und wenn ich darauf schwören sollte, so ist eine innerliche Empfindlichkeit bei mir, daß auch diese meine innerliche Rede nirgends anders als in meinem Gehirne vorgehe. Diese innerliche Rede halte ich mit mir selbsten. Ich, der ich hier vor dir stehe mit Haut und Haaren, Fleisch und Beine und allem, was an mir ist.

Diese innerliche Rede aber empfinde ich, daß sie in meinem Gehirne vorgehe, nicht in dem Herzen noch in einem andern Teil des menschlichen Leibes. Denn ich fühle gar eigen, daß ich in dem obern Teil des Hauptes, wo das Gehirn liegt, gedenke, wiewohl diese Empfindlichkeit viel subtiler ist als die der andern, die unmittelbar von Bewegung der äußerlichen Körper herrühren, und besteht diese Empfindlichkeit in nichts anders, als daß ich bedenke, daß ich gedenke oder, nach dem Stil der Cartesianer, in *conscientia*…[3]

Obwohl diese Sätze sich schön in die Identitätsthese von Sprache und Bewußtsein einfügen, ist hier Vorsicht geboten. Sagt jemand, seine Gedanken seien in seinem Kopf, so gibt er keine Wahrnehmung wieder, sondern eine Theorie; die Theorie kann

---

[3] Thomasius (1691) 3. Haupst. Nr. 22, 25, 29 (= S. 102–105)

natürlich trotzdem richtig sein. Wenn überhaupt eine Lokalisierung von Gedanken, von bewußten Vorgängen vorgenommen werden kann oder soll, dann bestimmt nicht aufgrund direkter Wahrnehmung, sondern nur im Rahmen einer wissenschaftlichen Theorie, mithin unter Überschreitung der persönlichen Erfahrung und der persönlichen Erlebnisse.

Ortszuschreibungen (Lokalisierungen) beruhen letzten Endes auf Sinneseindrücken, d.h. auf Erlebnissen. Es kommt einem aber überhaupt nicht in den Sinn, diese Erlebnisse auch ihrerseits zu lokalisieren, denn „man sieht nur die Dinge, und zwar dort, wo sie sind" – mehr enthält das eigene Erlebnis nicht. Es gibt keine überzeugende Erfahrungsbasis im eigenen Erleben, die uns dazu bringen könnte, unser Denken, unser bewußtes Erleben, zu lokalisieren. Und so scheint es, daß die Basis aller unserer Erkenntnisse über den Raum bzw. die räumlichen Beziehungen der Dinge, nämlich unser eigenes Erleben, selber nicht zu den räumlichen Gebilden gehört.

Vorsichtiger sollte man freilich nur sagen, daß wir jedenfalls in der Alltagswelt unserer Erlebnisse und Gedanken keinen Anlaß finden, unsere Erlebnisse und Gedanken zu lokalisieren. Man sagt allerdings „Als ich auf der Brücke stand, waren meine Gedanken bei dir in Paris". Aber nichts bringt uns dabei auf die Idee, die Gedanken selbst hätten auf der Brücke gestanden oder seien in Paris gewesen. Der Mensch, der solches dachte, stand auf der Brücke, – aber seine Gedanken?

Nicht jede wissenschaftliche Theorie hat freilich das unmittelbare persönliche Erleben oder die berühmte Intuition oder Evidenz auf ihrer Seite. Daß die Erde sich dreht und unter unseren Füssen sich Antipoden tummeln, ist unmittelbar überhaupt nicht evident. Ebensowenig leuchtet es ein, daß winzige Mengen irgendwelcher Drogen einen normalen Menschen verrückt machen können. Aber das Gesamtsystem der wissenschaftlichen Erkenntnis weist nach, daß diese gar nicht einleuchtenden Sätze nichtsdestoweniger wahr sind.

Was veranlaßt uns also, das bewußte Geschehen (bzw. das Sprechen) nicht bloß als zeitlichen Vorgang aufzufassen, sondern auch als räumlichen, und diesen Vorgang sogar im speziellen Sinn der Neurologie zu lokalisieren? Es ist ein sehr allgemeines methodologisches Prinzip, dem wir auch sonst im Leben stets mit Erfolg folgen.

Ein Neurologe mag z.B. feststellen, wo im Gehirn die Wirkung eines Schmerzmittels wie Aspirin ansetzt und wie dieses Mittel im einzelnen wirkt. Oder er mag feststellen, wo im Gehirn eine Verletzung lokalisiert ist, welche eine bestimmte Störung z.B. des bewußten Geschehens zur Folge hat. Wir pflegen nun ganz allgemein zu sagen, daß ein Vorgang an einer Stelle x lokalisiert ist oder die Stelle x zumindest durchläuft, wenn dieser Vorgang durch Maßnahmen an der Stelle x zu beeinflussen ist. Wenn das Durchtrennen eines Kabels mein Telefon lahmlegt, dann schließe ich, daß die Prozesse, die zu meinem Telefon hinführen, durch dieses Kabel verlaufen, d.h. ich lokalisiere diese Prozesse im Kabel. Wenn nun das Durchtrennen oder Beeinflussen von Stellen im Gehirn bestimmte Effekte des bewußten Geschehens zur Folge hat, dann liegt derselbe Schluß nahe. Es gibt also durchaus Gründe für den Versuch, bewußte Vorgänge zu lokalisieren, sowohl theoretische als auch praktisch-medizinische.

Daraus folgt, daß an den Lokalisierungsversuchen der Neurologie im Prinzip gar nichts auszusetzen ist, daß das neurologisch-kybernetische (oder genereller: das empirische) Verfahren auch der einzig mögliche Weg zu einer Lokalisierung des bewußten Geschehens ist, und daß diesem Verfahren gar nichts fehlt, obwohl es die unmittelbare Erfahrung gegen sich hat. Ein Mensch mag an einer genau umschreibbaren Stelle seines Körpers entsetzliche Schmerzen empfinden; ein Neurochirurg wird diese Schmerzen eventuell durch einen Eingriff im Gehirn abschalten oder mildern können. Der Neurochirurg hat damit den Schmerz wirksam lokalisiert, und zwar an einer anderen Stelle als der Patient. Wenn man dem Patienten mitteilt, an welcher Stelle der Neurochirurg den Schmerz lokalisiert hat, so ist das für den Patienten ein fremdes, nicht unmittelbar nachvollziehbares Wissen, und doch ist dieses Wissen begründet.

Nun ist bei Ludwig Wittgenstein folgendes zu lesen:

Der Sessel denkt bei sich selber: ... Wo? in einem seiner Teile? Oder außerhalb seines Körpers; in der Luft um ihn? Oder gar nicht *irgendwo*? Aber was ist dann der Unterschied zwischen dem inneren Sprechen dieses Sessels und eines anderen, der daneben steht?
— Aber wie ist es dann mit dem Menschen: Wo spricht *er* zu sich selber? Wie kommt es, daß diese Frage sinnlos scheint; und keine Ortsbestimmung nötig ist, außer der, daß eben dieser Mensch zu sich selbst spricht? Während die Frage, *wo* der Sessel mit sich selbst spreche, eine Antwort zu verlangen scheint. — Der Grund ist: Wir wollen wissen, wie der Sessel hier einem Menschen gleichen soll; ob der Kopf z.B. am oberen Ende der Lehne ist, usw.[4]

Obwohl Wittgenstein keineswegs auf die Lokalisierbarkeit des bewußten Geschehens hinauswollte, weisen seine Überlegungen genau in diese Richtung. Könnte der Sessel denken (für Wittgenstein ist hier Denken = stilles Reden!), so würde es die Wissenschaft gewiß interessieren, *wo* er denkt. Warum sollte derlei aber beim Sessel interessant sein und beim Menschen nicht? Und warum fragt Wittgenstein gerade nach dem, was beim denkenden Sessel dem *Kopf* des Menschen entspricht? Nimmt nicht auch Wittgenstein eine Lokalisierung des Denkens vor, nämlich im Kopf?

Nach dem gegenwärtigen Erkenntnisstand ist es allerdings fraglich, ob die ursprüngliche Idee der sozusagen statischen Lokalisierung einzelner Leistungen in einzelnen Gehirnarealen aufrechtzuerhalten ist. Das Gehirn arbeitet wohl ganz anders als ein Computer, raffinierter und z.B. in vieler Weise auch weniger störanfällig. Deshalb ist auch eine Lokalisierung der Vorgänge im Gehirn sehr viel komplizierter und komplexer. Irgendein philosophisch relevantes Argument bezüglich der Unräumlichkeit des Geistigen läßt sich daraus aber nicht gewinnen. Wenn ein Vorgang sich nicht derart einfach lokalisieren läßt wie der Zusammenstoß zweier Automobile, so folgt daraus noch keineswegs, daß dieser Vorgang unräumlich sei. So ist es sicher schwierig, das Wirken der Hormone im Körper genau zu lokalisieren; aber niemand würde deshalb auf den Gedanken verfallen, diesem Geschehen die Räumlichkeit zu bestreiten.

---

[4] PhU 361

Die subjektive Unräumlichkeit des Denkens

Warum kann niemand sein eigenes bewußtes Denken lokalisieren, so wie er die äußeren Dinge oder Schmerzen am eigenen Leib lokalisieren kann? Zunächst einfach deshalb, weil der Mensch dafür keine Sinnesorgane und keine nervöse Ausstattung besitzt. Daß ich mein Gehirn oder das Grauwerden meiner Haare nicht spüre, hat dieselbe Ursache: es gibt dafür kein Sinnesorgan.

Wie müßte ein Sinnesorgan beschaffen sein, welches mich mein Gehirn und die darin ablaufenden Vorgänge empfinden und lokalisieren ließe? Nun, es müßte neuartige Sinneszellen besitzen, die den Zustand der („gewöhnlichen") Nervenstränge registrieren, und es müßte eine zusätzliche Verarbeitung der Signale dieser neuartigen Sinneszellen in einem zusätzlichen Gehirnteil geben. Ein solches (fingiertes) zusätzliches System könnte man ein Metagehirn nennen. Das Metagehirn könnte dem Menschen eine direkte Kenntnis von den Prozessen in seinem gewöhnlichen Gehirn vermitteln und diese Prozesse auch lokalisieren.

Der Mensch besitzt in Wirklichkeit nicht die geringste Spur eines Metagehirns, und dasselbe dürfte überhaupt für alle Lebewesen gelten. Das Fehlen eines Metagehirns ist in der Regel ohne Belang. Der Mensch muß mit der ihn umgebenden äußeren Welt zurechtkommen, und sein Gehirn arbeitet dabei meistens zuverlässig und bedarf keiner speziellen Kontrolle. Es repräsentiert äußere Dinge, und nicht Gehirnprozesse. Würde ein Mensch mittels eines Metagehirns seine (gewöhnlichen) Gehirnprozesse erleben, was würde er da wohl erleben? Nun, eben Gehirnprozesse, und nicht deren Inhalte. Er würde dabei aber nicht Metagehirnprozesse über (gewöhnliche) Gehirnprozesse erleben.

Störungen der Gehirntätigkeit allerdings werden wegen des Fehlens eines Metagehirns nicht als solche empfunden und oft fälschlich in die Außenwelt projiziert. Eine Gehirnerkrankung mag zum Sehen von Lichtblitzen oder zum Hören von Geräuschen führen, obwohl objektiv keine äußeren Reize vorliegen, sie bewirkt dagegen keine Empfindung einer im Gehirn lokalisierten Erkrankung.

Aber auch wenn es ein Metagehirn geben sollte, würde es weiterhin Vorgänge geben, die subjektiv nicht lokalisierbar sind, obwohl sie an sich durchaus einen Ort besitzen. Während nämlich das gewöhnliche Gehirn die äußeren Objekte lokalisiert und das Metagehirn die Vorgänge im gewöhnlichen Gehirn lokalisiert (und somit die Lokalisierung der Lokalisierung liefert), gibt es für die Vorgänge im Metagehirn selbst keine subjektive Lokalisierungsmöglichkeit mehr – es sei denn mittels eines weiteren, d.h. eines Meta-Metagehirns, usf. in infinitum.

Angenommen ich könnte unter Verwendung eines passenden Apparates in mein eigenes Gehirn blicken und feststellen, daß an der Stelle x meine Rot-Empfindung lokalisiert ist. (Ich würde mich dabei wie einen Fremden betrachten). Sage ich nun, „Meine Rotempfindung sitzt an der Stelle x", so hat dieser Satz seinerseits eine Lokalisierung, die mir nicht bekannt ist, und wirkt dadurch unräumlich. Das heißt allerdings nur, daß *ich* nicht direkt empfinde, wo er zu lokalisieren ist. Ich könnte diesen Satz nur wieder mittels eines Apparates lokalisieren – usf. in infinitum.

Zur Verdeutlichung dieses eigentlich rein logischen Umstandes mag man an eine große Bibliothek mit ihren Büchern und Katalogen denken. In den Büchern werden die Objekte der Welt dargestellt (repräsentiert); die Bücher selbst stehen auf bestimmten Plätzen, sind also lokalisierbar. Die Lokalisierung der Bücher erfolgt aber durch ein „Metabuch", den Katalog. Der Katalog seinerseits steht ebenfalls an einem ganz bestimmten Ort, die Lokalisierung des Kataloges aber müßte durch einen Hinweis auf der Meta-Metaebene erfolgen, etwa durch Hinweispfeile mit der Aufschrift „Katalog", die den Weg zum Katalog weisen. Diese Hinweispfeile selbst sind zwar auch wieder an ganz bestimmten Orten angebracht, aber es gibt (so ist zu vermuten) keine Hinweise auf sie, sie werden nicht lokalisiert, es gibt keine Angaben über ihre Orte, obwohl sie natürlich nicht unräumlich sind.

Lokalisierbarkeit und Unräumlichkeit der Sprache

Man wird das gewöhnliche, öffentliche Sprechen schwerlich als unräumlichen Vorgang bezeichnen können. Die Frage, *wo* jemand redet, ist eine völlig normale. Es spricht aber alles dafür, daß auch das stille, innere Sprechen mit allen ihm zugrundeliegenden Prozessen lokalisierbar ist, und zwar im Sprecher, in seinem Gehirn, Kehlkopf etc. Ein Teil dieser Prozesse wird auch subjektiv deutlich lokalisiert (eben in den Sprechorganen), ein Teil wird subjektiv vielleicht vage im Kopf lokalisiert (wie es z.B. Thomasius beschrieb), ein anderer Teil der am Sprechen beteiligten Prozesse aber wird subjektiv überhaupt nicht als lokalisierbar empfunden, obwohl er von der Wissenschaft lokalisiert wird. Das ist nach den bisherigen Überlegungen nicht weiter verwunderlich.

Es ist aber klar, daß die Frage nach der Lokalisierbarkeit der Sprache im Alltag nur selten auftritt, nämlich bei Störungen der Kommunikation (wenn z.B. der Ort der Sprache vom Ort des Hörers zu weit entfernt ist), oder bei Erkrankungen, d.h. in Fällen, für welche die Medizin zuständig ist, z.B. bei Störungen der Wortfindung.

Die Frage, *wo* etwas gesagt wird, ist außergewöhnlich; die gewöhnliche Frage lautet: *was, welcher Inhalt*, wurde gesagt? Der *Inhalt* der Rede aber ist nicht sinnvoll zu lokalisieren – wie sollte das auch gehen? Das Sprechen ist lokalisierbar, der Inhalt des Gesprochenen nicht. Nach der Identitätsthese bedeutet dies dasselbe wie, daß das Bewußtsein (das bewußte Denken) lokalisierbar ist, nicht aber sein Inhalt[5]. Dies muß noch näher erläutert werden.

Sicherlich wird jede Theorie des Geistigen die hier geschilderte Unterscheidung zwischen räumlich lokalisierbaren Vorgängen (Denkprozessen bzw. Sprechen) einerseits, der nicht sinnvoll lokalisierbaren Bedeutung dieser Vorgänge andererseits in irgendeiner Form benötigen, sie aber je nachdem anders interpretieren. Es ist unbestreitbar, daß im Gehirn irgendeine physikalische Re-

---

[5] vgl. Danto (1972/73)

präsentation der Welt stattfindet – eine Repräsentation, die stark von der biologischen Ausstattung des betreffenden Lebewesens abhängt, aber jedenfalls eine Repräsentation im Medium des Gehirns, die somit auch mit räumlichen Kategorien zu beschreiben ist.

Die Ausdrucksweise von der Repräsentation ist aber eine Abstraktion. Daß ein materieller Zustand die Welt repräsentiert, ist keine inhärente Eigenschaft dieses Zustandes, sondern beruht darauf, daß er von jemandem als Repräsentation begriffen und benützt wird. Dies jedenfalls legt der gewöhnliche Gebrauch von „Repräsentation" nahe. Wer oder was soll aber die im Gehirn lokalisierten Repräsentationen entschlüsseln, ihren Inhalt verstehen, sie begreifen? An dieser Stelle trennen sich naturgemäß die verschiedenen Körper-Geist-Theorien.

Für die Gegner des Materialismus, speziell für den Cartesischen oder Leibniz'schen Dualismus, markiert der Unterschied von räumlich lokalisierbaren materiellen Zeichen und deren nicht räumlicher Bedeutung gerade das Scheitern materialistischer Erklärungen für das bewußte Geschehen. Lokalisierbar nämlich, so wird auch der Physikalist zugeben müssen, sind nur Nervenprozesse, Muskelkontraktionen der Sprechmuskulatur etc. Es ist aber kaum das physikalische Phänomen der Erzeugung von Schallwellen gemeint, wenn wir von Sprache reden. „Sprache bedient sich der physikalischen (räumlichen) Vorgänge, um damit (nicht-räumliche) Inhalte auszudrücken", sagt man. Wenn, wie die Identitätsthese behauptet, bewußtes Denken und Sprechen identisch sind, dann muß man auch sagen: *Gedanken* sind lokalisierbar, nicht aber sind es die *Inhalte* der Gedanken.

Für den Cartesianer ist es der Geist, jenes unbekannte, unräumliche Etwas, das im Wege der Wechselwirkung das Gehirngeschehen benützen und interpretieren kann. Anders als auf diese Art läßt sich nach dieser Schule der Übergang von der (räumlichen) materiellen (neurologischen) Repräsentation zu den (unräumlichen) Bedeutungen, den Sinngehalten, nicht begreifen. Die Identität von Sprache und Bewußtsein ist damit primär eine Identität innerhalb des unräumlichen, geistigen Bereiches. Der (unräumliche) Inhalt des Bewußtseins ist identisch mit dem (unräumlichen) Inhalt dessen, was man sagt.

Etwas anders sähe eine parallelistische Deutung der Identität von Sprache und Bewußtsein aus. Sollte es tatsächlich veraloquente Maschinen geben, die sprechen, lesen und schreiben können, so hätten sie einerseits ein „echtes" (unräumliches) Bewußtsein, und andererseits eine körperliche „Parallele" dazu. Aus der Identität von Sprache und Bewußtsein würden damit zwei parallele Identitäten, nämlich die von (unräumlicher) echter Sprache bzw. echtem Bewußtsein einerseits, und andererseits die Identität der räumlichen Parallelen zur echten (unkörperlichen) Sprache bzw. zum echten (unkörperlichen) Bewußtsein.

Man erhält also das Resultat, daß Aussagen über Räumlichkeit bzw. Unräumlichkeit (soweit sie überhaupt verständlich sind) in gleicher Weise für Bewußtsein wie für das äußere oder innere Sprechen anwendbar sind. Insoweit es angebracht ist, räumliche Ausdrücke zu benützen, gilt dies für beide Bereiche (die ja nach der Identitätsthese identisch sind); insofern es sinnvoll ist, Phänomene trotz fehlender subjektiver Empfindung zu lokalisieren, läßt sich dies ebenfalls in beiden Bereichen auf dieselbe Art vornehmen. Insofern es aber keinen Sinn macht, räumliche Angaben zu verlangen oder zu suchen, gilt dies wiederum sowohl für das Sprechen als auch für das Bewußtsein. Der Inhalt des Sprechens bzw. des Bewußtseins ist nicht sinnvoll lokalisierbar.

Von der Intentionalität

Intentionalität als Charakteristikum des Psychischen

Ich beginne mit einem neuen Stück der kanonischen Phraseologie. Es gibt, so kann man oft hören, kein leeres Bewußtsein, sondern immer nur *Bewußtsein-von-etwas*. *Bewußtsein hat stets einen Inhalt, es ist auf einen Gegenstand gerichtet, es bezieht sich auf etwas. Man ist nicht einfach bewußt, sondern man ist sich einer Sache bewußt.* Dieser Umstand wird im Englischen neuerdings durch das Kunstwort „aboutness" bezeichnet, ansonsten aber hat sich dafür das leicht irreführende Wort „Intentionalität" eingebürgert[1]. Über die (so verstandene) Intentionalität aller bewußten Vorgänge herrscht in der großen Gemeinschaft der Philosophen (und Psychologen) weitgehend Einigkeit.

Der historische Ausgangspunkt der gesamten Diskussion über Intentionalität findet sich in dem Buch „Psychologie vom empirischen Standpunkt" von Franz Brentano. Dieses Buch enthält ein Kapitel mit der provozierenden Überschrift „Von dem Unterschiede der psychischen und physischen Phänomene". Die Angabe eines Merkmales oder Kriteriums, mit dessen Hilfe man sicher zwischen körperlichen und geistigen Vorgängen unterscheiden könnte, wäre in vieler Hinsicht interessant; man braucht nur an die Frage nach dem Bewußtsein von Tieren oder Maschinen zu denken. Angenommen eine Eigenschaft S sei charakteristisch für das Psychische, d.h. Psychisches sei dann und nur dann vorhanden, wenn auch S vorhanden ist. Wenn nun irgendeine Theorie das Psychische durch andere Phänomene zu erklären behauptet (wie es insbesondere der Materialismus tut), dann muß diese Theorie insbesondere das Zustandekommen von S erklären kön-

---

[1] „Intention" bedeutet im normalen Sprachgebrauch soviel wie „Absicht", während „Intentionalität" als Terminus der Philosophie „Bezogenheit auf einen Inhalt" oder „von etwas handelnd" bedeuten soll.

nen. Als diese unterscheidende Eigenschaft S hat Brentano gerade die Intentionalität hingestellt. Man liest bei ihm folgendes:

> Jedes psychische Phänomen ist durch das charakterisiert, was die Scholastiker des Mittelalters die intentionale (auch wohl mentale) Inexistenz eines Gegenstandes genannt haben, und was wir, obwohl mit nicht ganz unzweideutigen Ausdrücken, die Beziehung auf einen Inhalt, die Richtung auf ein Objekt (worunter hier nicht eine Realität zu verstehen ist), oder die immanente Gegenständlichkeit nennen würden. Jedes enthält etwas als Objekt in sich, obwohl nicht jedes in gleicher Weise. In der Vorstellung ist etwas vorgestellt, in dem Urteile ist etwas anerkannt oder verworfen, in der Liebe geliebt, in dem Hasse gehaßt, in dem Begehren begehrt usw.
>
> Diese intentionale Inexistenz ist den psychischen Phänomenen ausschließlich eigentümlich. Kein physisches Phänomen zeigt etwas Ähnliches. Und somit können wir die psychischen Phänomene definieren, indem wir sagen, sie seien solche Phänomene, welche intentional einen Gegenstand in sich enthalten[2].

Intentionalität ist ein Phänomen, das sich nur im psychischen Bereich zu finden scheint, sonst aber nirgendwo in der physischen Welt. Steine, Bäume, Magnetfelder, chemische Substanzen, Druckerschwärze auf Papier oder materielle Zustände im Gehirn – alles das existiert in Raum und Zeit, ist der naturwissenschaftlichen Betrachtungsweise zugänglich und besitzt – nach Brentanos Meinung – niemals auch nur die Spur von Intentionalität.

Intentionalität ist nicht identisch mit Bewußtsein. Es läßt sich z.B. auch von meinem mir nicht bewußten (weil verdrängten) Wunsch, meinen bösen Nachbarn zu erschlagen, sagen, daß er von etwas handle. Dasselbe gilt von dem Teil meines Wissens, der mir im Augenblick nicht bewußt ist, und es gilt wohl auch von dem Wunsch meines Hundes, mit mir das Haus zu verlassen. Es ist ein Wunsch *nach etwas*, aber (nach allgemeiner Ansicht) kein bewußter.

Allerdings gibt es einen altbekannten Einwand gegen die Intentionalitätsthese: Schmerzen, aber auch vielerlei Gefühle, etwa Lustigkeit oder Müdigkeit, Langeweile etc. beziehen sich auf

---

[2] Brentano (1874) S. 124–125

gar nichts, verweisen auf keinerlei Objekt, man meint mit ihnen nichts, – kurz: sie sind nicht intentional, sie handeln von nichts. Dieser Einwand war schon Brentano bekannt, und er schlug sich damit wenig überzeugend herum. Zum Glück müssen wir uns auf diese Frage nicht näher einlassen, denn von den *bewußten* Vorgängen kann man immer sagen, daß sie *von etwas* handeln. *Bewußtsein ist immer intentional.*

Nicht alles, was man als „intentional" zu bezeichnen pflegt, ist auch bewußt. Man billigt häufig auch dem Hund oder dem Kleinkind Intentionalität zu, während man mit dem Prädikat „bewußt" zurückhaltender verfährt. Gibt es umgekehrt auch bewußte Vorgänge, die *nicht intentional* sind? Nun ist es zwar nicht üblich, von meinem Zahnschmerz zu sagen, er handle von irgendetwas, obwohl doch der Schmerz gewöhnlich als psychisches Phänomen angesehen wird. Aber der Begriff „Bewußtsein" wird anders gebraucht. Wenn ich mir meines Zahnschmerzes oder Weltschmerzes bewußt werde, dann bildet eben der Zahnschmerz oder der Weltschmerz den Inhalt meines Bewußtseins. Fragt man mich in diesem Fall, woran ich gerade denke, so werde ich antworten: an meinen schmerzenden Zahn bzw. an die Nichtigkeit der Welt etc. Man wird also wohl sagen dürfen, daß alles bewußte Geschehen intentional ist. Man beachte, daß damit nicht irgendeine großartige Entdeckung oder Hypothese formuliert und auch kein schwieriges Problem gelöst wird – so *reden* wir einfach, so ist es üblich, mit dem Wort „Bewußtsein" umzugehen.

Anstelle des Ausdruckes „Intentionalität" benützt man in der Sprachphilosophie häufig auch den Terminus „Proposition", sobald es ausschließlich um das geht, was *Sätze* ausdrücken, behaupten oder bedeuten. „Proposition" ist also dasjenige, wofür ein (Behauptungs-)Satz steht, was er besagt oder bedeutet, was durch ihn ausgedrückt wird.

Die Grundformel, durch die der Gebrauch des theoretischen Begriffes „Proposition" festgelegt wird, lautet: Jeder (Behauptungs-)Satz drückt eine Proposition aus, ist aber mit letzterer nicht identisch. Man kann z.B. die Tatsache, daß mehrere Sätze dasselbe besagen, durch die Formulierung umschreiben, daß alle diese Sätze dieselbe Proposition ausdrücken. So drücken die Sätze „It is raining" und „es regnet" dieselbe Proposition aus.

Bemerkenswert ist dabei, daß Propositionen nur ausgedrückt, nicht aber gezeigt werden können. Der Satz „Es regnet" drückt eine Proposition aus; aber *welche*? Zur Antwort kann man wieder nur *Sätze* äußern, Propositionen selbst sind nicht äußerbar. Das ist weiter nicht geheimnisvoll, wenn man bedenkt, daß Propositionen Gebilde einer abstrakten Theorie sind. Diese Theorie erleichtert die Wiedergabe fremder Rede erheblich. Nahezu immer kommt es bei einer solchen Wiedergabe nur auf den Sinn, nicht auf den Wortlaut an. Man wird den Bericht

> Er sagte, daß es regnet

normalerweise deuten als: er sagte sinngemäß (aber vermutlich nicht wörtlich) „es regnet". Nur der Bericht

> Er sagte „es regnet"

behauptet, daß wörtlich dieser Satz geäußert wurde. Abstrakt formuliert hieße also der erste Bericht: Er äußerte einen Satz, welcher die durch „es regnet" ausgedrückte Proposition ausdrückt.

Die Intentionalität der Sprache

Wenn, wie ich behaupte, Bewußtsein und Sprache identisch sind, dann muß selbstverständlich auch die Sprache ein intentionales System sein, und ein solches ist sie ohne Zweifel. Wir wollen uns für die weiteren Überlegungen auf Behauptungssätze, sprachliche Gebilde also, die wahr oder falsch sein können, beschränken. Dann ist es sicher richtig zu behaupten: Man spricht stets *von etwas*, über etwas. Sätze haben einen Inhalt, sie bedeuten etwas, sie handeln von etwas.

Sowohl mit dem Begriff der Proposition wie auch mit dem der Intentionalität läßt sich aber ein wichtiger Einwand formulieren. Daß ein Satz eine Proposition ausdrückt, liegt nicht am Satz als solchem, sondern am Menschen, der den Satz benützt. Wenn ein

Mensch einen Satz versteht, so kann man auch sagen, der Mensch habe den propositionalen oder intentionalen Gehalt, welchen der Satz ausdrückt, richtig aus den Schallwellen, d.h. dem physikalischen Gebilde Satz entnommen. Sätze als solche, d.h. als Schallgebilde, bedeuten strenggenommen gar nichts. Der Physiker kann sie restlos erfassen und wird doch als Physiker gar nichts von ihrer Bedeutung bemerken. Es ist der Mensch, dem Sätze dazu dienen, Inhalte darzustellen, Sachverhalte durch die Sprache auszudrücken, sie in letzterer zu repräsentieren und anderen Menschen mitzuteilen. Wenn wir die Sprache ein intentionales System nennen, so heißt dies, daß der Mensch die Sprache als Zeichensystem verwenden kann. Wörter sind nicht durch sich selbst Zeichen, sondern weil sie vom Menschen als Zeichen verwendet werden.

Beiläufig sei daran erinnert, daß man beim Sprechen besonders klar zwischen dem repräsentierenden Medium (Schallwellen, „flatus vocis") und dem repräsentierten Inhalt (dem Gemeinten, der Intention oder Proposition) zu unterscheiden lernt. Man lernt von Kindesbeinen an, daß die materielle Repräsentation und das Repräsentierte völlig verschiedene Eigenschaften haben können. Das Wort „Feuer" brennt nicht, man kann sehr leise über sehr laute Vorgänge berichten usf. Jedermann weiß zwischen Unverständlichkeit aus physikalischen Gründen (z.B. wegen zu leiser oder zu schlecht artikulierter Rede) und solcher aus intentionalen Gründen zu unterscheiden (z.B. mangelndes Verständnis einer fremden Sprache oder mangelndes Verständnis einer inhaltlich zu schwierigen Darstellung). Diese beiden Arten von Schwierigkeiten sind auf unterschiedliche Art zu beheben. Man geht näher zu einem Sprecher hin, den man nicht gut hören kann, aber man fragt nach dem Sinn des Gehörten, wenn man es nicht verstanden hat.

An dieser Stelle mag man sich an die Frage nach der Möglichkeit veraloquenter Maschinen erinnern. Von einer Maschine, die nur ein wenig Sprache verarbeiten kann (dieses „ein wenig" kann u.U. einen sehr großen Schatz von Sätzen umfassen, aber eben doch nicht die volle Sprache), wird man sicherlich sagen, sie sei nicht in der Lage, die Intention bzw. den propositionalen Gehalt der Sätze zu erfassen. Eine solche Maschine geht mit Sprache schlecht und recht um, ohne doch das geringste zu verstehen. Das paßt sicherlich auf alle gegenwärtigen Computer bzw. Programme. Ihre Verständnislosigkeit ist öffentlich nachweisbar. Was aber wäre von einer veraloquenten Maschine zu sagen? Soll man ihr Intentionalität bzw. das Erfassen von Propositionen zubilligen? Man sieht, daß wir bei einem altbekannten Problem gelandet sind. Soll mit „Propositionalität" bzw. „Intentionalität" eine öffentlich feststellbare Leistung gemeint sein, oder etwas anderes bzw. etwas darüber hinaus?

Soll also aus Veraloquenz Intentionalität folgen? Dies bedeutet: besitzt, was veraloquent spricht, stets auch Intentionalität? Es ist dies nichts anderes als die Übersetzung der Frage, ob alles, was den erweiterten Turing-Test besteht, auch Denken besitze, in den Intentionalitäts-Dialekt.

Nun ist die (öffentliche!) Sprache der Urtyp eines intentionalen Systems überhaupt, sie bildet den Ausgangspunkt der gesamten Theorie über Intentionalität. Intentionalität ihrerseits soll aber charakteristisch für *Psychisches* sein. Wenn Sprache Intentionalität garantiert, Intentionalität aber das Vorhandensein von Geist gewährleistet, dann besitzt eben alles, was redet, Geist, Psychisches, Innerlichkeit, Bewußtsein etc. Da die Sprache ein öffentliches Phänomen und somit intersubjektiv feststellbar ist, wird das Vorhandensein von Psychischem damit eine intersubjektiv nachprüfbare Eigenschaft. Dies ist aber nicht für jedermann ein erwünschtes Resultat. Doch gehen wir schrittweise vor!

Von der öffentlichen Sprache zur Intentionalität

Daß jedes Denken stets ein Denken-von-etwas ist, ist eine reichlich abstrakte Feststellung, doch sind wir gewohnt, ihr sofort zuzustimmen. Derartige abstrakte Sätze werden in aller Regel zunächst in konkreten Situationen gelernt. Wo sind nun solche Situationen zu vermuten? Die semantische Terminologie des

Bedeutens, sich-auf-etwas-Beziehens, von-etwas-Handelns, auf-einen-Gegenstand-bezogen-Seins etc. stammt ursprünglich aus der öffentlichen, lauten sprachlichen Kommunikation. Nichts ist alltäglicher, als daß man nach der Bedeutung von Wörtern oder Sätzen fragen muß. Hinter solchen Fragen steht keine philosophische Theorie oder Metaphysik des Bedeutens. Die Frage hat praktische Gründe. Die Frage nach der Bedeutung von Gesagtem setzt nicht einmal eine besonders hochentwickelte Sprache voraus. Ein Kind, das noch nicht alles versteht, vermag sein Nichtverstehen bereits unmißverständlich zu äußern; nur die hochgestochene Terminologie fehlt ihm noch. Statt „Was ist die Bedeutung dieses Ausdruckes?", sagt das Kind schlicht: „Was heißt das?". Menschen ohne jede theoretische Bildung, ja ohne jegliche Kultur, können zurückfragen, wenn sie etwas nicht verstanden haben. Dies ist der Ursprung der Semantik. Was immer man später mit den semantischen Termini alles anstellen mag, ihr realer Ursprung liegt in der öffentlichen, intersubjektiver Verständigung dienenden Sprache.

Es ist gut vorstellbar, wie die semantische Terminologie später nicht mehr ausschließlich auf die laute, öffentliche Sprache angewendet wurde.[3] Der Mensch entfaltet allmählich die Fähigkeit, im Stillen zu sprechen. Nachdem das stille Sprechen grundsätzlich in derselben Sprache erfolgt wie das öffentliche, liegt es nicht ferne, auch von jedem Satz des stillen Sprechens zu sagen, daß er etwas bedeutet, von etwas handelt etc. Und nachdem stilles Sprechen stets als Denken gilt, liegt auch die These nahe, daß jedes Denken, insbesondere natürlich jedes bewußte Denken, einen Inhalt hat, „aboutness" besitzt, intentional ist, usf.

Begriffe wie „Gedanken" und „Intentionalität des Denkens" sind bereits sehr theoretische Begriffe, die aus dem öffentlichen Sprechen abgeleitet sind, sich aber nicht immer direkt auf öffentliche Fakten beziehen. Aber Intentionalität wird primär als die öffentlich feststellbare Fähigkeit zur Veraloquenz (oder bescheidener zur Zeichenverwendung) definiert. Mentalistische Termini

---

[3] Diese Auffassung findet sich z.B. bei Sellars (1956)

wie „Bewußtsein", „Verstehen", „Erleben" etc. werden dazu nicht benützt. Ob ein Wesen Intentionalität besitzt oder nicht, ist damit eine Frage, die nicht mehr nur von dem betreffenden Wesen selbt entschieden werden kann, sondern auch von anderen. Intentionalität ist hier kein privates Charakteristikum. Die Frage nach der Intentionalität der Mitmenschen oder anderer Lebewesen wird dadurch sinnvoll und entscheidbar.

Es ist durchaus bemerkenswert, daß bei der ursprünglichen Einführung der semantischen Terminologie die Frage nach Vorhandensein oder Fehlen von Psychischem überhaupt keine Rolle spielt. Man kann sich mühelos mehrere Roboter vorstellen, die einander gegenseitig Fragen nach der Bedeutung von Sätzen oder Wörtern stellen. Dazu muß nur angenommen werden, daß diese Roboter miteinander mittels einer einigermaßen flexiblen Sprache in Verbindung treten können, daß sie (in Grenzen, aber das würde hier völlig genügen) von Ausdrücken ihrer Sprache (die durchaus keine vera loquela zu sein braucht) zu ihrer Außenwelt übergehen können, z.B. indem sie die Außenwelt observieren oder indem sie Befehle ausführen, und daß sie (wiederum in Grenzen) sprachlich lernfähig sind. (Ohne Lernfähigkeit hat das Fragen nach Bedeutungen keinen praktischen Zweck.) Das alles sind Voraussetzungen, die heute ohne weiteres zu erfüllen wären. Solchen Maschinen müßte man zweifellos Intentionalität zuschreiben, sogar wenn ihre Sprachfähigkeit begrenzt wäre.

In diesem Punkt treffen sich der Cartesische Dualismus und der Materialismus: die Intentionalität eines Wesens, d.h. seine Fähigkeit zum selbständigen Gebrauch von Zeichen, ist eine öffentlich testbare Eigenschaft. Über die Erklärung der Intentionalität sind Cartesianer und Materialisten uneins, aber über die Methoden zur Feststellung, ob Intentionalität vorhanden sei, besteht Einigkeit. Um nochmals Descartes zu zitieren:

Haec enim loquela unicum est cogitationis in corpore latentis signum certum[4].

Man darf natürlich nicht vergessen, daß es im Grunde nicht rich-

---

[4] AT 5, S. 278

tig ist, die Sprache als intentional zu bezeichnen. Vielmehr ist es der Sprecher, der sprachliche Gebilde erst zu Bedeutungsträgern macht. Es wäre daher günstiger, von der Fähigkeit des Sprechers zum intentionalen Gebrauch von physikalischen Gebilden (die man dann „Zeichensysteme" nennt) zu reden, anstatt von der Intentionalität der Sprache. Diese Fähigkeit des Menschen besteht, anders formuliert, darin, Zeichen, Symbole, Repräsentationen als solche zu erkennen und zu gebrauchen. Dazu gehört insbesondere, daß ein Wesen (ein Mensch) fähig ist, vom Zeichen zur bezeichneten Wirklichkeit zu finden und umgekehrt die Wirklichkeit mit entsprechenden Zeichen zu benennen.

Sobald man den Begriff der Intentionalität als einen öffentlichen auffaßt, eröffnen sich weitreichende Ausblicke. Man kann jetzt fragen, *was alles*, Wesen oder Gebilde welcher Art, denn Intentionalität besitzen könnte. Unter welchen Bedingungen oder Umständen mag es z.B. sinnvoll sein, körperlichen, physischen Vorgängen, physikalischen Prozessen, Nervenimpulsen etc. Inhalt zuzuschreiben?

Man nehme etwa das Auge und den Nervus Opticus eines Tieres. Durch eine Reihe von Experimenten mag man z.B. feststellen, daß bestimmte Fasern des Nervus Opticus dann und nur dann Impulse weiterleiten, wenn sich vor dem Auge eine bestimmte Figur, sagen wir eine Kante oder eine geknickte Linie, weiterbewegt. Es ist in diesem Falle nicht unüblich, zu sagen, daß der entsprechende Nervenimpuls die Bedeutung „bewegte Kante" besitzt. Man deutet den Nervenimpuls intentional, denn er ist regelmäßig mit bestimmten Vorgängen in der Außenwelt des betreffenden Tieres verknüpft. Noch deutlicher wird die Sache, wenn ein Sinnesreiz eine äußere Reaktion auslöst, z.B. ein Fluchtverhalten. Deuten wir die den Sinnesreiz auslösenden äußeren Umstände als Gefahr, so ist es völlig verständlich, wenn man den Nervenimpulsen, welche vom Sinnesorgan kommen und die Fluchtbewegung auslösen, einen Inhalt zuordnet, und zwar den Inhalt „Gefahr"[5] Es besteht dabei offensichtlich eine Analogie zu

---

[5] vgl. Dennett (1969) S. 76 f.

der Einführung der semantischen Terminologie mittels der öffentlichen, lauten Sprache. Es ist das öffentlich beobachtbare Verhalten eines Wesens, aufgrund dessen man Zuweisungen von Inhalt an Nervenprozesse vornehmen kann.

Man bemerkt: hier wird ohne weiteres einem physischen bzw. neurologischen Geschehen eine Bedeutung, ein Inhalt zugeordnet. Diese Zuordnung geschieht durch einen außenstehenden, menschlichen Beobachter; das betreffende Lebewesen selbst braucht natürlich nicht erst die Bedeutung seiner Nervenimpulse zu dechiffrieren, es verhält sich einfach so, wie seine Nervenimpulse es steuern. Es braucht den Nervenprozessen nichts zuzuordnen oder sie intentional zu interpretieren, denn es sitzt nicht neben den Nervenprozessen und sieht ihnen wie ein außenstehender Beobachter zu. Ein Hundegehirn benötigt weder einen zweiten, inneren Hund, noch gar einen menschlichen Beobachter, der sein Nervengeschehen liest oder deutet. Ein außenstehender Beobachter des Gehirns kann zwar im Prinzip alle Nervenvorgänge deuten, aber das Gehirn selbst braucht den Beobachter und Deuter nicht. Der Hund sieht sein Futter und frißt es, und dies alles wird restlos von den inneren Vorgängen in seinem Gehirn gesteuert.

Der Neurologe, welcher in das Hundegehirn blickt, wird nicht zögern, gewissen Nervenereignissen die Bedeutung „Futter" oder „Fleisch" etc. zuzuschreiben. Er tut dies nicht beliebig, sondern er macht damit überprüfbare wissenschaftliche Aussagen. Aufgrund welcher Regel? Es ist das Funktionieren, das Agieren oder Reagieren des Gehirns und der afferenten und efferenten Nerven, das Zusammenwirken von Hund und Außenwelt, das die Bedeutungen der Nervenimpulse festlegt.

Bedeutung, Inhalt, kann einem physischen Gegenstand oder Prozeß aber niemals als solchem, als isoliertem Raum-Zeit-Gebilde zugeordnet werden. Ein neurologischer Impuls etc. wird sinnvollerweise nur dann als Bedeutungsträger apostrophiert, wenn er in irgendeiner Weise verarbeitet wird, wenn eine Reaktion auf ihn erfolgt. Worte, so sagen wir zu Recht, bedeuten nur für denjenigen, der mit ihnen etwas anfangen kann, etwas. Auf der subpersonalen Ebene der Neurologie könnte man sagen: Nervenimpulse bedeuten nur für ein Gehirn etwas, das mit ihnen etwas anfangen kann. Ein isolierter Nervenimpuls oder ein Nervenimpuls, der keine oder keine regelmäßigen Konsequenzen hervorbringt, bedeuten für das Gehirn gar nichts.

Auf diese Weise läßt sich die semantische bzw. intentionale Terminologie ebenso fruchtbar wie problemlos auch auf Tiere und auf subpersonale Teilsysteme von Mensch und Tier anwenden, ohne mit der mentalistischen Terminologie oder Ideologie in Konflikt zu geraten. Wesentlich ist: einem physischen Ereignis Inhalt zuzuordnen, ihm eine Bedeutung zuzuweisen bzw. zu entnehmen, heißt nicht, ihm eine neue, außerphysische, unerklärbare Fundamentaleigenschaft zuzusprechen. Einem Nervenimpuls die Bedeutung „Gefahr" zuzuschreiben, heißt vielmehr, diesen Impuls als Glied einer längeren Kausalkette zu bezeichnen, an deren Ende eine Bewegung weg von einem wahrgenommenen Objekt steht. Nervenimpulsen, die zu keinen regelmäßigen Folgezuständen führen, sozusagen „blinden Entladungen", wird man keinen Inhalt zuordnen – welchen auch?!

Zur Verdeutlichung sei nochmals an Descartes' „natürliche Automaten", die Tiere, erinnert. In solchen Automaten läuft ein kompliziertes inneres Geschehen ab (im wörtlichen, räumlichen Sinne von „innen"), welches das äußere Verhalten steuert. Es spricht nichts dagegen, ja es wird geradezu unvermeidlich, einzelnen Teilen dieses Geschehens einzelne Inhalte, insbesondere Objekte der Außenwelt zuzuordnen. D.h. solche Automaten, von denen die Welt ja voll ist, werden als intentionale Gebilde behandelt und betrachtet. Cartesisch gesprochen: in diesen Automaten bewegen sich zwar nur Stangen und Räder etc., aber solche Bewegungen etc. bedeuten etwas. Zugleich ist klar, daß der Automat nicht ein inneres Auge braucht, um die Bedeutungen der inneren Bewegungen zu dechiffrieren. Der Automat ist ja nichts anderes als die Gesamtheit der inneren Bewegungen.

Weder ist der Mensch, noch ist sein Geistesleben der einzige Bereich, den man solcherart als intentional bezeichnen darf. „Intentionalität" ist eine kurze Bezeichnung, eine komprimierende Charakterisierung für ein komplexes physisches Geschehen, eine Beschreibungsweise, die praktisch unvermeidbar ist. Wenn man – ganz zu Recht – das Sprechen bzw. die bewußten Vorgänge als „intentional" charakterisiert, so wird damit eine Leistung benannt; daß Sprechen bzw. Bewußtsein mit naturwissenschaftlichen Mitteln nicht erklärbar seien, folgt daraus in keiner Weise. „Intentionalität" bezeichnet Leistungen des inneren Geschehens eines Lebewesens oder sonstigen Gebildes, und zwar im wörtlichen, räumlichen Sinne von „innen". Dabei bleibt offen, wie solche Leistungen zu erklären sind.

Kommen wir nochmals zurück auf den Menschen mit seiner spezifischen Eigenart unter den Lebewesen![6] Dem Menschen wird bekanntlich ein Teil seiner inneren Vorgänge bewußt, d.h. er kann darüber berichten. Es wird also Nervenkonstellationen geben, deren Bedeutung man auf zweierlei Weise erfahren kann. Einmal sehr einfach, indem man den Menschen *fragt*, was er sieht, hört, denkt, etc., das andere Mal extrem umständlich durch neurologische Analyse, eine Analyse, die im Prinzip jeweils den Gesamtzustand des Gehirns zu berücksichtigen hätte. Als Bezugspunkt für den einfachen, direkten Bericht nehmen wir die Person, als Bezugspunkt für den komplizierten Bericht des Neurologen das Gehirn. Der Mensch, d.h. die Person, berichtet, was er sieht; der Neurologe deutet Nervengeschehen. Beides widerspricht sich nicht, und beides beruht auf der Fähigkeit zur Intentionalität.

Intentionalität als privates Phänomen

Die bisher geschilderte Auffassung von Intentionalität hat keineswegs allgemeine Zustimmung gefunden. Zwar wird mit der „öffentlichen" Deutung der Begriff der Intentionalität für die Beschreibung von Verhaltensweisen und Leistungen fruchtbar gemacht, aber, so kann man einwenden, bei dieser Deutung geht die ursprüngliche Zielsetzung Brentanos verloren. Intentionalität

---

[6] vgl. Dennett (1969) Kap. IV

sollte ein Charakteristikum sein, das Psychisches sicher und verläßlich von Nicht-Psychischem unterscheidet. Mit der öffentlichen Interpretation scheint gerade diese Unterscheidungsfunktion verlorenzugehen – auch Maschinen etc. können dann als intentionale Systeme beschrieben werden. Aber besitzt denn ein künstlich konstruiertes und produziertes System, so beeeindruckend seine Leistungen auch sein mögen, wirklich so etwas wie Geist oder Psyche?

Das wird von vielen Autoren energisch bestritten. Sie weisen darauf hin, daß von der öffentlichen Auffassung der Intentionalität kein Aufschluß darüber zu erwarten sei, ob ein Wesen, dessen Nervengeschehen bzw. inneres Geschehen wir mit gutem Grund intentional *deuten*, auch *weiß, was es sieht und tut* – ob also der Hund, der Futter sieht und frißt, auch *weiß, daß er Futter sieht*, oder ob er gar *sich dessen bewußt* ist. Der öffentliche Begriff von Intentionalität vermeidet mit Absicht das mentalistische Vokabular – geht er damit nicht am Kern des Problems vorbei? Dieses Problem ist, ein Charakteristikum des Psychischen und damit insbesondere des Bewußten anzugeben. Brentano wollte dies durch den Begriff der Intentionalität erreichen. Ist aber eine wie oben dargestellte, d.h. öffentlich nachprüfbare Intentionalität noch das, was Brentano meinte? Oder sollte man vielleicht Intentionalität als ein primär völlig privates Phänomen auffassen?

Eine solche Position findet sich z.B. ausführlich in dem Buch „Intentionalität" von J. Searle. Searle plädiert in gewisser Weise geradezu für die Umkehrung der vorhin erwähnten Ideen über die Einführung des Begriffs der Intentionalität. Sicherlich kann man sagen, daß intentionale Prozesse irgendetwas repräsentieren, und daß die Bedeutung von „repräsentieren" dabei dieselbe ist wie in Formeln vom Typus „Sprechakte repräsentieren etwas". Aber, so meint Searle, die Intentionalität der *Sätze* ist eigentlich abgeleitet, denn dahinter steckt die Intentionalität des *Geistes*, die ihrerseits nicht noch einmal von etwas anderem abgeleitet werden kann[7]. Intentionalität läßt sich nach Searles Ansicht nicht durch

---

[7] Searle (1983) S. 9/10 der dt. Ausgabe

Repräsentation erklären, letztere setzt nämlich jemanden voraus, der Repräsentation als solche überhaupt erst begreift[8]. Searle fragt

> Wie verleihen Menschen solchen Dingen Intentionalität, die von sich aus keine haben; wie bringen sie es zustande, daß bloße Gegenstände repräsentieren?[9]

Nachdem Searle diese Frage mehrfach wiederholt und der Leser erwartungsvoll 200 Seiten gelesen hat, erhält er schließlich die nicht gerade überwältigende Antwort, daß der sprachliche Akt seine (abgeleitete) Intentionalität dadurch erhalte, daß der Sprecher den Sprechakt mit der Absicht, etwas zu meinen vollziehe.[10] Vermutlich ist das keine sehr erhellende Antwort, doch markiert Searle immerhin deutlich, wo er das Problem sieht.

Die öffentliche Deutung von Intentionalität ist damit nur scheinbar eine plausible genetische Hypothese. Wir lernen Wörter wie „bedeuten" oder „meinen" zwar sicherlich durch den öffentlichen Umgang mit der Sprache. Aber dabei wird die Existenz der Sprache bereits vorausgesetzt. Die Möglichkeit von Sprache ihrerseits setzt aber ein der Intentionalität fähiges bzw. Intentionalität bereits besitzendes Wesen voraus.

Nehmen wir an, ich befehle meinem Hund, sich hinzusetzen, und das Tier gehorcht. Es hat gelernt, sich auf mein Kommando hin hinzusetzen – aber hat es auch die *Bedeutung* des Kommandos *verstanden*? Bedenken wir, daß es keine andere Möglichkeit gibt, Sprache oder sonstige Zeichensysteme zu erlernen als durch deren öffentlichen Gebrauch, zusammen mit öffentlichen Reaktionen, die öffentlich belohnt oder bestraft werden. Dann und nur dann, wenn das Tier richtig auf einen Befehl reagiert, sagen wir in der bereits sehr theoretischen Redeweise, daß es den Befehl verstanden hat, oder gar noch, daß es den Inhalt, die Bedeutung des Befehls erfaßt hat.

Im Sinne von Searle wäre hier jedoch einzuwenden, die Bedeutung zu verstehen sei noch etwas ganz anderes. Der Hund könne

---

[8] ebd. S. 40
[9] ebd. S. 10
[10] ebd. S. 212

richtig reagieren, ohne jemals die Bedeutung des Kommandos zu begreifen. Er verhalte sich nur so, *als ob* er die Bedeutung erfasse, in Wirklichkeit verstehe er gar nichts. Solche Einwände können harmlos gemeint sein oder auch nicht. Harmlos, aber ungünstig formuliert, ist der Einwand, wenn damit gemeint ist, daß die Intelligenz des Tieres, speziell auch seine Lernfähigkeit für sprachliche Kommandos, sehr begrenzt ist und nicht mit den intellektuellen Fähigkeiten des Menschen zu vergleichen sei. Weniger harmlos wird die Sache, wenn man grundsätzlich zwischen einer echten, privaten Intentionalität und einer unechten, öffentlichen, als-ob-Intentionalität unterscheidet, unabhängig von den Leistungen und dem äußeren Verhalten eines Wesens oder Systems. Nicht nur von Tieren bleibt dann dubios, ob sie die Bedeutung der von ihnen richtig ausgeführten Befehle wirklich erfassen können, sondern dasselbe gilt dann auch für meine Mitmenschen. Vielleicht sind es sprechende Automaten, die in Wirklichkeit überhaupt nichts begreifen?

Was fehlt einem veraloquenten System aber noch, damit es den Ehrentitel der Intentionalität zugebilligt bekommt? Ist die Behauptung überhaupt *verständlich*, daß ein Gebilde sich nur so verhält, *als ob* es ein intentionales sei? Ist es wirklich verständlich, wenn man von einem perfekt geheuchelten (simulierten) Verständnis, von prinzipiell nicht entlarvbarer als-ob-Intentionalität spricht? Genau dies muß Searle aber tun, um die These von der Privatheit der Intentionalität aufrechtzuerhalten. Er ist tatsächlich der Meinung,

daß es zwei „Systeme" geben könnte, die beide den Turing-Test bestehen, von denen aber nur eines etwas versteht.[11]

Searle dachte dabei wohl nur an den klassischen, nicht an den erweiterten Turing-Test; ich vermute aber, daß er seine Haltung auch bezüglich des erweiterten Turing-Tests nicht ändern würde. Ein Verfechter der Searle'schen Position schreibt in einem Lehrbuch jedenfalls sehr deutlich:

---

[11] Searle (1980) S. 419

Es wird manchmal gesagt, der entscheidende Test auf echte Intelligenz in einem Computer wäre es, wenn dessen Fähigkeiten in einer Konversation von denen einer gewöhnlichen Person nicht zu unterscheiden wären. Nehmen wir also an, es sei gelungen einen Computer zu bauen, mit dem man sprechen kann [...], ohne daß man jemals bemerkt, daß man zu einer Maschine spricht. Würde das zeigen, daß der Computer bewußte Intelligenz besitzt und somit bis zu einem gewissen Grad eine Person ist? Meiner Meinung nach nein, denn es würde keine Ursache zu der Annahme geben, daß der Computer versteht, was man zu ihm sagt, oder daß er mit seinen eigenen Antworten irgendetwas meint [...]

Worauf es ankommt ist, daß er sich nur mit linguistischen Zeichen (Geräuschen) befassen müßte, und nicht mit deren Bedeutungen [...] Eine Menge von Regeln zu besitzen, wie man auf jeden verbalen Stimulus angemessen zu antworten hat, heißt nicht notwendig das, was gesagt wird, auch zu verstehen.

Der fundamentalste Aspekt des Sprachverstehens ist die Fähigkeit, sprachliche Zeichen auf die Welt anzuwenden. Ein kompetenter Sprecher muß in der Lage sein, die verschiedenen Arten von Dingen, für die die sprachlichen Ausdrücke stehen, zu erkennen und zu identifizieren. [...]

Aber nichteinmal das wäre genug. Denn um mit einer Äußerung etwas zu meinen, reicht es nicht, daß man Laute von sich gibt, die von anderen Sprechern verstanden werden können und die im allgemeinen (wenn man sie entsprechend interpretiert) bestimmte Eigenschaften der Welt genau repräsentieren [...] Man muß auch die Absicht haben (to intend), daß die Laute, welche man benützt, genau einen bestimmten Aspekt der Welt repräsentieren sollen. Ein Computer, der wirklich über Sprache verfügt, müßte also fähig sein, Intentionen zu haben.[12]

Man sieht, wie sich die Geschichte wiederholt. Die hier vertretene Auffassung ist weitgehend dieselbe wie die von Leibniz-Wolff, in welch letzterer ja ebenfalls von sprechenden und sogar Bücher-schreibenden, trotzdem aber verständnislosen Automaten die Rede war. Nur die Ausweichstrategie ist bei den klassischen Autoren anders: sprechenden Automaten fehlt das Verstehen, auch wenn sie alle Tests bestehen sollten, sagt Wolff; Searle und seine Anhänger dagegen sprechen ihnen die Intentionalität ab, weil sie nicht aus Fleisch und Blut gebaut sind. Das sieht wie eine empirische These aus, aber man darf dessen nicht allzu sicher

---

[12] Carruthers (1986) S. 241–242

sein. Ist denn wirklich klar, *was* Searle von der menschlichen, nicht aber der künstlichen Maschine erwartet, wenn er der ersteren, und nur ihr, Intentionalität zubilligt? Worauf gründet sich seine Überzeugung, daß Intentionalität speziell den Menschen auszeichnet? Searle selbst gibt als Begründung dafür den physischen Unterschied zwischen Mensch und Computer an. Der Mensch ist ein lebendes System, ein biologisches Gebilde. Searle überlegt:

Könnte eine Maschine denken? Die Antwort ist offensichtlich Ja: wir sind genau solche Maschinen [...][13]

Meine persönliche Ansicht ist, daß *nur* eine Maschine denken könnte, u.zw. nur sehr spezielle Maschinen, nämlich Gehirne und Maschinen mit denselben kausalen Kräften wie Gehirne [...]. Was immer Intentionalität sein mag, sie ist ein biologisches Phänomen.[14]

Obwohl Searle zugestanden werden muß, daß ein- und dieselbe Leistung, speziell auch Veraloquenz, vermutlich auf sehr verschiedene Weise und in sehr verschiedener Materie realisiert sein könnte, sind seine Ausführungen letztlich doch bloß sehr vage Vermutungen. Vielleicht hängt das, was man „Erlebnisfähigkeit" oder „Fähigkeit, Sinnesqualitäten zu empfinden" nennt, wirklich nicht bloß von der Leistung als solcher ab, sondern davon, wie, auf welche Art und in welchem Material diese Leistung realisiert ist.[15] Langfristig gesehen würde damit aus der privaten wieder eine öffentliche Deutung der Intentionalität, denn auf welche Art eine Leistung realisiert ist (durch Nervenzellen, Stangen und Räder, digitale Computer etc.), das ist öffentlich feststellbar.

Intentionalität und Identitätsthese

Nach allen diesen Ausführungen können wir uns endlich der Frage zuwenden, wie sich die diversen Positionen in Bezug auf

---

[13] Searle (1980) S. 422
[14] ebd. S. 424
[15] Auch Culbertson (1965) hat eine solche These vertreten und im Detail auszuführen versucht.

Intentionalität mit der These von der Identität von Bewußtsein und Sprache vertragen. (Diese These soll, daran sei wieder einmal erinnert, nur eine Bedeutungsanalyse enthalten und daher in Bezug auf inhaltliche Theorien neutral sein. Sie hat zu den diversen Deutungen der Intentionalität ebensowenig Stellung zu beziehen wie zu der Kontroverse zwischen Descartes und Leibniz-Wolff.) Läßt sich durch den Hinweis auf Intentionalität eine Widerlegung der Identitätsthese gewinnen? Hat man mit der Intentionalität vielleicht eine Eigenschaft gefunden, die nur dem Bewußtsein, nicht aber der Sprache zugeschrieben werden kann? Nun, es wird darauf ankommen, wie man Intentionalität interpretiert – sehen wir also zu!

Zu untersuchen ist eigentlich nur die jeweils produzierte Sprache, denn vom Bewußtsein wie von allem psychischen Geschehen wird von allen konkurrierenden Theorien behauptet, es besitze Intentionalität – dies gehört seit Brentano zur kanonischen Phraseologie des Begriffs Bewußtsein. Damit wird der kritische Punkt für die Identitätsthese die Frage, ob alles, was *Veraloquenz* besitzt, auch als intentional bezeichnet werden sollte.

Ich beginne wieder mit jener Position, die Intentionalität als ein öffentlich erfaßbares und testbares Phänomen ansieht, nämlich als Fähigkeit, von der Bezeichnung zum Bezeichneten überzugehen und umgekehrt. Diese Fähigkeit ist selbstverständlich auch im Begriff der Veraloquenz mitenthalten. Als Test dafür kann man den erweiterten Turing-Test ansehen, der auch kontrolliert, ob das getestete Wesen von Wörtern bzw. Sätzen zur Realität übergehen kann und umgekehrt. Ein System, das diese Fähigkeit nicht besitzt, ist bestenfalls eine reine Kalkülmaschine, die mit uninterpretierten Zeichen operiert. Jedes Gebilde aber, das den anspruchsvollen erweiterten Turing-Test besteht, muß als intentionales System bezeichnet werden, d.h. als System, das die Fähigkeit zu intentionalem Zeichengebrauch besitzt.

Die öffentliche Interpretation von Intentionalität führt also nicht zu einer Widerlegung der Identitätsthese. Sowohl dem Bewußtsein als auch der Veraloquenz wird gleichermaßen die Eigenschaft der Intentionalität zugeschrieben.

Die Situation ändert sich, wenn wir die private Deutung von Intentionalität zugrundelegen. Aus Veraloquenz bzw. der Absolvierung selbst eines erweiterten Turing-Tests folgt nunmehr keineswegs zwingend das Vorliegen von Intentionalität. Sprechen kann nunmehr im Prinzip auch nicht-intentional erfolgen, obwohl es allen öffentlichen Anforderungen an Sprechen genügt. Ob ein konkretes Sprechen intentional ist oder nicht, läßt sich allerdings grundsätzlich nicht ermitteln, denn es gibt, laut Voraussetzung, dafür keinen öffentlichen, intersubjektiven Test. Populärer wird diese Position gerne unter Verwendung des Wortes „meinen" formuliert, das hier als Synonym für „ganz echte" Intentionalität dient. Man sagt etwa: Ob etwas, das redet, das, was es sagt, auch *meint*, ist ebenso entscheidend wie unentscheidbar. Man muß mit der logischen Möglichkeit rechnen, daß das Ding bloß so tut, *als ob* es mit seiner Rede etwas meine.

Vom Bewußtsein pflegt man derlei nicht zu sagen. Nach kanonischem Gebrauch ist Bewußtsein immer Bewußtsein von etwas, es tut nicht bloß so, als ob es einen Inhalt hätte. Wird damit die Identitätsthese inakzeptabel? Sie wird es nicht notwendig. Dazu muß man etwas weiter ausholen. Den Verfechtern der privaten Deutung von Intentionalität geht es nicht um die Unterscheidung von bewußtem und unbewußtem Geschehen, sondern um die Unterscheidung von psychischen und „seelenlosen" Abläufen, was sie sogleich mit menschlich bzw. maschinell gleichsetzen. Menschen und eventuell höhere Tiere nämlich sollen eine Eigenschaft, genannt Geistigkeit, Mentalität, Psychisches etc., besitzen, Maschinen sollen diese Eigenschaft nicht besitzen können. Das mag eine ziemlich apriorische Behauptung sein, aber es ist nicht Sache einer Begriffsanalyse von „Bewußtsein", dazu Stellung zu nehmen. Innerhalb des mentalen Bereichs aber möchte man auch weiterhin unterscheiden können: Manches ist (beim Menschen) bewußt, manches nicht. Was bedeutet diese Unterscheidung? Nach meiner These bedeutet sie: Manches wird gesagt, manches bleibt ungesagt.

Unter Einbeziehung der privaten Deutung von Intentionalität lautet die Identitätsthese demnach: echtes, intentionales Sprechen, (Sprechen, bei dem der Sprecher *meint, was er sagt*) und Bewußtsein sind dasselbe. D.h. beim Menschen sind Sprache und Bewußtsein identisch, Tiere können ohnehin nicht sprechen, und Maschinen besitzen keine echte Intentionalität, sondern bestenfalls simulierte.

Exkurs über sinnlose Sätze

In diesem Kapitel benötigen wir den Begriff des *Denkens*, um möglichst nahe an der gängigen Ausdrucksweise zu bleiben. Der Begriff des Denkens ist selbst sicherlich der Klärung bedürftig. Fragen wie „Können Tiere denken?", „Gibt es ein nicht-bewußtes Denken?", „Gibt es ein sprachfreies Denken?" sind nicht zuletzt deshalb so umstritten, weil der dabei benützte Begriff des Denkens nicht zuvor scharf genug festgelegt wurde. Für die folgenden Überlegungen ist aber angenehmerweise eine umfassende Definition des Begriffs des Denkens nicht erforderlich, denn es soll jetzt ausschließlich vom *bewußten Denken* die Rede sein. Unter Denken ist also in diesem Kapitel immer bewußtes Denken zu verstehen, auch wenn das nicht jedesmal explizit gesagt wird.

Unter dieser Voraussetzung kann die Identitätsthese auch durch die Formel

> (bewußtes) Denken = Sprechen

dargestellt werden. In dieser Form ist die These keine große Neuigkeit; der wortgewaltige Mauthner etwa schreibt:

> Dies steht der Erkenntnis der Wahrheit am starrsten im Wege, daß die Menschen alle glauben zu denken, während sie doch nur sprechen, daß aber auch die Denkgelehrten und Seelenforscher allesamt von einem Denken reden, für welches das Sprechen höchstens das Werkzeug sein soll. Oder das Gewand. Das ist aber nicht wahr, es gibt kein Denken ohne Sprechen, das heißt ohne Worte. Oder richtiger: Es gibt gar kein Denken, es gibt nur Sprechen. Das Denken ist das Sprechen auf seinen Ladenwert hin beurteilt.[1]

Mauthner trägt dies mit großer Emphase vor, er meint, Hindernisse für die Erkenntnis der Wahrheit zu beseitigen, er meint also wohl, eine sachhaltige These zu vertreten. Aber da er den Begriff des Denkens nirgends genauer festgelegt hat, ist unklar, welchen

---

[1] Mauthner (Beiträge) Bd. 1, S. 110

logischen Status seine These hat: ist sie sachhaltig, oder ist sie Teil einer Begriffsbestimmung, oder was sonst?

Eine oft anzutreffende Gegenthese dazu besagt, daß Sprechen (nur) *Ausdruck* des bewußten Denkens, mithin nicht identisch mit Bewußtsein sei. Ich will diese Position die „Expressionsthese" nennen. Da diese These eine Negation der Identitätsthese wäre, will ich sie etwas näher studieren.

Wenn, wie die Expressionsthese behauptet, zwischen Sprechen und (bewußtem) Denken ein Unterschied besteht, so muß es entweder Sprechen ohne zugehöriges Denken geben, oder (bewußtes) Denken ohne zugehöriges Sprechen, oder beides.

Denken ohne Sprechen?

Die letztere Teilfrage ist schon einmal, im Kapitel über die Mitteilbarkeit des Bewußten, behandelt worden; ich will versuchen, anhand einer prägnanten Gegenthese deutlich zu machen, worum es geht. Diese Gegenthese, sie stammt von Nietzsche, lautet:

Den Gedanken verbessern. – Den Stil verbessern – das heißt den Gedanken verbessern und gar Nichts weiter! Wer dies nicht sofort zugibt, ist auch nie davon zu überzeugen.[2]

Ist das nun eine sachhaltige Behauptung, ein Satz der Psychologie? Nietzsche wird wohl folgendes gemeint haben: manche Leute behaupten, sehr gute und klare Gedanken über einen Gegenstand zu haben, nur sei es ihnen noch nicht gelungen, diesen Gedanken die adäquate oder optimale Ausdrucksform zu geben. Doch sei das bloß eine Frage der Stilistik und damit ohne grundsätzliche Bedeutung. Eine solche Behauptung, so kann man Nietzsche lesen, ist aber illusionär. Was einer nicht klar formulieren kann, das hat er auch nicht klar gedacht. Was klar formuliert ist, ist auch klar gedacht. Es ist Unfug, von einem Denken hinter, über oder vor aller Sprache zu reden, derlei gibt es nämlich nicht –

---

[2] Nietzsche (1880), Nr. 131; ähnlich auch Mauthner (Beiträge), Bd. 1, S. 194

zum Leidwesen aller derer, die meinen, tiefe, aber kaum mitteilbare Gedanken zu besitzen. Wer etwas nicht klar *sagen* kann, kann sich zur Entschuldigung nicht darauf berufen, über diese Sache immerhin in seinem *Denken* Klarheit zu besitzen. Diese These Nietzsches hat sicher eine gewisse Plausibilität; andererseits gibt es sicher auch innere Vorgänge, die nichts mit Sprache zu tun haben, die man aber eventuell doch als Formen des Denkens bezeichnen möchte. Das erschwert eine Einschätzung der These Nietzsches erheblich.

Wenn man die von der Identitätsthese empfohlene Begriffsklärung akzeptiert, wird die Situation etwas klarer. Darüber, was einer alles im unerforschlichen Dunkel seiner Psyche birgt, wollen wir keine Thesen aufstellen; nur eines ist klar: es macht keinen Sinn, wenn jemand sagt, er besitze ein Wissen, d.h. es sei ihm etwas bewußt, doch könne er es nicht oder nicht richtig, nicht vollständig, nicht angemessen sprachlich formulieren. *Bewußtes* Wissen, *bewußtes* Denken, so behauptet die Identitätsthese, *ist* nichts anderes als Sprechen. Sich darum bemühen, eine Sache besser zu formulieren, sie besser auszudrücken, eben „den Stil zu verbessern", ist dasselbe wie das Bemühen, sich diese Sache klarer bewußt zu machen. Dies folgt aus der Bedeutung des Ausdruckes „bewußtes Denken", und unter Berücksichtigung dieser Bedeutung wird Nietzsches These nicht bloß wahr, sondern auch tautologisch.

Sprechen ohne Denken?

Nunmehr möchte ich die Frage nach einem Sprechen ohne ein zugehöriges Denken erörtern. Ein solches Sprechen ohne Denken müßte gekennzeichnet sein durch das Fehlen jenes Merkmales, welches die Sprache nur durch das Denken erhalten soll, nämlich die Intentionalität. Sätze, die „geistlos" produziert werden, können danach *von nichts* handeln, haben keine Intentionalität, sind inhaltsleer oder sinnlos. Intentionalität ist dabei im Sinne der öffentlichen Deutung zu verstehen: Der oder das Redende vermag vom Geredeten nicht zu den Dingen zu finden, sondern muß unentrinnbar im Bereich der Sprache bleiben, die damit wie ein sinnleerer Kalkül funktioniert. Gibt es aber überhaupt solche Sätze, werden solche Sätze von dem der Intentionalität doch fähigen Menschen jemals produziert?

Die unerwartete Antwort lautet, daß derartige Sätze speziell in der Philosophie vorkommen, jedenfalls nach Ansicht vieler ihrer Kritiker. Erörterungen über sinnleere Sätze haben in der Sprachtheorie unseres Jahrhunderts ziemlich großen Raum eingenommen. Vor allem Mitarbeiter des „Wiener Kreises", (M. Schlick, R. Carnap, F. Waismann[3]) haben sich seinerzeit mit dieser Frage befaßt. Es ist höchst schwierig, ein „Sinnkriterium" zu finden, mit dessen Hilfe man entscheiden kann, ob ein Satz sinnvoll oder sinnleer ist. Sicherlich ist allerdings ein Satz, dessen Wahrheit man empirisch-beobachtend entscheiden kann, sinnvoll, er drückt – in der bekannten Terminologie – eine Proposition oder Intention aus. Und sicherlich gibt es auch sinnlose Sätze (man sollte besser „Scheinsätze" sagen), z.B. „Wenn das Gute identischer ist als das Absolute, dann ist die Welt mehr als bloß sie selbst". Es macht keinen Unterschied in der Wirklichkeit aus, ob man einen solchen Satz für wahr hält oder für falsch, denn ein sinnleerer Satz sagt nichts über die Wirklichkeit aus, er handelt von gar nichts. Deshalb kann es auch keine wie immer geartete Beobachtung geben, durch die man über Wahrheit bzw. Falschheit eines sinnlosen Satzes entscheiden könnte. Gerade dies aber, daß ein Satz von gar nichts handelt, müßte nach der Expressionsthese für Sätze gelten, die nicht Ausdruck von Gedanken sind.

Unfreundlicherweise wollten die logischen Positivisten diese Art von Sinnkritik in erster Linie auf die traditionelle Philosophie anwenden und meinten, die meisten Themen der philosophischen Tradition (z.B. der Ontologie) seien sinnleer, Scheinsätze also, die zwar grammatisch in Ordnung sind, sich aber auf gar nichts beziehen. Carnap hat z.B. in einer oft zitierten Analyse diese seine These an einigen Sätzen Martin Heideggers dargestellt.

---

[3] siehe z.B. Carnap (1928), Schlick (1936), Waismann (1976)

Diese Sätze gipfeln in der denkwürdigen Formulierung „Das Nichts nichtet". Das ist für Carnap der Prototyp eines Scheinsatzes, eines sinnleeren Schallgebildes.

Es gibt nun ohne Zweifel Sätze, die jedermann als reinen Unsinn ansieht. Aber in vielen anderen Fällen, und gerade in den philosophisch interessanten, ist es strittig, ob und welchen Inhalt ein Satz, eine These, eine Fragestellung haben. Das ist nicht verwunderlich. Der Sinn eines Satzes ist ja kein zusätzliches Ingredienz, das dem Satz wie ein Zauberelixier hinzugefügt und durch welches das tote physikalische Gebilde plötzlich lebendig wird. Die Expressionsthese tendiert allerdings gerade zu einer solchen Auffassung, wenn sie Sprache normalerweise als Ausdruck des Bewußtseins ansieht, in anderen Fällen aber als geistlos (das heißt auch: ohne Bewußtsein) und somit rein mechanisch produziert. Sinnvolle Sprache enthielte danach ein mentales Ingredienz, dessen sinnlose Sprache ermangelt.

Es tut nichts zur Sache, ob Carnaps Analyse zutrifft und z.B. der berühmt-berüchtigte Satz vom nichtenden Nichts sinnleer ist. Wenn man überhaupt zugesteht, daß es sinnleere Sätze gibt, so muß man damit rechnen, daß solche Sätze auch (und gerade) in der Philosophie auftreten können. Abstrahieren wir also vom Erfinder des nichtenden Nichts und nehmen einfach an, ein gewisser Philosoph H. habe eine Abhandlung geschrieben, die sich bei genauerer Analyse als Konglomerat von sinnleeren Sätzen entpuppt. *Möglich* ist so etwas immerhin. Wie wäre ein solcher Tatbestand theoretisch zu erfassen?

Stellen wir uns zuerst versuchsweise auf den Expressionsstandpunkt, wonach das Sprechen (normalerweise) der Ausdruck des (bewußten) Denkens ist. Durch die Sprache drückt der Philosoph H. also seine Gedanken aus; die Intentionalität seiner *Sätze* leitet sich von der Intentionalität seiner Gedanken her. Was mag aber der Inhalt eines Denkens von H. sein, das sich in inhaltsleeren Sätzen ausdrückt?

Hat Herr H. etwas *gedacht*, d.h. hatten seine Gedanken (so, wie es sich für Gedanken gehört) einen Inhalt, und nur der *Ausdruck* des Inhaltes ist ihm mißglückt? Bei einem Philosophen wie

H. wäre das eine unplausible Hypothese, und H. selbst würde sie entschieden zurückweisen. Sich auszudrücken, zu formulieren, zu reden, das gehört doch zu H.'s Beruf, darin gilt er sogar als Meister!

Oder hat H. *inhaltsleere Gedanken* gedacht, die er dann ganz konsequent in inhaltsleeren Sätzen ausdrückte? Hat H. also gedacht, aber an gar nichts? War sein Bewußtsein leer, ein Bewußtsein von gar nichts? Das ist absurd! Erstens benützen wir das Wort „denken" nicht so, d.h. wir würden nicht verstehen, was es heißt „zu denken, aber an gar nichts". Zweitens wissen wir aus der Biographie von H., daß er sehr lange und intensiv an der in Frage stehenden Abhandlung gearbeitet hat. In jedem Sinn von „Denkarbeit" steckt in der Abhandlung von H. viel Denkarbeit.

Es erscheint darum auch nicht akzeptabel, wenn bei A. Stöhr zu lesen ist, Unsinn könne nur geredet werden, nicht aber gedacht:

> Deshalb sagt man auch nicht: denken Sie keinen Unsinn, sondern: reden Sie keinen Unsinn! Man sagt damit nicht, daß diese oder jene Begriffe sich nicht vereinigen lassen, sondern daß der Sprechende sich für einen Augenblick in eine gedankenlose Redemaschine verwandelt hat und aufgeweckt werden muß.[4]

Diese These wird allerdings verständlich, wenn man rekonstruiert, was Stöhr unter einer „Redemaschine" verstanden haben könnte. Er dürfte damit so etwas wie eine reine Kalkülmaschine gemeint haben, d.h. ein System, das Sätze oder Satzteile nach strikten Regeln kombinieren und verarbeiten kann, das aber sprachliche Gebilde niemals mit Realität, mit seiner Umwelt in Beziehung setzt. Sprechen wäre für eine derartige Maschine ungefähr wie für uns Schach spielen. Und nun mag es sein, daß Herr H. beim Abfassen seiner Abhandlung tatsächlich eine derartige Maschine, d.h. eine Kalkülmaschine war. Sollte man deshalb aber bereits von Gedankenlosigkeit oder einem leeren Bewußtsein sprechen?

Um die Dinge noch drastischer zu schildern, nehmen wir einmal an, im Jahre 2010 werde die Sprachkritik, wie Carnap sie be-

---

[4] Stöhr (1910) S. 177

treiben wollte, zu dem Resultat kommen, ein philosophischer Satz S, über den jahrhundertelang gestritten wurde, sei in Wirklichkeit sinnleer. Haben jene Philosophen, die bis dahin über den Satz S Abhandlungen schrieben, also *an nichts* gedacht? War ihr Bewußtsein leer, wenn sie über S nachdachten? Cartesisch gefragt: kamen solche Sätze ohne Mitwirkung des Geistes rein mechanisch in der Maschine Gehirn zustande? (Nochmals erinnere ich an die Ausgangsthese: Geistiges ist immer inhaltsbezogen, es hat immer Intentionalität – ein Denken ohne Inhalt gibt es nicht – folglich sind inhaltsleere Sätze kein Geistesprodukt!)

Wie wäre also in dem theoretischen Vokabular von Intentionalität, Propositionalität und Mentalität die Tatsache zu erfassen, daß man früher glaubte, die Philosophen hätten mit dem Satz S etwas gemeint, jetzt aber stellt sich heraus, daß dies ein Irrtum war? Und wie, wenn sich die Sinnkritik des Jahres 2010 einige Jahre später, sagen wir 2050, wieder als falsch herausstellte? (Angesichts der Schwierigkeiten mit der Sinnkritik, muß man mit solchen Irrtümern durchaus rechnen.) Muß man manchmal im Unklaren bleiben, ob ein Satz Ausdruck eines (bewußten) Denkens (das laut Voraussetzung immer Inhalte hat) ist oder nicht? Hängt die Zuordnung des Ehrenprädikates „bewußt" davon ab, welche Resultate die Sinnkritik liefert?

Fazit für die Identitätsthese

Für meine These von der Identität von Sprechen und Bewußtsein ist das Problem der sinnleeren Sätze sehr einfach zu lösen. Wer gescheit redet, der denkt gescheit, wer Unsinn redet, der denkt auch Unsinn. Selbstverständlich macht es einen Unterschied, ob ich sinnvoll oder sinnleer rede bzw. (bewußt) denke. Aber dieser Unterschied sollte nicht mittels der Begriffe „Bewußtsein" oder „Denken" bezeichnet werden. *Der Unsinn wird genauso bewußt gedacht bzw. geredet wie der Sinn.* Der Unsinn ist genauso das, wessen ich mir bewußt bin, wenn ich Unsinn rede, wie es unter anderen Umständen der Sinn ist, wenn ich sinnvoll rede. Das sind keine tiefen Einsichten, sondern es ergibt sich aus der Rekonstruktion der Bedeutung von „bewußt". Es gibt beides: sinnvolles (inhaltserfülltes) Reden, und sinnloses (inhaltsleeres, unsinniges) Reden bzw. Bewußtsein. Für das *Reden* gibt dies jedermann zu, vom *Bewußtsein* ist es dagegen nicht üblich, dasselbe zu sagen; aber dies ist inkonsequent, denn man billigt ja auch demjenigen Bewußtsein zu, der Unsinn redet. Eine Widerlegung der Identitätsthese läßt sich also aus der Möglichkeit bzw. Existenz sinnloser Sätze nicht ableiten.

Man bedenke noch, daß die Kennzeichnungen „sinnvoll" und „sinnlos" sprachlogische Kategorien sind, und keine psychologischen. Zwischen dem Denken sinnvoller bzw. sinnloser Sätze besteht möglicherweise gar kein *psychologischer* Unterschied. In der vorhin zitierten Stelle von Mauthner heißt es, das Denken sei „das Sprechen auf seinen Ladenwert hin beurteilt". Der Sinn dieser Metapher könnte sein, daß mit „Denken" der Bezug des Redens zur Realität, sozusagen die Kaufkraft des Geredeten in der Realität, bezeichnet wird. Ein Satz über die Wirklichkeit ist viel wert, ein sinnloser Satz ist nichts wert, und deshalb sagt man von ersterem, er sei Ausdruck von Gedanken, von letzterem aber, er sei gedankenlos erzeugt worden. Man drückt sich tatsächlich manchmal so aus, aber man *sollte* es besser nicht tun. Denn in einer anderen, durchaus gängigen Bedeutung von „Denken" kann man sagen, daß manchmal sehr lange und tief über Unsinn nachgedacht wird.

Worin besteht aber dann der Unterschied zwischen sinnvoller und sinnleerer Rede? Nun, von sinnleeren Sätzen findet der Sprecher bzw. Hörer nie zur Realität, er kann solche Sätze nicht auf die Wirklichkeit anwenden, sie sehen nur so aus, als ob sie auf die Welt anwendbar seien. Solange man die Sinnlosigkeit aber nicht bemerkt, operiert (denkt, redet) man mit sinnlosen Sätzen genauso wie mit sinnvollen.

Was wird aus der Brentanoschen Intentionalitätsthese? Es wird daraus die Einsicht, daß das Sprechen bzw. bewußte Denken im Normalfall einen Realitätsbezug, eine Intention hat, daß es aber auch deviante Fälle gibt, in denen das Sprechen bzw. bewußte

Denken „leerläuft". Der Normalfall ist nicht bloß der häufigere, sondern der grundlegende, denn ohne ihn könnte sich keine Sprache entwickeln. Ob man sinnleeren Sätzen Propositionen bzw. Intentionen zuordnen will oder nicht, ist eine reine Konventionsfrage. Es hängt von den (theoretischen) Zwecken ab, zu denen man solche theoretischen Begriffe einführt.[5] Immerhin scheint es, daß die Brauchbarkeit der Intentionalität als notwendiges und hinreichendes Charakteristikum für Psychisches nicht unbestreitbar ist, zumindest was die öffentliche Deutung der Intentionalität anbelangt. Sinnlose, inhaltsleere Sätze besitzen die (öffentliche) Eigenschaft der Intentionalität doch wohl nicht, und es besteht kaum Grund, diese Eigenschaft trotzdem dem zugehörigen Denken zuzubilligen. Der Unsinn Redende/Denkende ist nur eine Kalkülmaschine, er operiert mit bedeutungslosen Wortreihen.

Es mag aber sein, daß für Anhänger der privaten Deutung von Intentionalität immer noch ein Unterschied zwischen dem Unsinn redenden Menschen und einer Kalkülmaschine besteht. Vielleicht würden sie sagen wollen, ein Mensch, der Unsinn redet bzw. denkt, meint ihn auch, während eine Kalkülmaschine, die denselben Unsinn produziert, damit nichts meint. Man könnte dem freilich die Frage entgegenhalten: *Was meint ein Mensch, wenn er Unsinn redet?* Wie man sieht, läuft die Sache damit auf eine neue semantische Frage hinaus, nämlich was das Wort „meinen" in solchen hochtheoretischen Kontexten eigentlich bedeuten könnte.

Nach diesem Exkurs kehre ich zur Hauptlinie meiner Untersuchung zurück und analysiere ein weiteres Stück der kanonischen Phraseologie des Begriffs des Bewußtseins.

---

[5] Ich gestehe allerdings, daß ich gegenüber Searles Behauptung „Der Vollzug des Sprechaktes ist eo ipso ein Ausdruck des entsprechenden intentionalen Zustandes" (Searle [1983] S. 25) ziemlich ratlos bin, wenn ich an die Äußerung von sinnlosen Sätzen denke. Aber vielleicht würde Searle sagen, Unsinn zu reden sei kein „Vollzug eines Sprechaktes".

Bewußtsein als reflexiver Prozeß

Bewußtsein als Wissen des Wissens

Ich komme zu einem weiteren Versuch, charakteristische Eigenschaften des bewußten Geschehens zu erfassen. Die These, um die es hier geht, findet sich seit mindestens 250 Jahren in immer neuen Versionen im philosophischen Schrifttum, aber es ist schwer, eine zusammenhängende und systematische Darstellung dafür zu finden. Es ist insofern eine sehr wichtige These, als sie gerade das „höhere" Bewußtsein, das nach allgemeiner Ansicht nur dem Menschen, nicht aber den Tieren zukommt, charakterisiert.

Die These besagt ungefähr folgendes: Das Wesen des Bewußtseins, dasjenige, wodurch der Mensch sich sicherlich auch von den intelligentesten Tieren und von allen Maschinen unterscheidet, ist der Umstand, daß der Mensch nicht bloß etwas sieht, hört, fühlt usf., sondern zugleich auch *weiß, daß* er dies sieht, hört, fühlt usf. Um das bekannte Beispiel nochmals zu bemühen: Ein Hund und sein Herr sehen beide einen Mann rennen; aber nur der Herr *weiß, daß* er einen Mann rennen sieht, der Hund *weiß es nicht*. Der Herr besitzt eben Bewußtsein, er ist sich dessen bewußt, daß er einen Mann rennen sieht. Man bezeichnet dieses besondere Wissen als reflektierendes Wissen oder kurz als Reflexion, weil der Geist, wie es scheint, sich dabei wie in einem Spiegel selbst beobachtet und Einsichten über sein eigenes Wesen gewinnt. Es ist dieses Wissen höherer Stufe, das *Wissen des Wissens* (von den Dingen der Welt), welches die charakteristische oder gar definierende Eigenschaft des bewußten Geschehens sein soll.

Dieses reflexive Wissen unterscheidet sich, so liest man häufig, fundamental vom gewöhnlichen Sehen, Hören, Wissen etc. Letzteres muß durch sorgfältige Beobachtungen gewonnen werden, man ist dazu auf seine Sinnesorgane angewiesen, die einen leider gelegentlich auch täuschen. Ganz anders steht es mit dem reflexiven Wissen, das nämlich ohne die äußeren Sinnesorgane zustandekommt: dieses Wissen ist – so lautet die traditionelle These – absolut sicher. Ich höre etwa einen Vogel und meine, es sei die Lerche, indessen war es eine Nachtigall, und insofern habe ich mich geirrt. Dagegen ist es unmöglich, daß ich mich darüber täusche, daß ich etwas höre und daß ich meine, es sei die Lerche. Zu diesem Wissen, dem Wissen über meine Erlebnisse und Gedanken, gelange ich auf eine sehr direkte Weise, und niemand außer mir hat diesen privilegierten Zugriff oder Zugang. Ich mache mir etwas bewußt, indem ich diesen privilegierten Zugang ausnütze und mir ein Wissen darüber bilde, was ich sehe, höre oder weiß.

Das Zustandekommen eines solchen, absolut sicheren, Reflexionswissens (d.h. nach der oben erwähnten Ansicht das Zustandekommen des Bewußtseins, d.h. des *Wissens, daß* man etwas sieht, hört, weiß) wird von verschiedenen Schulen in verschiedener Terminologie ausgedrückt. Frühere Jahrhunderte liebten vor allem die Redeweise von einem „inneren Sinn",[1] der ganz in Analogie zu den gewöhnlichen Sinnesorganen alles beobachten und aufnehmen kann, was in mir vorgeht. Durch diese innere Wahrnehmung entsteht dann das Wissen über die eigenen inneren Zustände, wobei ein solcher innerer Sinn nicht mehr getäuscht werden kann. Ich weiß ganz sicher, was ich erlebe – eine Täuschung ist dabei ausgeschlossen. Mit Hilfe des inneren Sinnes kann ich meine eigenen Vorstellungen zum Gegenstand der Betrachtung machen, d.h. zu Inhalten einer Vorstellung.

Die Lehre von der Reflexivität des Bewußtseins besagt nicht einfach, daß wir bei Bedarf über das, was wir gerade erleben oder denken, Auskunft geben können, sondern daß während des Erlebens und Denkens (wenn es bewußt ist) gleichzeitig eine Art inneren „Zuhörens", „Zusehens" oder „Phosphoreszierens" stattfindet. Nicht ohne Sarkasmus, und, wie bei ihm üblich, ohne

---

[1] Der Terminus kommt z.B. wiederholt in Kants *Kritik der reinen Vernunft* vor; der ziemlich schwankende Gebrauch, den Kant von diesem Terminus macht, läßt jedoch keinen kanonischen Gebrauch erkennen.

Belege durch Literaturangaben, aber im großen und ganzen recht zutreffend, hat G. Ryle die Reflexionsthese wie folgt dargestellt:

> Erstens, der Theorie gemäß sind Seelenvorgänge nicht in dem Sinn bewußt, daß wir über sie nachher tatsächlich berichten oder doch berichten könnten, sondern in dem Sinn, daß die Eröffnungen ihres eigenen Vorfallens Merkmale dieser Vorfälle sind und so nicht nach ihnen kommen können. Die angeblichen Bewußtseinsoffenbarungen würde man, wenn sie sich überhaupt in Worte kleiden lassen, in der Gegenwart, nicht in der Vergangenheit ausdrücken.
>
> Zweitens, da ich mir meiner gegenwärtigen psychischen Zustände und Handlungen bewußt bin, wird angenommen, daß ich weiß, und zwar in einem nichtdispositionalen Sinn weiß, was ich gerade erlebe und tue; das heißt also, daß ich nicht bloß mir oder einem anderen sagen könnte, was ich erlebe und tue, wenn es die Situation erfordert, sondern daß ich es aktiv erkenne. Obwohl kein Doppelakt der Aufmerksamkeit vorfällt, ist es doch so, daß ich, wenn ich das Stehenbleiben meiner Uhr entdecke, gleichzeitig auch entdecke, daß ich das Stehenbleiben meiner Uhr entdecke; eine Wahrheit über mich selbst geht mir im selben Augenblick auf, in dem ich eine Wahrheit über meine Uhr ausfindig mache[2].

G. Ryle hat diese Reflexionslehre auch persifliert als die Idee einer privaten, inneren Bühne, auf der alles abläuft, was eben von einem Lebewesen wahrgenommen wird, und deren Darbietungen von einem geheimnisvollen inneren Zuschauer (zumindest zeitweilig) interessiert betrachtet werden. Dieser Zuschauer wäre der Geist oder das Bewußtsein. Der Zuschauer beachtet je nach Geschmack den einen oder anderen Teil der Vorstellung besonders genau – dies nennt man „Aufmerksamkeit". Wenn ich etwas bewußt tue, das ich zuvor ohne Bewußtsein getan habe, wenn ich plötzlich bemerke oder weiß, was ich gerade tue, so wird das mit dem Aufdrehen eines inneren Scheinwerfers verglichen. Aber das ganze ist eben nur ein Stück „Paraoptik"[3], eine schlechte Analogie, die übrigens auch zu einem unendlichen Regreß führt. Sitzt etwa in dem inneren Zuschauer seinerseits wiederum ein innerer Zuschauer usf.?

---

[2] Ryle (1949) S. 215–216
[3] ebd. S. 214

Versuchen wir nun, aus alledem eine kanonische Phrase herzustellen. Ein Tier (ohne Bewußtsein) sieht ein Objekt – das ist alles; aber der Mensch, als bewußtes Wesen, sieht das Objekt und weiß, daß er es sieht. Dieses Wissen, daß man sieht / hört / denkt etc., soll geradezu die Wesensdefinition von „Bewußtsein" sein. Schon in P. Bayles Wörterbuch ist zu lesen:

> Es ist jedem, der von den Dingen zu urteilen weiß, offenbar, daß ein jedes Wesen, welches einige Empfindung hat, wissen muß, daß es empfindet: und es würde nicht ungereimter sein zu behaupten, daß die Seele des Menschen wirklich einen Gegenstand erkennt, ohne zu erkennen, daß sie ihn erkennt; als es abgeschmackt ist zu sagen, daß die Seele eines Hundes einen Vogel sieht, ohne zu sehen, daß sie ihn sieht.[4]

Einige Jahrhunderte später schreibt ein anderer Autor:

> Ich weiß, daß die Hausglocke einen Gast ankündigt, und zugleich bin ich mir bewußt, daß ich es weiß. Ich brauche dazu keinen expliziten Akt der Reflexion. Es ist mir im aktualisierten Wissen implizit mitgegenwärtig.[5]

Als Beleg für diese Auffassung innerhalb der klassischen Philosophie kann aber insbesondere eine bis vor kurzem vergessene und auch nicht außergewöhnlich wichtige Schrift dienen, die einem gewissen englischen Denker namens Mayne zugeschrieben wird. Der Vorteil dieser Schrift ist, daß sie die Reflexionsphraseologie besonders ausführlich und vielfältig darbietet. Hier wird von der These ausgegangen

> daß *Bewußtsein* für sich selbst empfindungsfähig (sensible) ist, oder (was dasselbe bedeutet), daß der *Geist*, wenn er *bewußt* ist, *wahrnimmt* und weiß, daß er bewußt ist.[6]

Ein andermal nennt Mayne Bewußtsein ein

> Wissen, das sich selbst wahrnimmt und ein Gefühl seiner selbst hat[7]

Ferner ist zu lesen:

---

[4] Bayle, *Dictionnaire*, Bd. 4 Artikel „Rorarius", S. 81
[5] Holenstein (1987) S. 154
[6] Mayne (1728) S. 20 (alle Hervorhebungen im Original)
[7] ebd. S. 56

Der *Geist nimmt,* wenn er *bewußt* ist, sich selbst als *bewußt wahr;* er nimmt sich also als das wahr, was sich selbst wahrnimmt ... aber *Bewußtsein* und die *Wahrnehmung* davon sind zwei verschiedene Handlungen[8].

Dies alles sind nur Variationen der Definition des Begriffes „Bewußtsein", welche Mayne gleich zu Beginn seiner Schrift versucht. Bewußtsein sei nämlich

der innere Sinn und das Wissen, das der Geist von seinem eigenen Sein und Existieren hat und von dem, was immer in ihm vorgeht[9]

Dies ist nun freilich alles andere als leicht verständlich oder an sich selbst zu beobachten, zumal hier der problematische Ausdruck „innerer Sinn" bemüht wird. Beobachtet man sich selbst unvoreingenommen, so sieht man z.B. einen Hund und sagt zu sich: ein Hund. Fragt mich jemand, ob ich denn auch *wisse,* daß ich einen Hund gesehen habe, nun, was soll ich sagen? Man hat mich gelehrt, mit „ja" zu antworten. Fragt mich aber jemand weiterhin, worin denn dieses Wissen bestehe, *was* ich denn jetzt eigentlich wisse, – so gerate ich in arge Verlegenheit. Einen *Hund* habe ich z.B. gesehen, das ist alles. Aus der ehrlichen Selbstbeobachtung läßt sich die Reflexionsthematik kaum gewinnen, und der skeptische Mauthner hat, bei aller Problematik seiner Terminologie, sicher richtig beobachtet, wenn er schreibt:

Die genaueste Selbstbeobachtung führt mich zu der Behauptung, daß noch niemals das Bewußtsein bewußt geworden sei [...] Wenn wir uns einmal selbst über die Achseln gucken, wenn wir uns unser Denken zum Bewußtsein zu bringen suchen, so ist das nur, wie wenn wir absichtlich einen tieferen Atemzug tun.[10]

Nach Mayne aber nimmt man beim *bewußten* Wahrnehmen des Hundes zusätzlich zur Wahrnehmung dieser Wahrnehmung vor allem auch noch sich selbst wahr:

Bewußtsein ist die unmittelbare Wahrnehmung des Geistes von sich selbst[11].

---

[8] ebd. S. 88
[9] ebd. S. 4–6
[10] Mauthner (Beiträge) I, S. 638
[11] Mayne (1728) S. 42

Eine Täuschung ist dabei ausgeschlossen. Ich sehe z.B. rot, wobei ich mich insofern täuschen kann, als das Gesehene evtl. gar nicht rot ist. Es wird mir aber bewußt, daß ich sehe: dies ist rot. Ich weiß dann, daß ich mir bewußt bin, daß ich rot sehe – *dieses Wissen ist unfehlbar:*

Darüberhinaus ist das *bewußte Wissen* im höchsten Grade gewiß; es braucht keinen Beweis und läßt auch keinen zu, sondern ist in *sich selbst* und nur aufgrund seiner selbst glaubwürdig und verläßlich mit der höchsten Gewißheit: Denn der *Geist nimmt*, wie gezeigt wurde, in seinem *Bewußtsein* seine eigene *Bewußtheit* oder sein *bewußtes Wissen wahr*: dies ist *ein Wissen, daß er weiß.*[12]

Es geschieht also eine ganze Menge gleichzeitig, wenn die Theorie zutrifft, das Wesen des Bewußtseins sei seine Reflexivität:

Wenn der Geist *denkt*, so ist er *empfindsam* (sensible) für den *Akt* oder die *Operation* des Denkens und für das, was er denkt [...]; er weiß auch, daß er *selbst* es ist, der *denkt* [...], und er hat eine *Wahrnehmung* seines *Bewußtseins* oder einen inneren Sinn und Wissen von alle dem, und zwar alles zur gleichen Zeit[13].

Ausdrücklich bestreitet Mayne übrigens den *Tieren* jedes Bewußtsein, obwohl er sie nicht mit den traditionellen Cartesischen Ausdrücken „Automat" oder „Maschine" belegt. Im Sinne seiner eigenen Begriffserklärung für „Bewußtsein" handelt Mayne dabei völlig konsequent. Tiere, so Mayne's Argument, handeln zwar intelligent, aber sie wissen es nicht, sie nehmen nicht wahr, daß sie intelligent handeln. Man hat nach Mayne keinen Grund zu der Vermutung,

daß irgendeines von ihnen eine *Wahrnehmung* seines eigenen *Bewußtseins* hat, und daß es sich nicht nur *bewußt* ist, daß es z.B. *fühlt* und *denkt* und eine *Kraft* des *Fühlens* und *Denkens* hat, sondern daß es auch noch dieses sein eigenes *Bewußtsein* und *Wissen empfindet*. Und doch kann es ohne dieses *Selbstbewußtsein* oder dieses *sich selbst wahrnehmende Wissen* (wenn ich es so nennen darf) kein echtes oder wirkliches *Bewußtsein* geben [...]

---

[12] ebd. S. 42
[13] ebd. S. 40

> Wenn sie *gehen, fliegen, schwimmen oder kriechen,* so empfinden sie nichteinmal selbst, was sie tun.[14][...]
>
> Sicher weiß ein Hund, wenn er den Geruchssinn [...] verloren hat, nicht, daß er ihn verloren hat [...] Dies ist ein klares Indiz dafür, daß *Tiere* kein *Bewußtsein* haben, denn ein Vermögen zu verlieren, ohne den Verlust zu empfinden, [...] impliziert offenkundig, daß niemals irgendein Bewußtsein [...] vorhanden war.[15]

Dieser nicht näher identifizierbare Autor Mayne steht hier nur als besonders ausführliches und eindringliches Beispiel für die Reflexionsthematik. Die Thematik als solche geht mindestens bis auf J. Locke zurück. Ich habe schon früher darauf verwiesen, daß Locke den Begriff eines unbewußten psychischen Geschehens für absurd hielt; aber gerade wegen seiner Verwerfung des Unbewußten wird die Charakterisierung des Bewußten so interessant. Er sagt, es sei:

> für jedermann unmöglich, etwas wahrzunehmen, ohne wahrzunehmen, daß er wahrnimmt. Wenn wir irgendetwas sehen, hören, riechen, schmecken, fühlen, nachdenken oder wollen, so wissen wir, daß wir dies tun.[16]

Mit verschiedensten Variationen ist dies eine weitverbreitete Position. Etwa liest man bei dem deutschen Aufklärer Reimarus (1694–1768):

> Sobald wir ein beachtetes und mit anderen verglichenes Ding in unserer Vorstellung kennen und von anderen unterscheiden, so sind wir uns dessen bewußt, d.i. wir wissen, daß wir uns etwas und was wir uns vorstellen. Dieser Zustand des Gemüts, da es Dinge beachtet und darüber reflektiert...[17]

Dieselbe These erhielte man auch, wenn man statt „wahrnehmen" und „wahrnehmen, daß man wahrnimmt" z.B. „wissen" und „wissen, daß man weiß" etc. einsetzen würde. Was ist daran so merkwürdig? Merkwürdig, d.h. in Widerspruch zum üblichen Sprachgebrauch ist, daß das oberste, letzte, höchste Wahrnehmen bzw.

---

[14] ebd. S. 36–38
[15] ebd. S. 70
[16] Locke (Essay) II, Kap. 27 § 11
[17] Reimarus (1756) § 60

Wissen selbst jeweils nicht bewußt sein würde. Ein Prozeß x heißt nämlich nach dieser Auffassung genau dann „bewußt", wenn es eine Wahrnehmung oder ein Wissen W von diesem Prozeß gibt, d.h. ein W(x). Dieses W seinerseits ist aber nicht bewußt, es sei denn, es gibt ein W', so daß ein geschachteltes Wissen W'(W(x)) vorliegt, usf. in infinitum. Genau bei dieser Schwierigkeit setzte auch schon Leibniz ein:

> Zu sagen, daß der Körper ausgedehnt sei, ohne Teile zu haben, und daß ein Ding denke, ohne sich seines Denkens gewahr zu sein (qu'une chose pense sans s'appercevoir qu'elle pense), sind zwei Behauptungen, welche gleichermaßen unverständlich erscheinen[18]

läßt Leibniz zunächst den Verfechter der Lockeschen Philosophie sagen, um diese Auffassung sogleich zu bestreiten. Nach Leibniz' Meinung gibt es viele psychische Vorgänge, die nicht bewußt werden. Ein Wahrnehmen, Denken etc., dessen sich der Mensch nicht bewußt wird, sind für Leibniz alltäglichste Phänomene. Auch er benützt die Reflexionsterminologie um Bewußtsein zu charakterisieren. Wo dieses Charakteristikum fehlt, fehlt auch das Bewußtsein.

> Zu behaupten, es gebe in der Seele nichts, dessen sie nicht gewahr werde, ist ein Zirkelschluß [...]
> Es ist auch leicht [...] das Gegenteil zu zeigen, d.h. daß es für uns nicht möglich ist, über alle unsere Gedanken immer ausdrücklich zu reflektieren: sonst würde der Geist über jede Reflexion eine neue Reflexion bis ins Unendliche anstellen, ohne jemals zu einem neuen Gedanken übergehen zu können. Indem ich z.B. einer gegenwärtigen Empfindung gewahrwerde, müßte ich immer denken, daß ich daran denke, und auch wieder denken, daß ich daran zu denken habe, und so bis ins Unendliche. Aber ich muß wohl über alle diese Reflexionen zu reflektieren aufhören und endlich einmal einen Gedanken haben, den man ohne daran zu denken vorüberläßt. Sonst würde man immer bei derselben Sache bleiben.[19]

Dabei bestreitet Leibniz aber nicht, daß reflektorische Akte auch

---

[18] Leibniz, *Nouveaux Essais*, 2. Buch 1. Kap. § 11 und § 19
[19] ebd. § 19; die alte deutsche Übersetzung schreibt übrigens ohne weiteres „sich bewußt werden" für das frz. „appercevoir".

komplizierterer Art tatsächlich stattfinden – es gäbe ansonsten ja keine bewußten Akte. Doch hält er dies alles für „erstaunlich":

> Die Tätigkeit des Geistes, die mir am erstaunlichsten erscheint, ist jene, wenn ich denke, daß ich denke, und beim Denken dies selbst wieder bemerke, daß ich über meine Gedanken denke, und kurz darauf mich über diese dreifache Reflexion wundere.[20]

Empirisch, psychologisch ist es allerdings zweifelhaft, ob (eventuell außer Leibniz selbst) schon jemals jemand das Erlebnis einer dreifachen Reflexion gehabt habe, und wie ein solches Erlebnis wohl beschaffen sein könnte. Tut man dabei nicht wirklich bloß einen „tieferen Atemzug"? Auf der anderen Seite hat die Reflexionstheorie ein starkes logisches Prinzip auf ihrer Seite: Es gibt nichts, das nicht Gegenstand des Denkens werden könnte, also kann auch das Denken selbst Gegenstand des Denkens werden, bzw. das Bewußtsein Gegenstand des bewußten Denkens. Dieses Prinzip führt zu der Möglichkeit, immer höhere Reflexionsstufen zu konstruieren bzw. zu postulieren, unter denen man sich andererseits doch nichts Rechtes vorzustellen vermag. So wundert sich fast dreihundert Jahre nach Leibniz N. Malcolm:

> Ist es möglich, sich seines Bewußtseins von einer Sache bewußt zu sein? Macht es Sinn, wenn man sagt, daß jemand sein Bewußtsein einer Sache wahrnehme oder sich dieses Bewußtseins bewußt werde?[21]

Malcolm bezweifelt es. Wenn jemand meine, er müsse seine Aufmerksamkeit nur sehr stark konzentrieren, um z.B. in der Wahrnehmung das Wahrgenommene von seinem Bewußtsein unterscheiden zu können, dann ist derlei für Malcolm höchst dubios und es bleibe unklar, ob man eine derartige Behauptung auch nur *verstehe*.[22]

Und doch wird die Phraseologie vom „Wissen, daß..." immer wieder benützt, und dies offensichtlich nicht völlig ohne Grund. Etwa schreibt ein moderner Autor im Zusammenhang mit dem Begriff des Unbewußten der Psychoanalyse:

[20] Leibniz (A) VI 3, 516. Vgl. Schneider (1985)
[21] Malcolm in Armstrong-Malcolm (1984) S. 21
[22] ebd.

Der Neurotiker hat Ziele und Absichten, von denen er nichts weiß. Da sie ihm nicht bewußt sind, kann er sie nicht aussprechen.[23]

Es ist klar, daß nach der Identitätsthese hier eine kleine Korrektur anzubringen wäre: Statt des zweiten eben zitierten Satzes sollte man deutlicher sagen: Sie sind ihm nicht bewußt, d.h. er kann sie nicht aussprechen.

„Die Menschen des Altertums..."

Es sei noch erwähnt, daß umgekehrt die ungewöhnliche Geisteslage, welche sich bei meditativen Konzentrationsübungen einstellt und die man auch beim konzentrierten Spiel von Kindern beobachten kann, seit Jahrtausenden durch die *Negation* des Wortes „Wissen" beschrieben wird. Im Zhuang Zi, dem großen Dokument des Daoismus aus dem 4. Jahrhundert v.d.Z. heißt es von den „Menschen des Altertums":

...sie lebten ohne zu wissen, was sie taten[24].

Die „Menschen des Altertums" bildeten das Idealbild der Daoisten; man schrieb ihnen eine unreflektierte, eben „unwissende" Lebensführung zu. Und von der Erlebnislage des Kindes heißt es in demselben Text:

Kinder laufen herum und wissen nichts davon, oder sie verweilen irgendwo und wissen nicht, was sie tun.[25]

Derselbe Zustand wird übrigens oft auch durch die Wendung von der „Stille des Geistes" bezeichnet[26], was nach der Identitätsthese durchaus wörtlich zu lesen wäre.

---

[23] MacIntyre (1958), S. 89 der dt. Ausg.
[24] vgl. Schleichert (1990) S. 159–161
[25] ebd. S. 185–190
[26] ebd. S. 189

Die sprachlogische Deutung der Reflexion

Ich komme jetzt wieder auf die These von der Identität von Bewußtsein und Sprache zurück. Zunächst stellt sich die Frage, was denn anders ist, sobald ich einen bisher nicht bemerkten Reiz plötzlich bemerke, von ihm weiß, ihn bewußt erlebe? Was tritt denn zu jenem Reiz noch hinzu? Sicher ist nur eines: Ich werde jetzt *sagen* können, was ich bemerkt habe. Aber die Identitätsthese behauptet noch etwas mehr, nämlich daß „wissen, daß man p wahrnimmt", „p bewußt wahrnehmen" und „p verbalisieren, d.h. sagen, daß p" alle dasselbe bedeuten. Akzeptiert man diese These, so erhält man bezüglich der Reflexionsthematik eine leicht durchschaubare Situation, die keinen psychologischen Schrecken mehr enthält. Nach der ursprünglichen mentalistischen Ausdrucksweise hätte man zu unterscheiden:

    0. Ein Objekt (bloß, d.h. nicht bewußt) sehen.
    1. Ein Objekt sehen und wissen, daß man es sieht.
    2. Ein Objekt sehen und wissen, daß man weiß,
       daß man es sieht.
       etc.

Nach der Identitätsthese ist bewußtes Wissen, d.h. Bewußtsein von etwas, dasselbe wie Sprechen. Man erhält damit eine neue Stufenfolge:

    0'. Ein Objekt (ohne es zu verbalisieren) sehen.
    1'. Ein Objekt sehen und sagen, daß man es sieht.
       (= Sich des Sehens des Objektes bewußt sein.)
    2'. Ein Objekt sehen und sagen, daß man sagt, daß
       man es sieht.
       etc.

Ab Stufe 2' ist die Verwendung der Bewußtseinsterminologie aus guten Gründen unüblich. Es wäre zwar möglich, für diese Stufe zu sagen: „Ich bin mir dessen bewußt, daß mir bewußt ist, daß ich das Ding sehe". Aber die Sache ist viel leichter zu durchschauen, wenn man sagt: „Ich sage, daß ich sage, daß ich das Ding sehe".

Während mit den Schachtelungen des Terminus „Bewußtsein" ein Gefühl des Schwindels verbunden zu sein scheint, sind Schachtelungen von „Ich sage, daß" harmlos und trivial. Man kann vor alles, was man sagt, die Formel „Ich sage, daß" setzen, womit dann allerdings keine interessante Information mehr verbunden ist. Während man bei „Ich weiß, daß ich weiß.." meint, man müsse den Geist besonders stark anstrengen, um zum Wissen des Wissens vorzudringen, entfällt diese seltsame Anstrengung bei „Ich sage, daß ich sage..." von vorneherein. Es ist nur die mentalistische Terminologie, die Erklärung von „Bewußtsein" durch ein „Wissen des Wissens", die suggeriert, man müsse nach besonders tiefen Erlebnissen suchen, um zu begreifen, was Bewußtsein sei. Die theoretische Möglichkeit, immer höhere Schachtelungen zu konstruieren, bleibt bei der linguistischen Deutung erhalten, aber es ist eine Möglichkeit innerhalb eines reinen Sprachspieles. Aufgrund derartiger Sprachspiele glauben verzagte Laien gerne, Philosophen seien höherer Geisteszustände fähig als andere Menschen und könnten wie Akrobaten in einer geistigen Zirkuskuppel immer weiter emporturnen. Das kommt aber nur daher, daß man einen linguistischen Sachverhalt in eine mentalistische Sprache transponiert hat[27].

Die bei der mentalistischen Deutung der Schachtelungen noch offenen Probleme erledigen sich bei linguistischer Deutung, d.h. bei Anwendung der Identitätsthese mühelos. Ab der Stufe 1 liegt Bewußtsein vor, und daran ändert sich bei höheren Stufen nichts mehr; *es gibt keine Stufenfolgen des Bewußtseins.* Der Begriff „Bewußtsein" ist identisch mit dem Begriff „Sprechen", und zwar unabhängig davon, wie raffiniert das Sprechen in logischer Hinsicht sein mag. Ab Stufe 1 liegt Sprechen vor, folglich auch Bewußtsein.

---

[27] In einer interessanten Arbeit hat G. Bergmann (1955) vorgeschlagen, Sätze über Bewußtseinsereignisse (awareness) „loosely and ambiguously speaking" als Sätze über Sätze zu deuten. Er ordnet jedem Bewußtseinsakt einen „Text" zu; dieser Text ist jener Satz, den jemand auf die Frage „was denkst du gerade?" antwortet. Wenn jemand daran denkt, daß das Blatt grün ist, und dann sagt „Ich bin mir bewußt, daß das Blatt grün ist", so bildet nach Bergmann der *Text* „Das Blatt ist grün" den Inhalt dieses neuen Bewußtseinsaktes.

Eine Sprache, in der immer nur über die Welt und nie über die Sprache geredet wird, ist ohne weiteres vorstellbar.[28] Analog fehlt einem Denken, das immer nur an die Welt, aber nie an das Denken, denkt, das also nie reflektiert, gar nichts, insbesondere fehlt ihm nicht das Bewußtsein. Ein Mensch, der immer nur an die Dinge der Welt und nie an sich selbst oder an sein Denken denkt, ist nach der Identitätsthese trotzdem als ganz normaler, bewußter Mensch zu bezeichnen, während ihn die Reflexionstheorie des Bewußtseins eigentlich als nicht-bewußt anzusehen hätte.

Eine gewisse Modifikation erfährt die Theorie vom Doppelcharakter der Erfahrung bzw. vom impliziten Mitwissen, das einem bestätigt, daß man das (gewöhnliche) Wissen weiß. Etwa ist bei einem modernen Autor zu lesen:

Ich weiß etwas und weiß implizit, daß ich es weiß […] Eine implizite Struktur dieser Art scheint mir in den uns bekannten physikalischen Medien nicht duplizierbar zu sein.[29]

Das ist nach der Identitätsthese nicht ohne weiteres aufrecht zu erhalten. Wenn ich sage „Hier läuft ein Mann", dann besteht rein logisch die Möglichkeit, daß ich sagen *könnte* „Ich sage, daß hier ein Mann läuft", bzw. „Ich sage, daß ich sage, daß hier ein Mann läuft". Tatsächlich aber sage ich nicht die ganze unendliche Menge der rein logisch möglichen Schachtelsätze der Art „ich sage, daß ich sage, daß ich sage...", normalerweise sage ich derlei vielmehr überhaupt nicht – sicher ist nur, daß ich zu jedem Satz p, den ich sage, auch noch sagen *könnte*: „Ich sage, daß p". Ob dies ein „implizites Wissen" genannt werden sollte, mag dahingestellt bleiben.

Die Identitätsthese liefert schließlich auch eine einfache Lesart der These vom privilegierten Zugang und der absoluten Sicherheit des reflektorischen Wissens. Nach der Identitätsthese bedeu-

---

[28] Allerding könnte man die *Möglichkeit*, in einer Sprache über alles, insbesondere auch über diese Sprache selbst, zu sprechen, als einen Wesenszug von Veraloquenz ansehen.
[29] Holenstein (1987) Fußnote 4 auf S. 154

ten „wissen, daß man p erlebt", „p bewußt erleben", „sagen, daß p", dasselbe. Nun wird behauptet, daß man sich zwar über p täuschen könne, nicht aber darüber, daß man weiß, daß man p erlebt. Nach der Identitätsthese entspricht dem folgendes: Mein Erlebnis von p kann insofern falsch sein, als es etwa auf einer Sinnestäuschung oder Halluzination beruht. Meine Verbalisierung meines Erlebnisses p bringt aber keine zusätzlichen Irrtumsmöglichkeiten mehr ins Spiel – es sei denn Störungen der *Sprache*. Wenn ich rot sehe, kann man daran zweifeln, ob dem in der Realität etwas korrespondiert. Wenn ich aber *sage, daß ich rot sehe*, kann man zusätzlich höchstens noch bezweifeln, ob ich das Deutsche ordentlich beherrsche, mich nicht versprochen habe etc. Im ersten Fall ist ein „empirischer Zweifel" möglich, im zweiten höchstens noch ein „grammatischer".[30]

Erleben, ohne zu „wissen, daß…"

Wie gesagt wird Bewußtsein häufig erklärt durch „Wissen, daß…". Einen Gegenstand bewußt wahrnehmen, heißt nach dieser Erklärung, daß man ihn wahrnimmt und weiß, daß man ihn wahrnimmt. In diesem Zusammenhang sind Fälle interessant, in denen jemand etwas wahrnimmt, ohne zu wissen, daß er es wahrnimmt. Von solchen tatsächlich vorkommenden Fällen soll nun in aller Kürze die Rede sein. Empirische Beobachtungen sind allerdings keine Argumente, wenn es um begriffliche Klärungen geht. Es gibt kein Experiment, durch das insbesondere die These von der Identität von Bewußtsein und Sprechen verifiziert oder falsifiziert werden könnte. Aber empirische Tatbestände können dazu dienen, die Angemessenheit einer Begriffsexplikation zu kontrollieren.

Kommen wir also zu den empirischen Fakten. Unter bestimmten Umständen kann ein Mensch Dinge *wahrnehmen* (insbesondere sehen, tasten oder riechen), *ohne daß er davon etwas weiß*.

---

[30] vgl. Juhos (1950) S. 135 f.

Durch geeignete Testverfahren ist zugleich nachweisbar, daß der Betreffende tatsächlich etwas wahrgenommen hat, denn er verhält sich in der Testsituation entsprechend. Trotzdem ist er nicht in der Lage, anzugeben, was er wahrgenommen hat – er bestreitet vielmehr, überhaupt etwas wahrgenommen zu haben. Man kann unter bestimmten Bedingungen jemandem z.B. ein Bild eines Gegenstandes, z.B. eines Hutes, vor Augen führen, ohne daß der Betreffende hinterher sagen kann, was er gesehen hat. Und doch ist er fähig, den gezeigten Gegenstand aus einer größeren Anzahl von verschiedenen Gegenständen herauszufinden. Trotzdem weiß er nichts von der vorausgegangenen Wahrnehmung des Hutes zu sagen.

Bevor ich die empirischen Umstände kurz schildere, unter denen derlei geschehen kann, möchte ich sogleich die in unserem Zusammenhang wesentliche Frage stellen: wie, d.h. mit welchen Ausdrücken, soll man diese Situation beschreiben?

Es gibt dafür mehrere Varianten, die sich anbieten: unsere Versuchsperson hat den Hut gesehen, aber sie weiß nicht, daß sie den Hut gesehen hat und kann es auch später nicht wissen; sie hat den Hut gesehen, aber es ist ihr nicht bewußt, daß sie den Hut gesehen hat und sie kann es sich auch später nicht bewußt machen; sie hat den Hut gesehen, hat dies aber nicht verbalisiert und kann es auch später nicht verbalisieren – wenn man sie fragt, kann sie es nicht sagen. Nach der Identitätsthese sind alle diese Formulierungen gleichbedeutend. Es macht danach z.B. keinen Sinn, sich zu fragen, ob der Versuchsperson die Wahrnehmung des Hutes zwar bewußt geworden sei, sie aber von diesem Bewußtsein nichts wisse oder es nicht ausdrücken könne – daß etwas bewußt ist, bedeutet nach der Identitätsthese dasselbe wie daß es ausgesprochen wird.

Nun zu den zugrundeliegenden Beobachtungen.[31] Das menschliche Gehirn besteht, sehr grob gesagt, aus zwei symmetrisch aufgebauten Hälften, der linken und der rechten Hemisphäre. Die beiden Hemisphären haben nicht genau dieselben

---

[31] Vgl. z.B. die zusammenfassende Darstellung von Marks (1980)

Funktionen. Die linke Hemisphäre gehört zur rechten Körperhälfte, die rechte Hemisphäre zur linken. Von den beiden Augen gehen Nervenleitungen derart in die beiden Hemisphären, daß die linke Hälfte des Gesichtsfeldes (beider Augen) in die rechte Hemisphäre geleitet wird, die rechte Hälfte des Gesichtsfeldes (beider Augen) in die linke Hemisphäre, also kontralateral. Geruchssignale werden ipsilateral weitergeleitet, d.h. Geruchsreizungen des linken Nasenloches werden in der linken Hemisphäre verarbeitet, Geruchsreizungen des rechten Nasenloches in der rechten Hemisphäre. Schließlich ist im Normalfall, d.h. bei Rechtshändern, die linke Hemisphäre für die Sprache zuständig. Die beiden Hemisphären können weitgehend unabhängig voneinander arbeiten, doch ist davon normalerweise nichts zu bemerken, weil zwischen ihnen eine Verbindung durch die Nervenleitungen des Balkens (Corpus Callosum) besteht, durch welche ein ständiger Signaltransfer stattfindet. Außerdem gibt es auch Körperteile, die mit beiden Hemisphären verbunden sind (Nacken- und Kopfmuskulatur) und damit einen zusätzlichen Datentransfer zwischen beiden Hemisphären bewirken. Auch über das Stammhirn bestehen Verbindungen beider Hemisphären.

Es hat sich gezeigt, daß der Balken operativ durchtrennt werden kann, ohne daß es dadurch zu gravierenden Störungen der Leistungsfähigkeit des Menschen kommt. Diese Operation („Kommissurotomie") ist zeitweilig zur Behandlung schwerer Formen von Epilepsie angewandt worden und soll erfolgreich sein. Durch die Kommissurotomie wird die Signalübertragung zwischen den beiden Hemisphären weitgehend blockiert, doch stellt sich im gewöhnlichen Leben durch andere Mechanismen die nötige Information beider Hemisphären wieder ein. Zwar wird, wie gesagt, z.B. die linke Hälfte des Gesichtsfeldes stets nur in die rechte Hemisphäre geleitet, und der normale Informationsfluß über den Balken in die rechte Hemisphäre ist nach der Kommissurotomie blockiert. Aber bereits eine kleine Augenbewegung kann dies ausgleichen. Erst im Experiment, unter unnatürlichen Bedingungen, kommt es zu merkwürdigen Resultaten, von denen hier nur folgende aufgeführt seien:

Man bringt eine riechende Substanz in das rechte Nasenloch des kommissurotomierten Patienten; dieser Reiz wird ipsilateral weitergeleitet und gelangt in die rechte Hemisphäre. Auf Befragen antwortet der Patient, nichts zu riechen. Handelt es sich aber um einen unangenehmen oder ekligen Geruch, so verzieht der Patient ganz normal das Gesicht. Bittet man den Patienten, der sagt, daß er nichts gerochen hat, mit der linken(!) Hand in einer Menge von Dingen auf das zum Geruch passende Objekt zu zeigen, z.B. auf ein Stück Knoblauch, so gelingt dies ohne weiteres.

Zeigt man dem Patienten Bilder in der rechten Gesichtshäfte so kurz, daß keine Augenbewegung erfolgen kann, so gelangen diese nur in die linke, auch für die Sprache zuständige Hemisphäre. In diesem Fall liegt eine gewöhnliche Wahrnehmung vor, der Patient weiß, was er gesehen hat, er kann sagen, was er gesehen hat, es ist ihm dies bewußt. Dasselbe gilt, wenn der Patient Gegenstände nicht sehen, sondern mit der rechten(!) Hand betasten darf.

Wird aber ein Bild nur in der linken Hälfte des Gesichtsfeldes dargeboten, gelangt also in die rechte, nicht für die Sprache zuständige Hemisphäre, so kann es nicht benannt werden, der Patient bestreitet, etwas gesehen zu haben, er weiß nicht, daß er etwas gesehen hat, es ist ihm dies nicht bewußt. Analoges gilt, wenn der Patient Gegenstände, ohne sie zu sehen, nur mit der linken Hand betasten darf. Exponiert man in der linken Hälfte des Gesichtsfeldes das geschriebene Wort „Hut", so bestreitet der Patient, etwas gesehen zu haben, kann aber aus einer Menge von Objekten richtig das zu dem Wort gehörige Objekt, d.h. einen Hut herausfinden.

Zeigt man der linken Gesichtshälfte eines (männlichen) Patienten ein hübsches, nacktes Mädchen, so beginnt er zu lächeln; aber auf Befragen ist er nicht in der Lage anzugeben, warum. Offensichtlich hat er etwas *gesehen, ohne zu wissen, daß er etwas gesehen hat*, und natürlich ohne zu wissen, *was* er gesehen hat. (Die rechte Hemisphäre ist eher als die linke für Emotionen zuständig.)

Man hat diese Beobachtungen in der Philosophie hauptsächlich im Zusammenhang mit einer anderen Frage behandelt, nämlich der nach der Einheit der Person. Auch dies ist vorwiegend eine Frage der Begriffsexplikation, doch wird sie häufig wie eine empirische Frage behandelt. Insofern man die beiden Hemisphären voneinander isolieren kann, läßt sich tatsächlich im Experiment eine Art Aufspaltung in zwei voneinander (vorübergehend) relativ unabhängige Systeme erzielen, denen man gleichzeitig verschiedene Aufgaben stellen kann, wobei ein Konflikt entstehen kann, wenn diese Aufgaben einander widersprechen. Aber dies soll hier nicht weiter verfolgt werden.

Aber man hat auch Fragen ungefähr folgender Art gestellt: Hat die rechte, sprachlose Hemisphäre zwar Bewußtsein, weiß es aber nicht oder kann es nicht ausdrücken? Oder ist die rechte Hemisphäre nur ein (bewußtloser) Automat?[32] Die Identitätsthese kann natürlich keine sachhaltigen Fragen der Gehirnforschung beantworten; sie will nur den *Sinn* gewisser Fragen klären. Im vorliegenden Fall liefe die Sinnklärung auf folgendes hinaus. Es eröffnet keine neuen Einsichten, wenn man zusätzlich zu den experimentellen Befunden über die Fähigkeit bzw. Unfähigkeit der Patienten, bestimmte Wahrnehmungen zu verbalisieren, noch mit dem Terminus „Bewußtsein" operiert. Es ist eine höchst interessante empirische Einsicht, daß die Sprachfähigkeit nur in der linken Hemisphäre lokalisiert ist und daß Wahrnehmungen, die nur in die „sprachlose" rechte Hemisphäre gelangen, nicht bewußt werden können. Aber daß sie „nicht bewußt werden können" bedeutet einfach dasselbe, wie daß sie nicht verbalisiert werden können.

Nimmt man alles zusammen, so darf man wohl sagen, daß die traditionelle Umschreibung des Bewußtseins durch den Ausdruck „Wissen, daß..." nicht übel ist; allerdings ist dieses „Wissen, daß..." kein Akt geistiger Akrobatik, sondern einfach das Verbalisieren.

---

[32] Vgl. etwa Nagel (1971) Nagel sieht sich gehalten, eine Dreiteilung „Maschine (Gehirn)/Geist/Bewußtsein" vorzunehmen und der rechten Hemisphäre Geist, aber kein Bewußtsein zuzuschreiben. Ob man nicht-Bewußtes als „geistig" bezeichnen solle oder nicht, ist nicht Gegenstand meiner Überlegungen; wohl aber weist auch folgende Bemerkung Nagels implizit auf die Identitätsthese hin: „Man hätte überhaupt keinen Zweifel an ihrem (d.h. der Patienten) Bewußtsein, wenn nicht die Patienten selbst jedes Wissen (awareness) über diese Tätigkeiten abstritten" (l.c. S. 119)

Exkurs über Banalität und Absurdität

Ein Satz, der keiner ist(?)

In Wittgensteins Nachlaß findet sich folgende Notiz:

> „‚ich habe Bewußtsein', das ist eine Aussage, an der kein Zweifel möglich ist". Warum soll das nicht das Gleiche sagen, wie dies: „‚Ich habe Bewußtsein' ist kein Satz" ?
>
> Man könnte auch so sagen: Was schadet es, daß einer sagt, „Ich habe Bewußtsein" sei eine Aussage, die keinen Zweifel zulasse? Wie komme ich mit ihm in Widerspruch? Nimm an, jemand sagte mir dies, – warum soll ich mich nicht gewöhnen, ihm nichts darauf zu antworten, statt etwa einen Streit anzufangen? Warum soll ich seine Worte nicht behandeln, wie sein Pfeifen oder Summen?[1]

Ich nehme diese Notiz zum Anlaß, ein weiteres Stück kanonischer Phraseologie herauszupräparieren, an dem sich der spezielle logische Status der Begriffe „Bewußtsein" bzw. „bewußt" aufzeigen läßt. Der Satz „Ich habe Bewußtsein" kann zweierlei bedeuten, nämlich erstens soviel wie „Ich bin nicht bewußtlos", und zweitens „Ich habe Bewußtsein von etwas, mir ist etwas bewußt".

Die erste Deutung des erwähnten Satzes ist leichter zu durchschauen. Wann hat es etwa Sinn, daß jemand sagt „Ich bin nicht bewußtlos"? Es hat Sinn z.B. nach einem Unfall, um dem Sanitäter einen Hinweis zu geben. Diesbezüglich ist eine Bemerkung von Malcolm sicher richtig:

> Meine Äußerung würde [...] eine andere Person darüber informieren, daß ich bei Bewußtsein bin, *einfach indem sie ein Zeichen von Bewußtsein ist.* Andere Zeichen würden dasselbe erfüllen: das Öffnen meiner Augen, das Aufsetzen, oder *überhaupt irgendetwas zu sagen.* Meine Äußerung „Ich bin bei Bewußtsein" würde einer anderen Person zeigen, daß ich bewußt bin, einfach indem es eine Äußerung ist, und nicht zufolge eines vorausgesetzten „propositionalen Gehaltes" der Äußerung.[2]

---

[1] Wittgenstein (Zettel) 401
[2] Malcom in Armstrong-Malcolm (1984) S. 37

Man kann diese kluge Bemerkung noch ergänzen. Auch dann nämlich, wenn jemand den Satz

>Ich bin nicht bei Bewußtsein. (S)

von sich gibt, wird jedermann daraus entnehmen, daß der Sprecher bei Bewußtsein sei. Der Satz (S) als solcher ist falsch, und daß dem so ist, ergibt sich aus der Tatsache, daß (S) geäußert wird.

In der zweiten Lesart besagt der Wittgenstein-Satz „Ich habe Bewußtsein" soviel wie „Ich habe Bewußtsein von etwas, mir ist etwas bewußt". So gelesen handelt es sich um die ungewöhnliche, aber logisch korrekte Folgerung von „Mir ist *etwas* bewußt" aus dem Satz „Mir ist bewußt, daß p". Dabei kann p ein beliebiger Satz sein, z.B. unser Standardbeispiel „Hier läuft ein Mann".

Sätze von diesem Typus haben eine logische Besonderheit. Der besondere Status des Satzes bzw. Satztypus „Mir ist bewußt, daß p" wird deutlich, wenn man ihn negiert. Denn der Satz

>Mir ist *nicht* bewußt, daß p.

ist absurd. Ein solcher Satz ist jedesmal falsch, wenn er geäußert wird. Umgekehrt ist der nicht negierte Satz

>Mir ist bewußt, daß p.

jedesmal wahr, wenn er ausgesprochen wird. Im negierten wie im nicht-negierten Fall spielt dabei die Wahrheit oder Falschheit des eingebetteten Satzes p keine Rolle.

Welches logische Prinzip steht hinter diesen Tatsachen? Nach welchen (impliziten) Regeln geht die Alltagssprache bzw. die kanonische Phraseologie, auf die Wittgenstein letzten Endes anspielt, hier vor? Die Antwort liegt auf der Hand: Jeder beliebige Satz, der geäußert wird, gleichgültig ob er wahr ist oder falsch, läßt auf das Vorhandensein von Bewußtsein schließen. Das allgemeine Prinzip, d.h. die kanonische Phrase lautet also: *Wer redet, hat Bewußtsein*, gleichgültig *was* er redet. Ob er von seinem Bewußtsein redet oder vom Mann im Mond, spielt diesbezüglich keine Rolle. Und *wovon* hat er Bewußtsein? Nun, eben von dem, was er gerade sagt.

Diese kanonische Phrase läßt sich unterschiedlich theoretisch erklären; die gängigste Erklärung ist wohl die, daß Sprache ein Ausdruck des Bewußtseins sei. Es ist die alte Cartesische Auffassung von Veraloquenz als Folge von und als sicheres Anzeichen für das Vorhandensein von Geist. Daß wir so sicher sind, aus der Äußerung jedes beliebigen Satzes, gleichviel ob er wahr oder falsch ist, könne auf das Vorhandensein von Bewußtsein geschlossen werden, kommt daher, daß Sprechen nicht bloß Geist schlechthin, sondern auch Bewußtsein als eigentliche Ursachen des Sprechens voraussetzt.

Nach der Identitätsthese liegt dagegen zwischen Bewußtsein und Sprache kein Kausalverhältnis vor, vielmehr bedeutet „Bewußtsein" dasselbe wie „Sprache". Wenn diese These richtig ist, müssen die logischen Besonderheiten des Bewußtseinsbegriffes eine Entsprechung in Besonderheiten des Sprach- oder Redebegriffes besitzen, die höchstens durch idiomatische Eigenheiten des mentalistischen Dialekts verdeckt wird. Und das ist auch tatsächlich so. Der kanonische Satz

> Wer redet, hat Bewußtsein (von etwas).

besagt dasselbe wie

> Wer redet, der redet (von etwas).

Der letztere Satz ist offensichtlich tautologisch, während die kanonische Phrase sich nicht sofort als tautologisch zu erkennen gibt, es aber faktisch ebenfalls ist – niemand würde auch an ihrer Richtigkeit zweifeln.

Der Vorteil der Identitätsthese ist hier, daß die scheinbar so schwierig zu durchschauende Tatsache, welche Wittgenstein auf seinem Zettel notierte, sich als banal erweist. Ersetzen wir nach der Identitätsthese in Wittgensteins Zettel „Bewußtsein" durch „reden", so erhalten wir:

„‚ich rede', das ist eine Aussage, an der kein Zweifel möglich ist". Warum soll das nicht das Gleiche sagen, wie dies: „Ich rede' ist kein Satz"? [...]

Wittgenstein konstatiert mit Recht die Seltsamkeit des Satzes „Ich habe (jetzt) Bewußtsein". Der Satz ist wahr, sooft er geäußert wird und sagt nichts Rechtes aus – er bleibt allerdings ein syntaktisch korrekter *Satz*. Wenn „Bewußtsein" ein geheimnisvolles Etwas bezeichnete, bliebe allerdings unverständlich, woher der besondere logische Status des Satzes „Ich habe Bewußtsein" kommt. Ersetzt man „Bewußtsein" aber durch „reden", dann werden die Verhältnisse durchschaubar. Der Satz

>   Ich rede (jetzt).

ist banalerweise immer wahr, wenn er geäußert wird. Das dahinterliegende Schlußprinzip ist simpel: Wer irgendetwas redet, der redet; also: Wer sagt „ich rede", der redet. Dies sind keine Einsichten in das Wesen der Sprache (bzw. des Bewußtseins), sondern banale Konsequenzen der Bedeutung von „Reden" (bzw. „Bewußtsein").

Banalität und Absurdität

Um die logische Situation, wie sie sich im Lichte der Identitätsthese darstellt, noch deutlicher zu machen, betrachte man noch folgendes Satzpaar:

>   Ich habe (jetzt) kein Bewußtsein.
>   Ich schweige (jetzt).

Beide Sätze sind notwendigerweise falsch, sooft sie geäußert werden, während übrigens *„Er* hat kein Bewußtsein" und *„Er* schweigt jetzt" gewöhnliche, unauffällige Sätze sind.

Sätze, deren Wahrheit allein schon aus der Tatsache folgt, daß sie geäußert werden, könnte man „Banalitäten" nennen. Sie haben eine gewisse Verwandtschaft mit Tautologien, doch sind letztere wahr aufgrund ihrer bloßen Form, unabhängig davon, ob und von wem sie geäußert werden. Beispiele für Banalitäten sind etwa: „Ich lebe (jetzt)", „Ich habe (jetzt) Bewußtsein", „ich rede (jetzt)", „Ich sage (jetzt) das Wort ‚Wallenstein'", „Ich schlafe (jetzt) nicht". Banalitäten müssen offenbar in der Ich-Form und im Präsens geäußert werden. Die Wahrheit der Banalitäten muß nicht durch empirische Untersuchungen erhärtet werden, sondern ergibt sich aus der bloßen Tatsache ihrer Produktion.

Die Negation einer Banalität ergibt einen Satz, der allein schon aufgrund der Tatsache seiner Äußerung falsch ist. Diese Art von Sätzen könnte man „Absurditäten" nennen. Sie haben eine gewisse Ähnlichkeit mit Kontradiktionen, doch sind letztere falsch aufgrund ihrer bloßen Form. Beispiele von Absurditäten sind etwa: „Ich lebe (jetzt) nicht", „Ich habe (jetzt) kein Bewußtsein" „Ich schweige (jetzt)", „Ich sage (jetzt) nicht das Wort ‚Wallenstein'", etc.

Über das Tabu

Banalitäten und Absurditäten kommen in der Alltagssprache kaum vor. Einen ziemlich perfiden Gebrauch kann man von ihnen machen, wenn man z.B. sagt „Ich rede nicht davon, daß mein Gegner homosexuell ist, ich schweige davon, in welchen Kreisen er verkehrt, ich übergehe sein Vorleben…", oder „Ich will das Wort ‚Korruption' gar nicht in den Mund nehmen".

Der logische Typus der Banalität bzw. Absurdität in seiner Anwendung auf den Bereich des Psychischen gewährt uns einige Einblicke in das Wesen des Tabu. Ein Tabu ist ein Verbot, etwas zu sagen, zu denken, ins Bewußtsein treten zu lassen. Das Absurde daran ist, daß das Tabu nur formuliert werden kann, indem es übertreten wird, denn auf die Frage, *was* man nicht sagen dürfe, muß als Antwort gerade das verbotene Wort genannt werden, etwa in dem Satz

Es ist verboten, das Wort „Scheiße" auszusprechen.

Gerade weil es sich um ein Tabu handelt, wird natürlich immer versucht, die peinliche logische Situation zu entschärfen, indem man Namen oder Umschreibungen für die tabuisierten Wörter oder Wortfolgen benützt, etwa: Es ist verboten, das Götz-Zitat auszusprechen. Es ist verboten, obszöne Wörter zu gebrauchen. Es ist verboten, den Namen des HErrn zu benützen.

Aber in jedem Fall muß dabei vorausgesetzt werden, daß bekannt ist, welches die obszönen Wörter sind, wie der Name des HErrn lautet, was mit dem Götz-Zitat gemeint ist etc. Denn sonst versteht man das Tabu-Verbot gar nicht, man weiß nicht, *was* denn verboten ist. Es nützt also nichts: die verbotenen Wörter müssen zuerst einmal wörtlich ausgesprochen werden.

Dem Tabu als Sprechverbot korrespondiert ein ebensolches Denkverbot. Nach der Identitätsthese ist das ohnehin dasselbe, weil hier „Denken" nur „bewußtes Denken" bedeuten kann. Eine empfindsame Dame darf keine Obszönitäten denken – ein Verbot, das sie aber nur begreift, wenn sie bereits weiß, was Obszönitäten sind.

Es gibt eine Geschichte, in der jemand an einem bestimmten Ort einen Goldschatz ausgraben kann, unter der einzigen Bedingung, während des Grabens niemals an einen Bären zu denken. Jedesmal, wenn der Schatzgräber sich daran erinnert, *was* er nicht darf, verstößt er nolens volens gegen das Verbot. Man kann solche Bedingungen eben statt im linguistischen auch im mentalistischen Dialekt formulieren: Es ist verboten, sich einen Bären ins Bewußtsein zu rufen. Man sieht: Denk-, Bewußtseins- oder Redeverbote sind gleichermaßen in sich selbst absurd.

Dies könnte für ein Verständnis der *Verdrängung* bestimmter Themen in das berühmte Unbewußte einen neuen Blickwinkel eröffnen. Solange jemand sagen kann, *worüber* er nicht reden kann, d.h. solange er das (evtl. selbst aufgestellte) Tabu noch *versteht*, muß er den tabuisierten Inhalt kennen. Wer sagt „Ich will über alle diese schrecklichen Dinge nie wieder sprechen", der muß wissen, um was für schreckliche Dinge es sich handelt – sonst würde er seine eigene Aussage nicht mehr verstehen.

Ähnlich steht es mit dem Entschluß oder der Aufforderung, etwas zu *vergessen*, es nicht mehr ins Bewußtsein treten zu lassen. Ein Mann, den seine Geliebte namens Monika schmählich verlassen hat, mag sich vielleicht einen Zettel über sein Bett hängen:

        Monika muß vergessen werden!,

schafft sich damit jedoch eine absurde Situation. Jedes Lesen des

Zettels bewirkt eine Übertretung des Vorsatzes. Was könnte dieser arme Mann aber tun, um sich immer aufs Neue daran zu erinnern, daß er seine Monika vergessen soll? Jedesmal, wenn er an seinen Vorsatz denkt, muß er auch an Monika denken; jedesmal, wenn er den Vorsatz ausspricht, spricht er dabei notgedrungen von seiner untreuen Geliebten.

Die Frage, wie das Bewußtsein von bestimmten Dingen freizuhalten sei, ist logisch nicht zu lösen. Östliche Meditationsschulen haben das Problem allerdings seit jeher psychologisch gelöst. In den meditativen Konzentrationsübungen soll das Bewußtsein möglichst ausschließlich und solange wie möglich mit einem ganz bestimmten, immer gleichbleibenden Inhalt ausgefüllt bleiben. Soweit diese Übung gelingt, bleibt kein Platz mehr für andere Inhalte. Man sagt dem Meditationsschüler nicht, woran er *nicht* denken dürfe, sondern gibt ihm ein Objekt vor, an das er ununterbrochen denken soll. Auch die westliche Alltagsweisheit kennt diese Methode. Dem Mann, der von seiner Monika nicht loskommt und immer nur an sie denken kann, empfiehlt man, einfach an etwas *anderes* zu denken oder sich eine *andere* Geliebte zu suchen. In der Unterhaltung pflegt man dementsprechend ein peinliches Thema mit der Bemerkung „Reden wir nicht mehr darüber!", oder noch deutlicher mit der Aufforderung „Reden wir von etwas anderem!" abzubrechen.

Das Unsagbare bzw. Unsägliche

Es braucht nur wenig Phantasie um zu sehen, was aus Wittgensteins berühmtem Satz „Wovon man nicht sprechen kann, darüber muß man schweigen"[3] wird, wenn man die obigen Überlegungen heranzieht. Zunächst sieht man auch ohne diese Überlegungen, daß der Satz tautologisch, d.h. ebenso wahr wie inhaltsleer ist. Daß der Satz immer wahr ist, ergibt sich aus der Äquivalenz von „nicht sprechen" und „schweigen", zusammen

---

[3] Wittgenstein (Tr), Satz 7

mit den Bedeutungsregeln für die Ausdrücke „nicht können" und „müssen". Aber der Satz scheint trotzdem von einer schwer zu verstehenden Aura umgeben zu sein. Im mentalistischen Dialekt entspricht ihm der Satz

> Was nicht bewußt werden kann, muß unbewußt bleiben.

– ebenfalls eine Tautologie. Für beide Varianten, die mentalistische wie die ursprüngliche linguistische, erhebt sich aber gleichermaßen die Frage, *was* denn nicht bewußt werden bzw. *worüber* man denn nicht sprechen könne? Es ist die Frage nach Beispielen für die Anwendung des Wittgenstein-Satzes. Aber man sieht nun klar, daß solche Beispiele prinzipiell nicht angegeben werden können. Es wäre absurd, wollte man etwa sagen

> Von Hans kann man nicht sprechen.

Denn indem man das sagt, spricht man gerade von Hans. Kurz gesagt: die Ausdrücke „das, wovon man nicht sprechen kann", „das, woran man nicht denken kann", „das, was einem nicht bewußt werden kann" sind alle gleichermaßen absurd, es lassen sich dafür keine Beispiele angeben, die Ausdrücke sind also leer.

Noch einen anderen Fall von Unaussprechlichkeit, Unsagbarkeit, Namenlosigkeit etc. möchte ich hier auf keinen Fall verschweigen. Es handelt sich um Lao Zi bzw. das Dao De Jing, jenes seltsame Werk, das vielleicht im 5. Jahrhundert v.d.Z. entstanden ist. Es beginnt mit dem Satz

> Das Dao, von dem sich etwas sagen läßt,
> ist nicht das ewige Dao[4].

Offenbar wird damit gesagt, daß das ewige (dauerhafte, nicht vergängliche) Dao unaussprechlich ist, daß über es nichts gesagt werden kann, daß es sich Worten entzieht. An anderer Stelle erfährt der Leser sogar, daß das Dao keinen Namen hat:

> Das Dao ist ewig ohne Namen.[5]

---

[4] Laozi, Spruch 1
[5] ebd. Spruch 32

Bei allem Respekt vor dem alten Text muß man doch zugeben, daß hier Absurdes formuliert wird. Um von irgendetwas sagen zu können, es habe keinen Namen, muß es zuvor einen Namen haben. Wenn der Satz

> Hans hat keinen Namen.

absurd ist, und das ist er ohne Zweifel, dann ist auch der gerade zitierte alte Spruch absurd. Er besagt nämlich: Das Ding, welches durch den Namen „Dao" benannt wird, hat ewig keinen Namen. Man könnte den Spruch auch in den mentalistischen Dialekt übersetzen, und erhielte dann etwa: Das Dao, an das man denken kann, ist nicht das ewige Dao, d.h. man kann niemals an das ewige Dao denken.

Man sieht an diesem Beispiel, daß Absurditäten niemals so zur Formulierung echter Mitteilungen gebraucht werden können, wie gewöhnliche Sätze. Bei wohlwollender Interpretation könnte man sie als Mittel zur Erzielung von Erstaunen, Verwirrung, Perplexion ansehen; eine weniger freundliche Deutung dagegen wird Absurditäten einfach als das abtun, was sie sind: absurd.

Es scheint mir, daß vom Begriff der Absurdität des Unsagbaren bzw. Undenkbaren auch eine Verbindung zum Idealismus des Bischofs Berkeley hergestellt werden kann. Sein Argument für den erkenntnistheoretischen Idealismus könnte nämlich etwa lauten: Es ist absurd, an ein Ding zu denken, an das keiner denkt; es ist absurd, von einem Ding zu sprechen, von dem keiner spricht. Folglich besteht das Existieren der Dinge nur darin, daß jemand an sie denkt bzw. von ihnen spricht. Eine „absolute" Existenz, unabhängig von denkenden Menschen, gibt es nicht, weil dies ein in sich absurder Begriff wäre:

> Es ist schon bei der geringsten Prüfung unserer eigenen Gedanken sehr leicht zu wissen, ob es uns möglich ist, zu verstehen, was gemeint ist mit der *absoluten Existenz sinnlich wahrnehmbarer Objekte an sich oder außerhalb des Geistes.* Mir ist offenbar, daß diese Worte entweder einen direkten Widerspruch oder andernfalls überhaupt nichts bedeuten.[6]

---

[6] Berkeley (1710), § 24

Aber es ist doch, sagt ihr, gewiß nichts leichter als sich vorzustellen, daß z.B. Bäume in einem Park oder Bücher in einem Kabinett existieren, ohne daß jemand sie wahrnimmt. Ich antworte: es ist freilich nicht schwer, sich dies vorzustellen, aber was, ich bitte euch, heißt dies [...]? Es zeigt nicht, daß ihr es als möglich begreifen könnt, daß die Objekte eures Denkens außerhalb des Geistes existieren; um dies zu erweisen, müßtet ihr vorstellen, daß sie existieren, ohne daß sie vorgestellt werden oder daß an sie gedacht wird, was offenbar ein Widerspruch ist.[7]

Die Schlüssigkeit von Berkeleys Argumentationen braucht uns zum Glück nicht weiter zu beschäftigen. Was ich in diesem Kapitel zeigen wollte war dieses: Beim Gebrauch der Ausdrücke „Sagen", „Denken", „Sich bewußt sein, daß" können Ausdrücke entstehen, die banal oder die absurd sind. Die logischen Eigenheiten solcher Sätze sind exakt dieselben, ob man diese Sätze nun mit „Denken" bzw. „Bewußtsein" oder mit „Sagen" formuliert. Und genau so muß es sein, wenn die Identitätsthese richtig ist.

---

[7] ebd. § 23

Resümee

In diesem Buch wollte ich nicht eine Erklärung für das Zustandekommen von Bewußtsein geben, sondern eine Klärung der Bedeutung des Wortes „Bewußtsein". Zur Rekonstruktion der philosophisch-psychologischen Bedeutung von „Bewußtsein" wurden nicht die diversen Bewußtseinstheorien herangezogen, sondern die kanonische Phraseologie. Damit sind jene Fundamentalsätze über Bewußtsein gemeint, die von möglichst vielen philosophischen Schulen als selbstverständlich akzeptiert werden und nicht an eine spezielle Position im Körper-Geist-Problem geknüpft sind.

Das Ergebnis war, daß alles, was kanonisch vom Bewußtsein ausgesagt wird, alles also, was dem Bewußtsein nach allgemeiner Meinung zugeschrieben werden muß, ebensogut als Eigenschaft der Sprache angesehen werden kann: Mitteilbarkeit, Inhaltlichkeit, Reflexivität, Unräumlichkeit, spezielle logische Eigenheiten... Daraus habe ich den Schluß gezogen, daß „Bewußtsein" und „Sprache" dasselbe bedeuten. Sich einer Sache bewußt sein, bedeutet dasselbe wie diese Sache zu verbalisieren, sie auszusprechen. Dieser Identitätsthese sind schon mehrere Autoren sehr nahe gekommen, doch haben sie alle die letzte Konsequenz gescheut[1].

Die Identitätsthese behauptet, die Wörter „Bewußtsein" und „Sprechen" seien zwei verschiedene und mit verschiedenen Assoziationen verbundene Bezeichnungen desselben Phänomens in zwei verschiedenen Dialekten. Der eine, ursprüngliche Dialekt ist

---

[1] Die neueste Version stammt diesbezüglich von L. Dewart (1989). Er ist der Meinung, daß das Sprechen das Bewußtsein erzeuge. Bewußtsein sei danach eine erworbene Fähigkeit, während Erlebnisfähigkeit angeboren sei. Dewart betont aber, daß Sprechen und Bewußtsein nicht dasselbe seien. Für den Begriff „Bewußtsein" selbst gibt er keine klare Explikation, er benützt stattdessen die traditionellen Hinweise (vor allem auf die Reflexivität, a.a.O. S.38). Es scheint mir, daß Dewarts Arbeit gegen seinen Willen der Identitätsthese mehr als bloß nahe kommt.

der linguistische. In ihm sprechen wir über ein öffentlich zugängliches Phänomen, die Sprache. Der andere, später erlernte und etwas gekünstelte Dialekt ist der mentalistische. In ihm scheinen wir über geheimnisvolle, unzugängliche und unerklärliche Geschehnisse zu sprechen. Die Identitätsthese stellt nun die Behauptung auf, daß beide Dialekte ohne Rest ineinander übersetzbar sind.

Eine solche Identitätsthese kann nur plausibel gemacht, nicht aber zwingend bewiesen werden. Dies hängt mit der metaphysischen Position der Gegenseite zusammen. Man kann immer behaupten, daß zwei Begriffe A, B zwar in der äußeren Welt, soweit sie also der gewöhnlichen Beobachtung zugänglich sind, dasselbe bedeuten, daß dem einen von ihnen aber trotzdem in einem der objektivierenden Betrachtung unzugänglichen Bereich noch etwas entspreche, das dem anderen von ihnen fehle. Dagegen läßt sich kein zwingendes Argument vortragen. Jemand kann die Ansicht vertreten, daß für alle Zwecke des bürgerlichen Rechtes „Junggeselle" und „unverheirateter Mann" exakt dasselbe bedeuten, und daß trotzdem mit dem Wort „Junggeselle" noch etwas anderes, in gewöhnlicher Sprache freilich nicht Mitteilbares gemeint sei. Dagegen zu argumentieren ist nicht möglich, allerdings auch nicht nötig.

Die Identitätsthese erlaubt es, den Begriff „Bewußtsein" zu eliminieren; sie bestreitet aber selbstverständlich nicht, daß mit diesem Begriff ein Sachverhalt bezeichnet wird. Es *macht* einen Unterschied, ob mir etwas bewußt ist oder nicht. Aber dieser Unterschied ist der Unterschied zwischen Sprechen und Nicht-Sprechen. Philosophen haben manchmal die Frage aufgeworfen, wozu das Bewußtsein eigentlich gut sei, welchen biologischen oder sonstigen Nutzen es dem Menschen bringe, ob es etwa seine Leistungsfähigkeit im Umgang mit der Natur erhöhe usf. Diese Frage wird durch die Identitätsthese in die etwas leichter zu beantwortende nach dem Nutzen transformiert, den die Sprache dem Menschen gebracht hat. Wie immer man diese Frage beantworten mag, man wird kaum in Versuchung geraten, die Sprache als ein „Epiphänomen", ein uninteressantes Nebenprodukt der

Gehirntätigkeit abzutun, wie es gelegentlich mit dem Bewußtsein geschehen ist.

Die Identitätsthese ist nicht eine heimtückische Elimination eines philosophischen Problems durch definitorische Tricks. Diese These stellt nur fest, was die Philosophen über das Bewußtsein gesagt haben, um daraus zu rekonstruieren, was sie mit diesem Wort gemeint haben könnten. Man sollte, so empfiehlt es sich nach der Identitätsthese, die offenen Fragen des Körper-Geist-Problems nicht an den Begriff „Bewußtsein" knüpfen, sondern vielleicht an Ausdrücke wie „Erleben", „Innerlichkeit", „Empfinden", „Qualia", „phänomenale Eigenschaften" oder dergleichen. Freilich täte auch diesen Begriffen eine Bedeutungsanalyse sehr gut.

Die Identitätsthese erlaubt einfache Erklärungen für bestimmte logische Besonderheiten des Begriffes „Bewußtsein". So werden aus Sätzen der Art „Ich weiß, daß ich weiß, daß…" oder „Ich bin mir bewußt, daß mir bewußt ist, daß…" triviale Schachtelsätze wie „Ich sage, daß ich sage, daß…" Und aus dem absurden Satz „Ich habe jetzt kein Bewußtsein" wird der (ebenfalls absurde) Satz „Ich schweige jetzt", der falsch ist, sooft er ausgesprochen wird.

Die Fixierung der Bedeutung eines Begriffes zieht manchmal unerwartete Konsequenzen nach sich; das gilt insbesondere für Fälle, in denen die Anwendung des betreffenden Begriffes bisher nicht klar war. Besitzt ein Träumer Bewußtsein? Diese Frage muß nach denselben Kriterien beantwortet werden, die wir beim Wachenden anwenden. Demnach besitzt der Träumer genau soviel Bewußtsein, wie er spricht. Eine tiefere psychologische Einsicht ist mit dieser Feststellung nicht verbunden.

Aber kann man nicht in irgendeinem anderen Sinn von „Bewußtsein" sinnvoll fragen, inwiefern der im Traum Sprechende Bewußtsein habe? Man könnte es nur dann, wenn man zuvor diesen anderen Sinn von Bewußtsein fixiert hat. Die Identitätsthese behauptet allerdings, daß im üblichen philosophischen Sprachgebrauch eine solche andere Bedeutung nicht auszumachen sei. Die Alltagssprache aber braucht man nicht erst zu befragen, denn sie enthält diesbezüglich keine Bestimmungen. Es ist im

Alltag weder üblich, dem Träumer Bewußtsein zuzuschreiben noch es ihm abzusprechen. Man könnte vielleicht einwenden, das Sprechen des Träumers sei viel zu unzusammenhängend und episodisch, es füge sich nicht in die gewöhnliche Biographie desselben Sprechers ein. Dagegen wäre nichts einzuwenden, doch sollte man bedenken, daß das Bewußtsein ohnehin weit weniger ein zusammenhängendes Kontinuum bildet, als man zunächst annehmen möchte. Jedes Bewußtsein, d.h. jedes bewußte Erleben jedes Menschen, zerfällt in einzelne, diskrete Teile. Mindestens einmal alle 24 Stunden wird es von Schlaf unterbrochen, faktisch wohl noch viel öfter. Schließlich ist das Bewußtsein auch insgesamt „episodisch" – die Episode endet mit dem Tod.

Dem Träumer, der redet, wäre also Bewußtsein zuzubilligen, wenn dies auch keine tiefere Einsicht bedeutet. Auf der anderen Seite könnte unsere Explikation des Begriffes „Bewußtsein" auch dazu führen, Menschen in bestimmten Situationen das Prädikat „bewußt" abzusprechen, obwohl eine gewisse vage Intuition dagegen zu sprechen scheint. Was ist einem Sologeiger, der gerade eine schwierige Partie in einem Konzert spielt, bewußt? In gewissem Umfang kennt jedermann das Erlebnis, wie man aus einer sehr konzentrierten Tätigkeit quasi erst wieder erwacht und „zu sich selbst zurückfindet", sich erst wieder in der einen umgebenden Welt zurechtfinden muß. Wie steht es in solchen Fällen um das Bewußtsein? Was die Identitätsthese eigentlich hier lehrt, ist, daß der Beschreibung solcher Erlebnislagen kein zusätzlicher Gehalt verliehen wird, indem man das Wort „Bewußtsein" hinzufügt. *Wenn* man aber unbedingt das Wort „Bewußtsein" benützen will, dann muß dies konsequent geschehen. Konsequenterweise müßte man also sagen, daß dem Sologeiger sein Geigenspiel nicht bewußt gewesen sei; man sagt nicht: er spielt Geige und weiß, daß er spielt. Und man müßte von einem Redner oder Schauspieler sagen, daß sie Bewußtsein besitzen. Dabei ist gar nicht zu bestreiten, daß auch der Schauspieler oder der Redner nach dem Auftritt erst wieder „zu sich zurückfinden". Zugegeben, es ist ungewöhnlich, wenn man sagt: der konzentrierte Redner hat Bewußtsein, der konzentrierte Sologeiger nicht. Es ist aber nur ungewöhnlich, weil es in beiden Fällen nicht üblich ist, das Wort „Bewußtsein" zu benützen. Daß der Redner Bewußtsein hat, der Geiger nicht, bedeutet nach der Identitätsthese auch nichts weiter, als daß der Redner redet, der Geiger aber geigt.

Wie steht es aber mit der Anwendung des Begriffs „Bewußtsein" auf einen Menschen, der konzentriert einer sprachlichen Darstellung *zuhört* oder sie *liest* oder *schreibt*? Dies ist ein klarer Fall, weil hier ebenfalls die Fähigkeit der Veraloquenz aktiviert ist. Man kann daher das (verständnisvolle) Hören[2], Lesen und Schreiben ohne weiteres als „bewußt" bezeichnen, oder genauer: als das jeweilige Bewußtsein selbst. Eine derartige Bezeichnungsweise ist durchaus konsistent mit der Identitätsthese, denn die kanonischen Sätze über das Bewußtsein gelten auch für das Hören, Lesen und Schreiben.

Lieber Leser! Ein einzigesmal in diesem Buch möchte ich mich direkt an Dich wenden. Du hast gerade die obigen Sätze gelesen. Jetzt liest Du, daß Du gelesen hast, daß Du die obigen Sätze gelesen hast. (Du merkst wohl, worauf ich hinaus will?) Bevor ich diese persönlichen Worte beende, möchte ich Dir aber noch schreiben, daß ich dieses Buch geschrieben habe; außerdem möchte ich noch schreiben, daß ich geschrieben habe, daß ich dieses Buch geschrieben habe...

Ich denke, dies genügt als Hinweis darauf, daß insbesondere die Reflexionsterminologie auch auf das Hören, Lesen und Schreiben anwendbar ist. Daß das nicht banal ist, wird sich beim Vergleich mit anderen Tätigkeiten sogleich zeigen.

Aber vielleicht wird man die „Fixierung auf die Sprache" durch die Identitätsthese als zu eng empfinden, weil sie Fälle wie folgende von der Anwendung des Begriffes „Bewußtsein" ausschließt: ein Komponist, der sich völlig seinen musikalischen Vorstellungen hingibt, dessen Geist im Moment also nur von Musik ausgefüllt ist; ein Maler, der ein Bild mit höchster Aufmerksamkeit betrachtet oder malt. Sind sich diese Menschen nicht völlig des-

---

[2] Gemeint ist aber nur das Hören von *Sprache*, nicht ohne weiteres jegliches Hören von Geräuschen.

sen bewußt, was sie gerade hören bzw. sehen? Es ist wichtig, den logischen Status solcher Fragen zu durchschauen: nicht um tiefschürfende psychologische Fragen geht es hier (und was hätte eine Begriffsanalyse dazu auch zu sagen!), sondern darum, wie der Begriff „Bewußtsein" konsequent angewendet werden kann.

Nun ist es nicht ganz klar, ob man vom Komponisten bzw. Maler *sagen will*: er komponiert / malt etwas und weiß zugleich, daß er komponiert / malt... Andererseits ist klar, daß Komponist und Maler auf Anfrage hin *sofort* sagen, mitteilen, sich bewußt machen *können*, was sie gerade komponierten / malten. Die Mitteilung wird aber am besten mit Hilfe eines Klaviers oder von Pinsel und Farbe geschehen, während Worte dafür nicht besonders gut geeignet wären. Tatsächlich steigt die Mitteilungsfähigkeit eines Malers erheblich an, wenn er zusätzlich zur Wortsprache noch Pinsel und Farbe zur Verfügung hat. So gesehen wäre nichts gegen die Anwendung des Begriffes „Bewußtsein" einzuwenden. Andererseits wäre es nicht unproblematisch, etwa dem Summen einer Melodie Intentionalität und Reflexivität zuzuschreiben. Ich kann sagen, daß ich sage, daß p; aber eine Melodie kann ich nur summen – *ich kann nicht summen, daß ich summe. Vollständig* gilt die kanonische Phraseologie von „bewußt" eben doch nur von der Sprache.

Ein anderer Fall, in dem man möglicherweise zögern könnte, die Identitätsthese anzuwenden, sind Störungen der Sprachfähigkeit, insbesondere die vielen Arten der Aphasie. Hat ein Aphasiker Bewußtsein? Um diese Frage zu beantworten, muß zuerst die Bedeutung von „Bewußtsein" klar sein. Diese Bedeutung wird in der Philosophie wie im Alltag anhand des gesunden, ausgeruhten, wachen, intellektuell nicht beeinträchtigten Menschen bzw. der von ihm produzierten Sprache erklärt. Für den selteneren Fall der gestörten Sprache enthält diese Begriffseinführung keine Gebrauchsmuster. Dagegen erlaubt die linguistische Terminologie eine differenzierte Beschreibung aller Sprachstörungen, und damit sollte man sich auch begnügen. Man kann fragen (und testen), wieviel Sprache ein Aphasiker beherrscht und zu welchen Leistungen oder Ersatzleistungen er auch bei gestörtem oder zerstörtem Sprachvermögen fähig ist etc. Dagegen bringt die zusätzliche Frage, wieviel Bewußtsein ein so beschriebener Mensch besitze, keinerlei zusätzlichen Gewinn und erleichtert die Erforschung oder Therapie der Sprachstörung in keiner Weise.

Noch eine Nebenbemerkung sei hier erlaubt. Bei schizophrenen Erkrankungen wird oft von gestörtem Bewußtsein gesprochen, obwohl im Sinne der philosophischen Terminologie nicht das Bewußtsein, sondern höchstens dessen Inhalte gestört sind. Das ist einfach ein Beispiel für den inkohärenten Gebrauch des Wortes „Bewußtsein". Deshalb ist es hoffnungslos, auch noch die psychiatrische Verwendung von „Bewußtsein" in unsere Begriffsanalyse einbeziehen zu wollen.

Es gibt im Grunde nur drei große theoretische Ansätze zur Erklärung der mentalen Phänomene: den Cartesischen Dualismus, den Parallelismus und den Materialismus. Von diesen dreien hat der Materialismus (neuerdings nicht ohne Grund auch „Funktionalismus" genannt) die weitaus größte wissenschaftliche Plausibilität, aber er hat die direkte, persönliche Anschauung gegen sich. Nun ist die These von der Identität von Sprache und Bewußtsein als Begriffsexplikation zwar neutral bezüglich aller Theorien über die Entstehung von Bewußtsein. Es scheint mir aber, daß diese Identitätsthese vor allem für die Verfechter des Materialismus bzw. Funktionalismus attraktiv sein müßte.

Bewußtsein ist jenes Geheimnis, an dem jede Art von Materialismus zu scheitern scheint. Unzählige Male schon ist die bange Frage gestellt worden „Wie kann aus Materie Bewußtsein entstehen?", und stets haben die Materialisten geantwortet: „Wenn die Materie nur komplex genug organisiert ist, dann kann sie auch Bewußtsein hervorbringen". Sie verweisen auf künftige Fortschritte der Wissenschaften, und das ist ohne Zweifel nicht unvernünftig. Aber wenn wir hoffen, daß die Wissenschaft eines Tages die Ursachen aller bösartigen Tumore erkennen wird, so wissen wir immerhin, worauf wir hoffen. Wenn man dagegen darauf hofft, die Wissenschaft werde das Entstehen von Bewußtsein eines Tages klären – weiß man da, *worauf* man hofft, oder *was* denn eigentlich von den ominösen, hochkomplexen materiellen Systemen hervorgebracht werden soll? Selbst hartgesottene Australische Materialisten greifen auf die traditionelle Reflexionsphraseologie zurück, um den Begriff „Bewußtsein" zu fassen:

> Ich möchte vorschlagen, daß Bewußtsein nichts anderes ist als Gewahrwerden (awareness, Wahrnehmung) innerer mentaler Zustände durch jene Person, deren Zustände sie sind [...] Wenn dem so ist, dann ist Bewußtsein einfach ein weiterer mentaler Zustand, ein Zustand, der „gerichtet" ist auf die ursprünglichen inneren Zustände.[3]

ist etwa bei Armstrong zu lesen. Nach der Identitätsthese handelt es sich dagegen einfach um das Sprechen; ob man dieses „einen weiteren mentalen Zustand" nennen sollte, ist zweifelhaft.

Descartes zieht eine scharfe Grenze zwischen Mensch und Tier. Die Grenze wird durch die Sprachfähigkeit bzw. deren Fehlen gebildet. Aber dahinter steht eine gewaltige metaphysische Konstruktion: Der Mensch kann sprechen, weil er Geist, Seele, Bewußtsein besitzt, während die Tiere dies zufolge ihrer Seelenlosigkeit nicht können. Neuere Autoren scheuen nicht bloß vor dem Wort „Seele" zurück, sie zögern auch, den Menschen derart rüde vom Tier abzugrenzen, wie Descartes es tat. (Mensch und Tier müssen für die heutigen Theoretiker meistens fest zusammenhalten gegen den gemeinsamen Feind, den Automaten.)

War Descartes vielleicht gegen die Tiere voreingenommen, *wollte* er ihnen gar keine Sprache zubilligen, weil er von vornherein von ihrer Seelenlosigkeit überzeugt war? Sicher ist, daß er keinerlei empirische Untersuchungen über die Möglichkeit tierischer Kommunikation anstellte. Aus seiner Grundthese folgt jedoch, daß ein Tier umso mehr Geist, Seele, Innenleben haben müßte, je mehr Sprachfähigkeit es besitzt. Oder gar, daß ein Tier umso mehr Bewußtsein hat, je besser seine Sprache entwickelt ist. Diese Weiterentwicklung der Cartesischen Theorie liest sich bei einem modernen Autor etwa wie folgt:

> Man hat die Sprache allgemein als einzigartiges Attribut des Menschen angesehen, und als von anderer Art als tierische Kommunikation. Aber

---

[3] Armstrong (1968) S. 94

> [...] ein Hauptkriterium, auf dem diese Unterscheidung beruht, ist die Annahme, daß den Tieren jede bewußte Absicht (conscious intent) zur Kommunikation fehlt [...]
> Insoweit als tierische Kommunikation Grundeigenschaften menschlicher Sprache besitzt, wird die Verwendung eines flexiblen Kommunikationssystems durch Tiere ein Beweis dafür, daß sie mentale Erfahrungen (mental experiences) haben und mit bewußter Absicht kommunizieren [...] Es ist eher wahrscheinlich als nicht, daß mentale Erfahrungen [...] zumindest unter den Vielzellern weit verbreitet sind, aber hinsichtlich ihrer Natur und Komplexität stark differieren [...]
> Es scheint wenigstens prinzipiell möglich, mentale Erfahrungen oder bewußte Absichten, welche Tiere haben können, durch den experimentellen Gebrauch tierischer Kommunikationsfähigkeiten zu entdecken und zu untersuchen[4].

Ob mit dem Terminus „mental" oder „mentale Erfahrung" eine brauchbare, verständliche Begrifflichkeit bezeichnet wird, habe ich in diesem Buch nicht untersucht, möchte es aber nicht a priori bestreiten. Bezüglich der „bewußten Absichten" allerdings behauptet die Identitätsthese, daß mit diesem Ausdruck die Problemstellung nur unnötig kompliziert wird. Wenn Sprache und Bewußtsein identisch sind, dann ist es trivial, daß eine Untersuchung tierischer Kommunikation Aufschlüsse über tierisches Bewußtsein liefert.

Descartes meinte, Tiere hätten keine Seele, *daher* seien sie sprachlos; der Mensch aber sei mit einer unsterblichen Seele ausgestattet, *daher* könne er sprechen. Die vorsichtigen Nachfolger von Descartes meinen, jedes Lebewesen besitze soviel Mentalität oder Bewußtsein, wie es Sprachfähigkeit besitze – das Tier wenig, der Mensch viel. Die Identitätsthese schließlich reduziert dies zu der schlichten Feststellung, daß Tiere schweigen, während Menschen reden. Der Mensch ist das redende Tier[5], alle andere Kreatur ist stumm.

---

[4] Griffin (1976) S. 169–171

[5] Tallis (1991) charakterisiert Bewußtsein durch „Explizitheit" und nennt den Menschen „das explizite Tier". Er nennt dabei (S. 230) die menschliche Sprache dasjenige, „wodurch die Explizitheit explizit gemacht wird". Entgegen den Absichten von Tallis scheint mir, daß seine These letztlich nur auf die Konstatierung hinausläuft, daß der Mensch das *sprechende* Tier sei.

Das aber, was man als das Bewußtsein bezeichnete, ist kein geheimnisvolles Etwas hinter oder über dem Sprechen, sondern das Sprechen selbst.

Literaturverzeichnis

Aldrich, V. C.:
- (1970) *The pineal gland*; J. Phil. 67, S. 700–710

Armstrong, D.:
- (1968) *A materialist theory of mind*; London: Routledge & Kegan Paul
- (1981) *The nature of mind and other essays*; Ithaca: Cornell UP

Armstrong, D. und Malcolm, N.:
- (1984) *Consciousness and causality*; Oxford: Blackwell

Arnold, W., Eysenck, H., Meili, R.:
- (1976) *Lexikon der Psychologie;* Basel: Herder

Bain, A.:
- (1894) *The senses and the intellect*; London: Longmans (4. Aufl.)

Bayle, P.:
- (1695) *Dictionnaire historique et critique*; 2 Bde. Rotterdam 1695 u. 1697. (Verbesserte und vermehrte Aufl. 1702; die vollständigste: 4 Bde. Amsterdam und Leyden 1740. Dt. übers. von J. C. Gottsched, 4 Bde. 1741–1744.)

Bergmann, G.:
- (1955) *Intentionality*; Semantica (Archivio de Filosofia, Rom), S. 177–216

Berkeley, G.:
- (1710) *A treatise concerning the principles of human knowledge*, Dublin 1710

Brentano, F.:
- (1874) *Psychologie vom empirischen Standpunkt*; Leipzig: Duncker & Humblot

Carnap, R.:
- (1928) *Scheinprobleme in der Philosophie. Das Fremdpsychische und der Realismusstreit*, Berlin: Weltkreis-Verl.
- (1950) *Logical foundations of probability;* Univ. of Chicago Pr.

Carrier, M. und Mittelstrass, J.:
- (1989) *Geist, Gehirn, Verhalten. Das Leib-Seele-Problem und die Philosophie der Psychologie*, Berlin: DeGruyter

Carruthers, P.:
- (1986) *Introducing persons. Theories and arguments in the philosophy of mind*; London: Croom Helm

Culbertson, J. T.:
- (1965) *The minds of robots. Sense data, memory images, and behavior in conscious automata;* Urbana: Univ. of Illinois Pr.

Danto, A.:
- (1972/73) *Representational properties and mind-body identity*; Rev. Metaphysics 26, S. 401–411

Dennett, D. C.:
- (1969) *Content and consciousness*; London: Routledge & Kegan Paul
- (1978) *Brainstorms*, Hassocks: Harvester Pr. 1978

Descartes, R.:
- (AT) *Œuvres de Descartes*, publiées par Ch. Adam et P. Tannery, nouvelle présentation Paris: Librairie Philosophique J. Vrin, 1964
- (Meth) *Discours de la méthode*, 1637. Deutsche Übers. von L. Gäbe: „Von der Methode", Hamburg: Meiner 1960
- (PP) *Principia Philosophiae*, 1644
- (Med) *Meditationes de Prima Philosophia in qua Dei Existentia et Animae immortalitas demonstratur*, Parisiis 1641. (Die späteren Auflagen enthalten zusätzlich die Einwände verschiedener Zeitgenossen und Descartes' Antworten darauf. Der Titel trägt ab 1642 den Zusatz: His adjunctae sunt variae objectiones doctorum virorum in istas de Deo et anima demonstrationes, cum Responsionibus Authoris. – Dt. Übers. von A. Buchenau: Meditationen über die Grundlagen der Philosophie mit den sämtlichen Einwänden und Erwiderungen, 1915. Nachdruck: Hamburg, Meiner 1972.
- (Pass) *Les passions de l'âme*, 1649. Deutsche Übers. von K. Hammacher, Hamburg: Meiner 1984

Dewart, L.:
- (1989) *Evolution and consciousness: The role of speech in the origin and development of human nature*; Univ. of Toronto Pr.

Freud, S.:
- (1940) *Gesammelte Werke*, Bd.15 (= Neue Folge der Vorlesungen zur Einführung in die Psychoanalyse)

Griffin, D.:
- (1976) *The Question of animal awareness*; New York: Rockefeller UPr.
- (1984) *Animal thinking;* Cambridge: Harvard UP

Gottsched, J. Chr.:
- (1733) *Erste Gründe der gesammten Weltweisheit, darinnen alle philosophische Wissenschaften, in ihrer natürlichen Verknüpfung abgehandelt werden;* Leipzig: Breitkopf (Ich zitiere nach der 7., vermehrten und verbesserten Aufl. 1762, Nachdruck bei Olms, 1983)

Gunderson, K.:
- (1971) *Mentality and machines*; 2. Aufl. Doubleday: Anchor Books 1985

Heine, H.:
- *Zur Geschichte der Religion und Philosophie in Deutschland*; Krit. Gesamtausg., herausg. v. M. Windfuhr, Bd. 8/1; Hamburg: Hoffmann & Campe 1979

Holenstein, E.:
- (1987) *Maschinelles Wissen und menschliches Bewußtsein;* in Holzhey-Leyvraz (1987) S. 145–163

Holzhey, H. und Leyvraz, J.-P. (Herausg.):
- (1987) *Körper, Geist, Maschine. Beiträge zum Leib-Seele-Problem;* Bern/Stuttg.: P. Haupt (= Studia Philosophica Bd. 47)

James, W.:
- (1890) *The principles of psychology;* New York
- (1904) *Does 'consciousness' exist?* Journ. of Philosophy, Psychology and Scientific Methods 1, Nr. 18; Seitenangaben nach der Ausgabe *Essays in radical empiricism,* Gloucester: P. Smith, 1967.
- (1905) *La notion de Conscience;* ebenfalls in den *Essays in radical empiricism.*

Juhos, B.:
- (1950) *Die Erkenntnis und ihre Leistung;* Wien: Springer

Jung, G.:
- (1933) *Syneidesis, Conscientia, Bewußtsein;* Archiv f. d. gesamte Psychologie 89, S. 525–540

Kainz, F.:
- (1961) *Die „Sprache" der Tiere;* Stuttg.: Enke

Kenny, A.:
- (1972) *The nature of mind;* Edinburgh UP 1972

Kleist, H. v. (1777–1811):
- (1805) *Über die allmähliche Verfertigung der Gedanken beim Reden;* in H. v. K., *Werke und Briefe in vier Bänden,* herausg. v. S. Streller, Berlin: Aufbau-Verl. 1978, Bd. 3 S. 453–459 (verfaßt vermutlich 1805, von Kleist aber nicht publiziert; Erstdruck 1878 in der Monatsschrift *Nord und Süd,* Bd. 4)

Kulstad, M.:
- (1991) *Leibniz on apperception, consciousness, and reflection;* München: Philosophia Verl.

La Mettrie, J.:
- (1748) *L'homme machine;* franz./dt. von C. Becker, Hamburg: Meiner 1990

Leibniz, G.W.:
- (A) *Sämtliche Schriften und Briefe,* hg. v. d. Preuß. Ak., 1923 ff.
- (Essais) *Nouveaux Essais sur l'Entendement;* entstanden 1703–1705, erschienen 1765
- (Monad) *Monadologie;* entstanden 1714, erschienen in dt. Übers. 1720, im Original erst 1840

Locke, J.:
- (Essay) *An essay concerning human understanding;* London 1690. Deutsch *J. Lockes Versuch über den menschlichen Verstand,* Übers. von

J.H. Kirchmann, Berlin 1872
MacIntyre, A.C.:
- (1958) *The unconscious. A conceptual analysis*; London, Routledge & Kegan; dt.: *Das Unbewußte. Eine Begriffsanalyse*; Frankfurt/M., Suhrkamp 1968

Marks, E.:
- (1980) *Commissurotomy, consciousness, and unity of mind;* Montgomery: Bradford Books

Marx, K. und Engels, F.:
- (1845) *Die deutsche Ideologie*, Mega I.5

Mauthner, F.:
- (Beiträge) *Beiträge zu einer Kritik der Sprache*; 3 Bde., Stuttgart 1901–1902; 2. Aufl. ebd. 1906–1912; 3. Aufl. (identisch mit der 2.) Leipzig: Meiner 1923. (Ich zitiere nach der 2. (3.) Auflage). Nachdruck der 3. Aufl.: Hildesheim: Olms 1967/69
- (Wörterbuch) *Wörterbuch der Philosophie*, 2 Bde., München: G. Müller 1910

Mayne:
- (1728) *Pseudo-Mayne über das Bewußtsein*, Übersetzt und herausg. v. R. Brandt; Hamburg: Meiner 1983 (engl./deutsch)

Nagel, Th.:
- (1971) *Brain bisection and the unity of consciousness*; Synthese 22, 396–413;
- (1974) *What is it like to be a bat?*; Phil. Rev. 83, S. 435–450. Deutsch: *Wie ist es, eine Fledermaus zu sein?*, in P. Bieri, (Herausg.): Analytische Philosophie des Geistes, Königstein: A. Hain, 1981

Nietzsche, F.:
- (1880) *Der Wanderer und sein Schatten (= Menschliches, Allzumenschliches. Ein Buch für freie Geister. Bd. II/2)*
- (1882) *Die Fröhliche Wissenschaft*

Otto, H. R. und Tuedio, J. A. (Herausg.):
- (1988) *Perspectives on Mind;* Dordrecht: Reidel (= Synthese Library Bd. 194)

Port, K.:
- (1955) *Die Enge des Bewußtseins: die experimentelle Lösung eines alten psychologischen Problems von metaphysischer Bedeutung und eine Begründung der ontologischen Philosophie*, Esslingen: Port

Putnam, H.:
- (1964) *Robots: machines or artificially created life?* J. of Philosophy 61, S. 668–691

Reimarus, H. S.:
- (1756) *Die Vernunftlehre, als eine Anweisung zum richtigen Gebrauche der Vernunft*; Hamburg: Joh. Carl Bohn

Rey, G.:
- (1988) *A question about consciousness;* in Otto-Tuedio (1988) S. 5–24

Röd, W.:
- (1978) *Geschichte der Philosophie;* Bd.7 München: Beck

Ryle, G.:
- (1949) *The concept of mind;* London: Hutchinson's University Library; Dt. Übers. „Der Begriff des Geistes", Stgt.: Reclam 1969

Sayre, K. M.:
- (1969) *Consciousness: A philosophic study of minds and machines;* New York: Random

Schleichert, H.:
- (1985) *On the concept of unity of consciousness;* Synthese 64, S. 411–420
- (1989) *The relationship between consciousness and language;* in: J.R. Brown and J. Mittelstrass (edits.): An intimate relation. Studies in the history and philosophy of science, presented to Robert E. Butts on his 60th birthday; Dordrecht: Kluwer; S. 441–458
- (1990) *Klassische Chinesische Philosophie. Eine Einführung;* Frankfurt: Klostermann, 2. vollk. neubearb. Aufl.

Schlick, M.:
- (1936) *Meaning and verification;* Philos. Review 45 S. 339–369. Dt. Übers. in M.S., *Philosophische Logik,* suhrkamp-tbw 598, Frankfurt/M. 1986
- (1938) *Form and content, an introduction to philosophical thinking;* in M. Schlick, *Gesammelte Aufsätze 1926–1936,* Wien: Deuticke 1938; deutsche Übers. in Schlick, *Philosophische Logik.*

Schneider, M.:
- (1985) *Leibniz über Geist und Maschine;* Philos. Jb. d. Görres-Gesellschaft 92, S. 335–352
- (1990) *Das mechanistische Denken in der Kontroverse. Descartes' Beitrag zum Geist-Maschine-Problem;* Habil. Schrift Univ. Münster (war 1992 noch nicht publiziert)

Scriven, M.:
- (1953) *The mechanical conception of mind;* Mind 62, S. 230–240

Searle, J.:
- (1980) *Minds, brains, and programs;* Behavioral and Brain Sciences 3, S. 417–457
- (1983) *Intentionality;* Cambridge UPr. Deutsch u.d.T. *Intentionalität,* Frankf./M.: Suhrkamp 1987.

Seebass, G.:
- (1981) *Das Problem von Sprache und Denken;* Frankf./M.: stw

Sellars, W.:
- (1956) *Empiricism and the philosophy of mind;* in: H. Feigl and M. Scriven (edit.): Minnesota Studies in the Philosophy of Science, vol. I,

S. 253–329
Siebeck, H.:
- (1882) *Der Begriff des Bewußtseyns in der alten Philosophie*; Zt. f. Philosophie u. philos. Kritik 80, S. 213–239
Smart, J. J. C.:
- (1963) *Philosophy and scientific realism*, London: Routledge
Smith, D.W.:
- (1988) *Res cogitans: The unquestionability of consciousness;* in Otto-Tuedio (1988) S. 25–31
Stöhr, A.:
- (1910) *Lehrbuch der Logik in psychologisierender Absicht*; Leipzig/Wien: Deuticke
Tallis, R.:
- (1991) *The explicit animal. A defence of human consciousness*; London: Macmillan
Thomasius, Chr.:
- (1691) *Einleitung zur Vernunftlehre*, Halle: Christoph Salfelden; Nachdr. Hildesheim: Olms 1968
Turing, A. M.:
- (1950) *Computing machinery and intelligence*; Mind 59, S. 433–460
Vendler, Z.:
- (1972) *Res cogitans, an essay in rational psychology*, Cornell UP
Waismann, F.:
- (1976) *Logik, Sprache, Philosophie*; Stuttgart: Reclam
Wittgenstein, L.:
- (Tr) *Tractatus logico-philosophicus* (erster Druck 1921)
- (PhU) *Philosophische Untersuchungen*; Frankf./M.:Suhrkamp 1970 (= W., Schriften Bd. 1) (Die *Philosophischen Untersuchungen* wurden von Wittgenstein 1949 abgeschlossen, sie wurden erstmalig 1953 publiziert)
- (Zettel) *Zettel*; ebd. (= W., Schriften, Bd. 5)
Wolff, Chr.:
- (1751) *Vernünfftige Gedancken von Gott, der Welt und der Seele des Menschen, auch allen Dingen überhaupt, Neue hin und wieder vermehrte Auflage*; 9. Aufl. Halle: Rengerische Buchh.